과학기술,
미디어와 만나다

과학기술, 미디어와 만나다

과학미디어 세계를 여행하는 안내서

조항민 지음

서문

5,000만 국민의 염원을 실은 나로호가 마침내 우주로 날아올랐다.
2009년과 2010년 두 차례 발사 실패의 아픔을 딛고
마지막 3차 발사 세 번째 도전 만에 이뤄낸 값진 성과다.
나로호 성공 발사로 '우주기술 개발의 3박자'를 보유한
명실상부한 우주 독립국을 향한 첫발을 뗐다는 평가도 나온다.
- 2013년 1월 30일자 국민일보 기사 中

10여 년의 실패와 좌절 끝에 2013년 한국 최초의 우주발사체인 나로호가 성공적으로 발사되었다. 아마도 2013년 1월 TV 앞에서 발사성공소식에 가슴을 졸이던 우리의 모습은 마치 2002년 태극전사들의 월드컵 4강 신화를 염원하던 모습과 같이 간절했을 것이다. 첨단과학기술의 결정체라고 불리던 우주로켓의 성공으로 우리는 이제 우리가 간절히 염원하던 우주강국을 향한 첫걸음을 떼게 된 것이다. 이렇듯 1950년대 전쟁의 잿더미 속에서 불과 60여 년이 흐른 2013년 세계 14번째 경제대국으로 우뚝 선 대한민국의 모습에 세계 각국은 경이로운 시선을 보내고 있다. 실제로 우수한 성능으로 무장한 한국産 자동차가 세계 각국의 도로를 누비고 있고, 우리 기업들의 스마트폰이 세계시장 점유율 1, 3위를 달리고 있으며, 세계시장의 37.7%를 차지하는 세계 1위 선박건조강국으로서의 위상도 건재하다. 특히, 전자·정보·통신분야 기술력은 세계 최고 수준에 근접해 있고, 과학기술 전반의 경쟁력이 미국과도 4.7년의 격차밖에 나지 않을 정도로 대한민국은 명실상부한 과학기술강국으로서의 입지를 다져가고 있다.

오늘날 과학기술은 현대 문명사회를 이루는 데 있어서 가장 강력한 원동력으로 작용하고 있다. 그리고 오늘날 우리 현대인들의 삶은 과학기술이라는 자석의 N극과 S극에서 나오는 강력한 자장(磁場) 속에서 강력한 영향을 받고 있다. 실제로 우리네 삶이 과학기술의 직접적인 산물이거나, 혹은 과학기술이 매개된 산물로 이루어져 있기 때문이다. 우리 주변에서 이러한 사례는 쉽게 찾아볼 수 있다. 차갑게 식어버린 음식을 따뜻하게 데워주는 전자레인지, 현대인들의 가장 친숙한 엔터테인먼트이자 정보매체로서 부상한 텔레비전, 통신의 새로운 혁명을 가져온 휴대폰, 음식의 부패를 막고 신선도를 유지해주는 냉장고, 장거리 이동을 가능하게 해주는 고속전철, 치명적인 질병을 막아주는 백신 등 이루 다 말할 수 없는 다양한 발명품과 과학문명의 이기(利器)들이 현대인의 삶을 윤택하고 편리하게 하는 데 큰 도움을 주고 있다. 이러한 맥락에서 급변하고 있는 현대사회를 특징적으로 대변할 수 있는 다양한 수식어들 중에서 현대사회를 특히 '과학기술의 시대'라고 지칭하는 것은 많은 이들이 수긍할 수 있는 아마도 가장 설득력 있는 정의가 아닐까 싶다.

이렇듯 현대사회의 발전과 궤를 같이하고 있는 과학기술은 바로 과학자들의 헌신적 노력과 산고(産苦) 속에 태어난 값진 결과물들이었다. 실제로 코페르니쿠스, 케플러, 갈릴레이, 뉴턴, 아인슈타인 등 당대를 대표하는 대학자들이 정리한 과학적 이론들은 인류사를 진일보시키는 데 크나큰 기여를 했으며, 21세기에는 이러한 과학적 이론들이 첨단 테크놀로지와 결합하여 과거 어느 때와도 비견할 수 없는 '과학기술의 황금시대'를 열게 되었다. 그럼에도 불구하고 과학기술의 직접적인 수혜를 입게 되는 대중에게 과학기술, 그리고 과학자는 여전히 다가가기 어려운 존재일 수밖에 없다. 무엇보다도 과학기술은 수학과 논리를 주요한 언어로 사용하기 때문에 대중들이 접근하기는 대단히 어려운 영역이다. 또한 과학기술을 전문가의 전유물로 여기는 인식들 역시 대중의 과학에 대한 접근을 막는 장애물이 되어 왔다. 그러나 '호기심 많은 이들의 교양'으로서 과학기술을 단순하게 치부할 수 없게 되었다. 이제 과학적 지식은 현대사회를 사는 우리에게 삶을 구성하고 영위하는 데 필수요소가 되었기 때문이다. 즉, 과학이 그저 흥미로 접근하는 '선택과목'이 아니라 우리 삶의 질을 결정짓게 되는 '필수과목'이 된 것이다.

덧붙여 과학기술에 대해 사회와 대중이 관심을 지녀야 하는 또 다른 이유는 바로, 과학기술의 긍정적 측면 뒤에 숨겨진 위험(리스크)들이 지속적으로 발생하고 있기 때문이다. 특히, 거대과학기술이 초래하는 위험들은 개인영역에서 해당 위험을 대응하고 대처할 수 있는 수준을 넘어서게 되며, 전문가들의 견해가 가장 중요한 위험수용에 대한 지침서가 되고 있다. 예컨대, 원자력기술, GMO(유전자변형식품), 나노기술 등이 그 대표적인 사례이다. 이들 위험은 일반대중이 위험에 대한 정보를 공유하고 대비하기에는 기술론적·확률론적·체계론적인 특성을 강하게 지니고 있다. 무엇보다도 과학적 발전으로 생겨난 위험은 전 지구적이며 그에 대한 책임문제는 집단 혹은 전 사회가 개입되어 있다. 결국 이러한 특성들 때문에 전문가(과학자)와의 활발한 소통을 통해 이러한 문제점을 직시하고, 이해하기 위한 대중의 노력이 필요하다. 하지만 앞서도 논의했듯이 이러한 과정은 그리 쉽지 않다. '과학'이라는 존재가 기다리는 거대한 봉우리를 오르기 위해서는 우리가 챙겨야 할 장비와 준비기간이 너무나 길다. 히말라야의 험준한 산봉우리를 오르기 위해서 등반가들이 셰르파(Sherpa)의 도움을 얻듯이, 현실에서도 과학기술에 대한 이해를 위해서는 대중에게 도움이 필요하다. 그러나 다행히 우리에게 그러한 역할을 해 줄 수 있는 도구가 존재한다. 바로 신문, 방송, 그리고 인터넷을 망라하는 미디어(media)이다. 언제 어디서나 손쉽게 접할 수 있으며, 강력한 전파력을 지녔다는 점에서 대중의 과학기술에 대한 이해를 위해서는 더할 나위 없는 조력자인 셈이다.

과거와 달리 오늘날의 과학기술은 과학기술자만의 전유물이 아니라 사회 속의 모든 구성원들과 여러 가지로 강력한 관계를 맺고 있다. 비록 과학기술을 생산하는 일은 과학기술자들과 각종 정책수립 기관의 전유물이긴 하지만 이러한 과학기술의 생산물들이 사회 속에 도입되었을 때 직접적으로 부딪히면서 그것을 겪어야 하는 이들은 바로 사회 속 다수의 구성원들인 대중이다. 이러한 이유로 인해 과학기술에 대한 대중의 이해는 무엇보다도 중요하다. 그러나 과학과 산업기술의 변화는 그것이 나타나는 즉시 모든 사람들에게 이해되고 받아들여지는 건 아니다. 새로운 기술이 구현되고 사회에 적용·발전되는 과정은 고도의 전문영역이므로 일반인들이 그에 대한 정확한 지식을 스스로 갖추기는 어렵다. 따라서 전술했듯이 이를 전달해 주는 매개체로서 미디어의 역할이 중요하게 제기되는 것이다. 그동안 사회의 다수 구성원인 대중은 과학기술이 가져오는 사회구조의 변화가 과연 정당성을 갖는 것인지, 그것을 어떻게 수용할 것인지에 관해 제대로 의사결정을 내릴 기회를 가지지 못했다. 대중들은 단지 엘리트와 전문가들이 결정한 정책의 홍보대상이거나 과학기술 산물의 수동적 소비자 역할을 해왔을 뿐이다. 그러나 과학기술이 일상적 삶의 모습에 있어서 중요한 부분을 차지하면서 이에 대한 대중의 관심이 증대하였고, 방송·신문·인터넷 등의 미디어 발전으로 정보에 대한 취득이 용이해지면서 결국 과학기술이 가져오는 변화에 대한 의사결정과정에 대중이 관여하며 참여하려는 요구 또한 높아지고 있음이다. '과학기술에 대한 대중의 믿음은 미디어를 통해 전달되는 메시지와 부합하는 경향을 보인다'는 도로시 넬킨(Nelkin)의 테제는 과학 대중화의 패러다임 변화에 있어서 강력한 변화 동인으로 작용하는 미디어의 영향력을 단적으로 보여주는 사례이다.

본서는 이러한 현대사회에서 과학기술의 의미, 과학과 대중의 새로운 관계설정, 그리고 과학과 대중의 중요 매개체로서의 미디어의 의미와 특성, 더 나아가 과학커뮤니케이션의 중요성과 필요성에 대한 고민을 담아내기 위한 고민의 흔적이다. 이러한 고민의 중요한 시발점은 바로 2013년으로 3년을 넘게 강의 중인 성균관대학교 율전캠퍼스의 교양과목인 <과학미디어와 문화>였다. 미래의 과학자요, 과학 탐구자의 역할을 해야 하는 이공계생들에게 과학커뮤니케이션의 중요한 수단으로서 미디어의 중요성과 의미를 설득력 있게 설명하는 것은 쉬운 일이 아니었다. 하지만 수강 학생들과의 대화, 강의 후기 등을 참고해서 매 학기 강의의 방향과 내용들을 점진적으로 수정했고, 2013년 현재는 과학커뮤니케이션의 개괄적 영역들을 상당부분 담아낸 강의로서 학생들의 긍정적 평가도 얻어낼 수 있었다. 특히, 필자 역시도 수강학생들과 같은 이공계생으로서의 학부시절을 보냈기 때문에 미력하나마 이공계생의 시선으로 강의를 접근할 수 있었다. 하지만 늘 아쉽게 생각했던 것이 바로 이러한 강의내용을 오롯하게 책으로 담아내지 못했던 것이다. 초안 원고를 써놓고, 수정하고 보완하기를 2년째 지내고 나서야 이제 그 첫 단추를 꿰게 된 것이다. 그래도 아직 이 책에 담지 못한 내용이 많다. 처음에는 더욱 많은 분량의 원고를 기획했으나, 'publish or perish'라는 문구를 생각하며 과감하게 편집한 부분도 있다. 이후 기획 중인 후속저서에서는 본고에서 다루지 못했던 부분들을 충실하게 담아서 출간할 것을 약속한다.

이 책이 이렇게 만듦새를 갖추게 된 데는 많은 분들의 도움이 있었다. 무엇보다 전공을 바꿔 새롭게 언론학 분야에 발을 디뎠을 때, 제자의 학문적 방향을 제시해 주시고, 과학커뮤니케이션의 중요성을 상기시켜 준 송해룡 교수님, 존경과 감사의 마음을 이 책에 담아 기리고자 한다. 교수님의 독려가 이 책을 쓰게 된 직접적인 계기가 되었다. 열정적인 모습으로 항상 후배들에게 모범이 되시는 고마운 선배 김원제 박사님께도 감사의 마음을 전한다. 또한 바쁜 와중에도 세심하게 원고를 리뷰해 준 후배 최현주 양에게도 고마움을 전한다. 항상 지지와 격려를 아끼지 않는 유플러스연구소의 동료들과 후배들에게도 고마움을 표하고 싶다.

가족들에 대한 고마움도 빼놓을 수 없다. 올곧은 국문학자로서의 풍모를 항시 흠모하게 하는 아버님, 항상 지지하고 믿어주심에 감사드린다. 또한 미음으로 항상 응원해주는 가족 모두에게 깊은 사랑과 고마움을 표한다.

2014년 2월
조항민

1부

커뮤니케이션과
미디어의 기초 개념 짚기

제1장

커뮤니케이션 & 미디어의
기초적 특성과 이해

1. 커뮤니케이션의 특성과 본질

1) 인간생활과 커뮤니케이션의 의미

인간은 사회적인 동물이다. 그렇기 때문에 서로 간에 관계를 맺으면서 의견을 교환하고 정보를 나누면서 사회생활을 영위해 나갈 수 있게 된다. 우리는 태어나면서부터 다양한 인간관계 속에 놓이게 된다. 부모님과 자녀와의 관계, 친구들 간의 관계, 남녀 간의 관계, 직장동료와의 관계 등 이루 다 말할 수 없는 다양한 관계의 연속 속에서 삶을 영위하게 되는 것이다. 이러한 관계를 우리는 개발하고 유지하고 끝내는 과정을 지속하게 되는데 이러한 관계 맺음에는 서로 간에 의견과 정보 그리고 지식을 교환하는 과정이 필수적이며, 따라서 의사소통 혹은 커뮤니케이션이라는 행위가 수반될 수밖에 없는 것이다.

우리말로 흔히 의사소통이라고도 일컬어지는 커뮤니케이션의 개념은 목적에 따라서 커뮤니케이션의 어떤 측면에 초점을 맞추는가에 따라서 매우 다양하다. 우선 커뮤니케이션(Communication)의 어원은 '공통되는(common)' 또는 '공유하다(share)'라는 뜻의 라틴어인 코무니스(communis)에서 유래했다고 알려져 있다. 즉 '둘 이상의 사람들이 연결되기 위한 무엇'이 커뮤니케이션의 라틴어 해석으로 볼 수 있다. 또한 중세시대에서는 커뮤니케이션이 '나눔'의 의미를 강하게 지녔는데, 영국의 엘리자베스 1세 시대까지만 해도 'communicating with'라는 말 대신에 'commoning with'라는 말이 쓰인 바 있다. 이 단어가 담고 있는 가장 핵심적인 말은 바로 '나눈다'라는 것으로, '무언가 그 안에서 모든 사람들이 공동으로 나눌 수 있는 것'을 의미하였고, 가톨릭에서도 '종교상의 성찬을 서로 나눈다'는 의미로 사용되기도 하였다.

이러한 커뮤니케이션은 흔히 메시지를 통한 사회적인 작용으로써 한 사람이 타인과 관계를 맺는 과정(메시지 전달)이기도 하고, 개인이 어떤 특정한 문화나 사회의 일원이 되는 과정(의미의 생산과 교환)이기도 한다. "사회란 커뮤니케이션에 의해 존재하고 또 커뮤니케이션 가운데 존재한다"는 미국의 철학자인 존 듀이(John Dewey)의 말은 커뮤니케이션의 사회적 중요성을 잘 나타낸 표현이라고 할 수 있다.

커뮤니케이션은 정보의 흐름을 통해 한 개체와 다른 개체가 의미를 공유하는 과정, 즉 기호(sign)를 통해서 의미(meaning)를 전달하는 현상이다. 무엇보다도 사람이 사람다워지는 가장 두드러진 특징이라고 할 수 있겠다. 인간은 커뮤니케이션을 통해서 '의미의 질서'를 창조하고 상징체계를 구축한다(예로써 언어). 의미 공동체를 중심으로 사회가 형성되고 인간의 문화가 출현하는 것이다.

커뮤니케이션은 다음과 같은 특성들을 지닌다.

첫째, 커뮤니케이션은 구성적이다. 우리는 '항상' 커뮤니케이션을 하고 있다. 비의도적, 무의식적으로도 커뮤니케이션을 하고 있는 것이다.

둘째, 커뮤니케이션은 상황적이다. 상황은 다양한 방식으로 구분되는데, 예컨대 다단계(multi-level)를 이루게 된다. 그 결과 대인 커뮤니케이션, 집단 커뮤니케이션, 조직 커뮤니케이션, 문화 간 커뮤니케이션, 매스 커뮤니케이션 등이 형성되는 것이다.

셋째, 커뮤니케이션은 다양하다. 커뮤니케이션은 상황적이기에 그 형태도 다양할 수밖에 없고, 그 의미도 다양하다. 특정한 커뮤니케이션이라 함은 제한된 특정한 상황 그리고 공간에서만 규칙일 뿐, 불변의 진리로 통용될 수는 없는 것이다.

넷째, 커뮤니케이션은 불완전하다. 커뮤니케이션은 항상 상대방과 서로 주고받는 것이기 때문에 내가 마음대로 커뮤니케이션의 방향을 조정하기는 힘들며, 따라서 커뮤니케이션이 어떻게 흘러갈 것인지의 양상을 예측하는 것은 매우 어렵다.

중요한 것은 커뮤니케이션은 혼자가 아닌 다양한 사람들 혹은 집단과 나누는 것이라는 점이다. 커뮤니케이션은 인간으로 하여금 사회적 존재로 살아가게 만드는 데 있어 매우 중요한 역할을 담당하고 있는 것이다.

2) 커뮤니케이션의 과정과 유형

일반적으로 커뮤니케이션의 과정은 몇 가지 기본적인 구조와 요소들을 가지고 있다. 매스커뮤니케이션연구의 창시자로 일컬어지는 슈람(Schramm, 1982)에 의해서 제안된 커뮤니케이션 모델에 따르면 어떠한 커뮤니케이션 상황이든 간에 기본적으로 여섯 가지의 요소, 즉 송신자, 메시지, 부호화, 채널, 수신자, 해독 등이 포함된다.

여기서 송신자는 커뮤니케이션 내용을 전송하는 사람을 말하며, 한 명 혹은 여러 명이 될 수 있다. 송신자는 메시지를 부호화(encoding)해서 수신자에게 보낸다. 부호화라는 것은 메시지를 수신자에게 전달할 수 있는 형식으로 바꾸는 것을 말한다. 즉 메시지를 인간이 가진 감각기관, 특히 시각 및 청각에 의해 인지될 수 있도록 송신자가 생각과 아이디어를 만드는 과정이다. 이러한 부호화의 과정이 끝나면 메시지가 개인, 집단 혹은 조직의 수신자에게 전달되는데 간혹 메시지가 당초에 의도되지 않은 다른 수신자들에게도 전달될 수 있다. 의도한 수신자 외의 사람들이 메시지를 받게 되더라도 커뮤니케이션은 일어날 수 있다. 특히 최근 인터넷이 발달한 사이버 공간에서는 의도되지 않은 수신자들에게 메시지들이 전달되는 경우가 많다.

메시지를 보내고 받는 과정에서는 전달수단인 채널이 요구된다. 채널은 한 곳에서 다른 곳으로 메시지를 전달하기 위해 이용되는 전송체계(transmission system)로서 메시지의 모든 특성을 전달하는 통로를 말한다. 전송장치는 메시지를 실제로 배포하는 데 관련된 물리적인 역할을 수행한다. 채널을 통해서 전송된 메시지들은 수신되기 전에 해독(decoding)되어야 한다. 예컨대 다른 사람과 대화를 할 때 자신의 생각이나 아이디어를 소리로 전환시켜 채널을 통해 수신자에게 전달하면 수신자는 청각기관을 통해서 머릿속에 있는 것으로 인지할 수 있는 기호(sings)로 전환해 해독을 하게 된다. 해독은 바로 수신자가 송신자의 생각과 아이디어(메시지)를 인지하는 과정을 말한다. 이 밖에 추가적으로 고려해야 하는 요소인 피드백(feedback)은 송신자에게 받은 메시지에 대한 수신자의 반응으로서, 예컨대 질문을 하였을 때 답을 한다든지, 친구의 이메일이나 문자 메시지에 답장을 하는 것 등이 바로 피드백이다. 아울러 모든 커뮤니케이션에 존재하는 잡음(noise)을 언급할 필요가 있다. 잡음이라는 것은 메시지의 송수신을 방해하거나 간섭하는 것을 의미하는데, 예컨대 라디오를 듣다가 터널을 통과할 때 들리지 않는 것(채널 잡음), 질문하는 최근 시사용어를 알아듣지 못하는 것(의미적 잡음), 어머니의 잔소리를 듣기 싫어 앞부분만 기억하고 나머지는 귀에 들리지 않는 것(심리적 잡음) 등이 바로 잡음의 예이다.

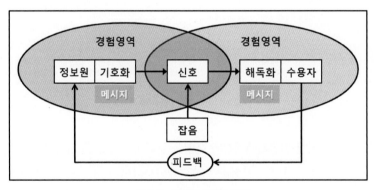

▶ 슈람의 커뮤니케이션 모델

한편, 커뮤니케이션의 역동적인 과정은 미국의 정치학자인 라스웰(Lasswell, 1948)이 논의한 소위 SMCRE(Source→Message→Channel→Receiver→Effect) 모델을 통해 단순화시킬 수 있는데, 커뮤니케이션

과정에 대한 분석도구로 제시된 일명 5W모델로도 일컬어지고 있다. 여기서 5W는 다음과 같다.

- 누가(Who)
- 무엇을(says what)
- 어떤 채널을 통해(in which channel)
- 누구에게(to whom)
- 어떤 효과를 가져왔는가(with what effect)?

이러한 라스웰의 모형은 오랜 기간 동안 인간 커뮤니케이션을 연구하는 데 있어 매우 유용한 틀로써 활용되어 왔다. 물론 그 유용성에 비해서 복잡하고 다양한 커뮤니케이션 측면을 지나치게 단순화시켰고, 또한 선형적(linear)이라는 비판도 받고 있는 등의 단점도 지적되고 있다.

▶ 라스웰의 커뮤니케이션 SMCRE모델

한편, 이러한 커뮤니케이션의 유형을 분류하는 방법은 다양한데, 가장 흔히 사용되는 방법은 사회적 커뮤니케이션이 이루어지는 범위와 위치에 착안하여 분류해 보는 것이다. 크게 분류하면 개인내적(intrapersonal) 커뮤니케이션과 개인 간(interpersonal) 커뮤니케이션으로 분류할 수 있다. 개인내적 커뮤니케이션이란 한 개인이 혼자서 생각하고 자신의 생각에 반응하는 과정으로서, 통상적으로 말하는 커뮤니케이션은 아니다. 개인 간 커뮤니케이션이란 두 사람 또는 그 이상의 사람들

사이에 이루어지는 커뮤니케이션을 통틀어 일컫는 것으로서, 통상 말하는 대인 커뮤니케이션을 의미한다.

개인 간 커뮤니케이션은 참가하는 사람의 숫자에 따라서 또다시 분류할 수 있는데, 다섯 가지 유형이 그것이다. 첫 번째 유형은 두 사람 또는 극히 소수의 사람들이 참여하는 대면적(person to person) 커뮤니케이션이다. 이는 아주 가까운 공간에서 면대면(face to face) 커뮤니케이션이 이루어지므로 즉각적인 반응이 가능하고 따라서 감정이입이 가장 잘 이루어질 수 있는 형태이다.

두 번째는 소집단(small group: one to few) 커뮤니케이션의 형태인데, 회의나 토의 그리고 이사회, 세미나 등이 그 사례이다. 모든 참여자들에게 발언 및 반응의 기회가 충분하게 주어지기는 하지만 첫 번째 유형에 비하면 훨씬 더 격식을 갖춘 조직적인 형태로 커뮤니케이션이 진행된다.

세 번째는 대규모 집단의 공공적(public: one to many) 커뮤니케이션 유형인데, 선거 유세나 대규모 선교집회, 토크 콘서트 유의 대중강연 또는 대중가수의 공연 등이 그 대표적인 사례이다. 이러한 커뮤니케이션 상황에 참여하고 있는 사람들은 동일한 공간 내에 있으므로 서로가 상호작용을 할 수도 있지만, 대개는 수용자로서의 역할만 하게 된다. 예컨대, 인기가수의 대규모 콘서트에서 가수가 특정한 율동을 요구하면 일사불란하게 움직일 수는 있지만 그렇다고 각각의 개인이 가수에게 질문을 하고 원하는 노래를 불러달라고 요구하기는 어려울 수밖에 없다.

네 번째 유형은 오늘날 일상화되어 있는 바로 매스(mass: organization) 커뮤니케이션인데, 앞의 유형들에 비해서 엄청나게 많은 수의 사람들이 참여하게 된다. 그리고 그 대상은 불특정 다수이기 때문에 누구인지 쉽게 파악하기 어렵다. 매스커뮤니케이션에서는 기계적인 미디어가 사용되며, 그들은 제도화된 조직체에 의하여 운영된다. 방송사와 신문사가 대표적이다. 신문, 잡지, 라디오, 텔레비전, 영화 등 대중들이 즐겨 활용하는 매체들이 모두 포함된다.

다섯 번째 유형은 컴퓨터, 그리고 인터넷으로 대표되는 정보통신 기술의 발달로 인해 확장된 새로운 유형의 네트워크(network)커뮤니케이션을 의미한다. 이것은 주로 정보통신 기술에 따른 컴퓨터 망에 의해 이루어지는데 일방적이 아닌 상호 커뮤니케이션이 가능하고, 시간과 공간의 제약에서 벗어나게 된다. 서로가 원하는 시간에 정보를 보내고 받을 수 있으며, 동시에 주고받을 수 있다. 집안과 일터의 컴퓨터를 벗어나 최근에는 스마트폰을 활용(카카오톡, 트위터 등)한 다양한 네트워크 커뮤니케이션으로도 확장되고 있다.

▶ 컴퓨터와 정보통신기술에 의한 새로운 형태의 커뮤니케이션

이렇듯 사회적 커뮤니케이션이 이루어지는 범위와 위치에 착안하여 커뮤니케이션을 분류할 수도 있지만, 커뮤니케이션 기술의 발전에 근거한 분류방법들도 있다. 특히, 많이 쓰이는 것이 바로 방향성

(directionality)에 의한 분류이다. 송신자로부터 수신자에게 배타적으로 정보가 유통되는 경우는 일방향(one-way) 커뮤니케이션이 일어나지만 반면에 참여 당사자들 서로가 적극적인 역할을 담당하면 양방향(two-way) 커뮤니케이션이 발생한다. 대인 커뮤니케이션의 경우 참여자들은 즉각적으로 반응하고 또한 적극적으로 관여하기 때문에 전형적으로 양방향의 성격을 띤다. 인터넷과 모바일 서비스도 일부 매스 커뮤니케이션적인 과정을 지니고 있지만 양방향의 형태를 지니고 있다. 이메일을 전송하고, 메신저를 통해 채팅을 하고, 실시간으로 스마트폰 등을 통해서 SNS(Social Network Service)에 글이나 이미지 그리고 동영상을 올리고 이에 대한 평가나 피드백이 즉각적으로 일어나는 것이 그 대표적인 사례이다.

2. 미디어의 유형과 내용

1) 미디어진화에 따른 인간커뮤니케이션의 발전

인간의 커뮤니케이션의 발전은 다양한 정보통신기술과 미디어기술의 진화에 힘입었다고 해도 과언이 아니다. 예컨대, 구텐베르크의 활판인쇄술의 실용화는 소수에게만 집중되어 있던 커뮤니케이션의 접점을 확장시키는 데 큰 기여를 하였다. 인쇄라는 정보기술이 서서히 사회화하여 신문이나 서적 등의 물질적·사회적인 형태를 가진 미디어로서 진화하게 됨으로써 다양한 정보와 지식을 소수 지식인들뿐만 아니라 다양한 대중들이 쉽게 접할 수 있게 된 것이다.

실제로 미디어의 발전에 따라서 인간의 생활모습과 사회모습도 달라져 왔다. 미디어는 그것의 발전에 따라서 사회변동에 영향을 미치며 나아가 우리의 사고와 경험에도 영향을 미치는 환경이 되고 있다. 이러한 관점을 흔히 '미디어결정론'이라고 일컫는데, 대표적인 학자로 커뮤니케이션 학자이자 경제사회학자인 해롤드 이니스(Harold Innis)와 그의 제자인 영문학자 출신의 캐나다 커뮤니케이션 이론가인 맥루한(McLuhan)이 있다.

　이니스는 "기술의 혁신이 사회 변화의 주요한 원인이다"라고 논의한 바 있는데, 역사적으로 새로운 기술의 도입과 발전에 있어서 커뮤니케이션 관련 기술이 중요하고, 이들 커뮤니케이션 관련 기술의 발전이 인류의 기본적인 인식능력을 확장하고 연장하는 도구로써 활용되었다고 주장한 바 있다.

　그 유명한 명제인 "미디어는 메시지다(The medium is the message)"를 남긴 맥루한도 "미디어의 발달은 인간 '감각기관의 확장'이며, 이를 통하여 인간의 본질이 변화된다"고 논의하고 있다. 맥루한에 의하면 인류의 역사라는 것은 인간의 기능과 역할을 확대하기 위한 도구나 기술, 즉 미디어 발달사에 다름 아니다. 미디어는 메시지이며, 미디어 자체가 인간의 사고방식과 생활양식을 변화시킨다는 것이다.

　이러한 맥락에서 인간커뮤니케이션은 미디어를 통해서 이루어진다고 할 수 있다. 사람과 사람 사이에 미디어가 존재함으로써 커뮤니케이션이 이루어져 온 것이다. 새로운 미디어의 등장은 인간 기능의 확장으로 이어진다. 유선전화기가 등장함으로써 우리는 멀리 떨어진 가족, 친구들과 공간에 구애받지 않고 마치 곁에 있는 것처럼 이야기를 나눌 수 있게 되었다. 무선통신 기술의 발전은 이러한 유선전화의 기능을 더욱 확장시켰다. 최근에는 얼굴을 직접 대면할 수 있는 영상통화기능도 일반화되고 있다. 청각, 시각 기능의 확장을 보여주는 사례이다.

미디어는 커뮤니케이션의 역사를 설명해 주는 중요한 요소이다. 미디어를 중심으로 커뮤니케이션 역사를 정리하면, 구두 커뮤니케이션 시대(말하기와 듣기) - 인쇄시기(필자와 독자) - 전자미디어 시대(조직적인 생산과 수용자)로 이어진다. 요컨대, 각 시대는 인쇄술의 발명, 전파의 발견 등과 같이 중요한 미디어테크놀로지의 진화와 큰 연관이 있다.

오늘날의 미디어는 단순하게 의미를 제공해 주는 단순한 전달자이기보다는 그 자체가 인간이 지닌 의식과 사고를 형성하는 중요한 의미생성 과정의 한 부분으로 작용하고 있음이다. 미디어는 단순하게 인간기능의 확장으로써 머무르지 않고 인간과 사회와의 관계 속에서 기능하고 있다. 앞서 "미디어는 메시지다"라는 맥루한의 명제는 바로 미디어가 단순하게 커뮤니케이션 과정에 있어서 중립자의 역할을 하는 것이 아니라 그 자체로서 의미를 지니고 있다는 것을 함축한다고 하겠다.

'미디어는 메시지다'의 미디어 이론가 마샬 맥루한

마샬 맥루한(Marshall McLuhan, 1911~1980)은 캐나다의 미디어 이론가이자 비평가로서 1928년 캐나다 마니토바대학에 입학해 기계공학을 전공하다가 영문학으로 전공을 바꾸어 졸업했다. 이후 영국 케임브리지대학에서 박사학위를 받았다. 캐나다의 토론토대학에서 영문학자로 강단에 선 이후에는 미디어 이론가와 문화비평가로 변신하여 『구텐베르크 은하계』, 『미디어는 메시지다』 등의 저서를 남겼다. 그는 어떤 데이터나 조사를 통해서 논리를 전개하기보다는 직관에 의해서 수많은 개념과 논의를 전개한 것으로 유명했다. 우리가 흔히 알고 있는 "미디어는 메시지다(the medium is the message)", "지구촌(global village)"이라는 유명한 표현은 모두 그가 만들어낸 것이다. 물론 이러한 것들 때문에 평단의 공격을 받기도 했지만, 미디어의 발전과 인간 존재의 관계를 연구하여 근대의 인쇄 혁명과 TV로 대표되는 전자미디어가 서구문명에 끼칠 영향을 예견하는 등 그가 남긴 업적들은 여전히 독보적인 영역으로 남아 있다. 최근 인터넷 시대, 스마트미디어 시대로 접어들면서 그의 이론들이 다시 재조명되고 있다.

2) 미디어의 역사

인류의 진화는 커뮤니케이션의 발전을 동반해 왔다. 집단생활, 도구 이용 등의 행위는 커뮤니케이션을 전제로 가능하였다. 커뮤니케이션은 미디어를 통해서 이루어져 왔는데 사람과 사람 사이에 미디어가 존재함으로써 커뮤니케이션이 이루어진다. 사람과 사람의 관계를 이어 주는 것이 커뮤니케이션이라면 커뮤니케이션의 보조수단이 곧 미디어인 것이다. 흔히 미디어는 어떤 것이 전송되는 과정에서의 중간매체 혹은 신문, 잡지, TV 등의 대중통신 수단을 의미하기도 하며, 인간 상호 간에 정보, 지식, 감정, 의사 등을 전달하는 수단으로 일컬어지고 있다.

미디어는 인간 역사 속에서 커뮤니케이션의 역사만큼이나 오랜 기간 동안 존재해 왔다. 커뮤니케이션의 역사를 들추어 볼 때 등장하는 대필가, 메신저, 외치는 사람(town crier)이 미디어의 초기적인 형태에 해당된다고 할 수 있다. 오늘날 우리가 커뮤니케이션 전문가로 통칭하고 있는 다양한 유형의 사람들(대변인, 홍보 담당자, 기자, 연출자 등), 그리고 이들이 조직화된 실체로서의 커뮤니케이션 전문 조직(전문적 홍보기구, 각종 언론사, 방송사, 인터넷, 기타 대중적으로 유포되는 각종 콘텐츠 제작사 등)이 각각 개인 및 조직 단위의 미디어에 해당된다고 볼 수 있다. 특히 일반적인 의미에서 미디어란 이 중에서 고도의 전문화된 분업체계를 갖춘 조직으로서의 미디어를 의미한다.

인류의 사회문화적인 변화와 미디어의 발전은 매우 밀접한 상호 관련성을 갖는다. 실제로 중세 후기와 르네상스 시대의 사회적인 변화가 인쇄술의 발전으로 확대되었고, 인쇄술의 발명은 다시 서구 합리주의의 확산과 발달을 뒷받침하였다. 17세기 말에 신문과 잡지가 등장한 것은 당시 정치경제적인 변화, 상품 유통구조의 발전, 그리고 이와 관련한 정보 욕구와도 밀접한 관련이 있다.

미디어는 곧 정치, 경제, 또는 사회상황과의 상호반응에서 생겨난 산물이다. 따라서 미디어기술의 혁신과 사회적인 과정은 서로 무관한 관계로 볼 수 없다.

단정적으로 이러한 구분만이 적확하다고 볼 수는 없지만, 일반적으로 미디어의 변천은 구어 커뮤니케이션이 문자로 이행되고, 문자에서 인쇄미디어(신문, 잡지), 그리고 전기미디어(전신, 전화), 대중미디어(라디오, 영화, 텔레비전), 그리고 최근의 디지털미디어(네트워크, 인터넷)로 이행되어 왔음을 보여준다. 미디어는 단순한 정보기능뿐만 아니라 고전과 신화의 기능도 지녔었다. 예컨대, 과거에는 멀리 떨어진 세계의 소식을 담시(譚詩) 형태의 문학이 담당했다면, 17세기부터는 신문이 그 기능을 대신하였다.

인쇄 미디어 이후 매스미디어는 과거 커뮤니케이션 체계가 갖고 있는 내용들을 통합하는 특징을 보여주다가 디지털 시대와 함께 대중커뮤니케이션을 여러 형태의 개별 커뮤니케이션으로 이행시키고 있다. TV 시대에는 시청자가 수동적인 정보 습득자였다면 인터넷과 스마트미디어가 추동하는 현재의 디지털 시대에는 개인의 필요에 따라 형태의 미디어를 능동적으로 사용할 수 있는 정보 소비자이며 생산자가 되도록 하고 있다.

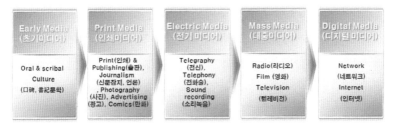

▶ 미디어의 진화양상

3) 유래 깊은 전통미디어로서의 인쇄 미디어

인쇄 미디어의 발달이 인류의 문화 발전과 커뮤니케이션 발전에 기여한 바가 매우 크다는 사실은 부인할 수 없는 부분이다. 특히 인쇄 미디어의 경우 가장 오래된 미디어로서 고대 사회의 원시적인 형태의 커뮤니케이션에서부터 현대와 같이 거대하고 복잡한 사회의 고도로 정교화된 매스 커뮤니케이션에 이르기까지 커뮤니케이션의 발전을 선도해 나갔던 중요한 매개 기능을 담당해 왔다.

인쇄 미디어는 근대로 넘어오면서 보다 구체적으로는 구텐베르크의 활판 인쇄술 발명 이후 기술적 요인 외에 정치적인 요인이 커뮤니케이션을 규정하는 주요한 요소로 등장하였다. 즉 발달된 인쇄술로 인해서 대량 인쇄와 보급이 가능해지자 승려와 귀족 세력에게만 허락되었던 문자 문화의 독점이 깨지게 되었다. 상인 세력을 중심으로 새롭게 형성되기 시작한 신흥 시민 계급들은 자유와 평등을 위한 투쟁과 이를 위한 언론의 자유를 외치게 되었고, 이를 통해서 새로운 인쇄매체가 생겨나게 되었다.

현대로 접어들면서 인쇄미디어의 발전 양상은 더욱 복잡다단하게 전개되기 시작하였다. 산업혁명 이후 자본주의 체제의 발전이 심화되면서 신문, 잡지 등의 대중매체들이 기업화된 것이 바로 그 변화의 주요한 측면이다. 즉 인쇄 미디어의 발전에 있어서 경제적인 요소가 중요하게 개입되었으며, 이는 저널리즘 형성에 있어서 대중들의 언론 자유 의지 외에도 경제적이고 산업적인 요소가 개입되기 시작했다는 점을 의미한다. 인쇄 미디어(신문, 잡지)를 판매하거나 광고 수익 등을 통해서 큰돈을 벌어들이게 된 소위 '언론 재벌'이 나타났고, 이러한 언론 재벌 간의 치열한 경쟁으로 인해서 상업화된 '옐로 페이퍼(yellow paper)' 등이 출현하였다.

More information

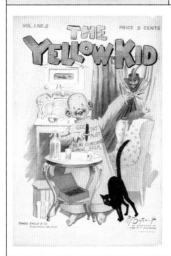

언론 간 치열한 경쟁으로 인한 병폐의 산물, '옐로 페이퍼(yellow paper)'의 등장

1889년 W. R. 허스트의, '모닝 저널'이 당시 인기를 끌던 J.퓰리처의 '뉴욕 월드' 일요판 만화 '옐로 키드(yellow kid)'의 스태프를 그대로 빼내 또 다른 '옐로 키드'를 만들어냄으로써 동시에 두 잡지가 황색의 옷을 입은 소년이 주인공인 '옐로 키드(yellow kid)'를 가지고 치열한 경쟁을 하게 되었고, 경쟁이 격화됨에 따라 신문이 과도한 선정주의(煽情主義 sensationalism)로 흐름으로써 생긴 말이다. 그 이후 선정적 기사를 게재하는 신문을 옐로 프레스(yellow press) 또는 옐로 페이퍼(yellow paper)라 부르게 되었다. 인간의 불건전한 감정을 자극하는 범죄나 괴기사건, 성적 추문 등의 선정적인 사건으로 채워지고 이를 과도한 비중으로 다루는 신문과 잡지를 일컫는다.

신문이나 잡지 등으로 대표되는 인쇄 미디어는 근대적인 언론의 이념에서 살펴볼 때, 개별 언론 기관으로서 소유 구조에 상관없이 다양한 언론의 존재와 그것이 가지고 있는 사회적 역할 등이 고려되어 공공성을 부여받고 있다. 이러한 공공성을 지키기 위해서는 인쇄 미디어는 다음과 같은 기본적인 요소와 함께 전달하는 내용의 가치를 갖추어야 한다. 이를 정리한 것은 다음의 표와 같다.

▶ 인쇄 미디어가 갖추어야 할 기본요소

요소	주요 내용
정확성	정확한 정보를 전달하는 것은 인쇄 미디어의 가장 중요한 요소
객관성	뉴스를 공정하게 전달하려면 3자의 입장에서 써야 함
균형성	이해 당사자들의 주장을 비슷한 비중으로 다루어야 함
시의성	사건이 터진 이후 독자들에게 빠르게 전달될 때 뉴스가치를 지니게 됨
근접성	독자들의 관심 및 거주지역과 밀접한 정보를 전달할 때 뉴스가치가 있음
저명성	유명인의 행동은 사회구성원들의 관심과 이목을 끌기 때문에 뉴스가치가 있음
영향성	많은 사람에게 영향을 주는 사건일수록 뉴스로서의 보다 큰 가치를 갖게 됨
기이성	독자에게 흥미를 주는 특이한 사건일수록 뉴스가치를 지님
인간적 흥미	대중에게 감성적 감동을 주는 기사는 일정한 사회적 순기능을 수행
투쟁	인간의 본연적 요소인 투쟁을 다룬 기사는 대중의 흥미를 자아냄
어린이, 동물, 미녀	독자들이 매우 좋아하기 때문에 이런 소재(3B)는 기사 가치가 큼

(1) 인쇄 미디어의 대표매체로 성장한 신문

신문이란 넓은 의미로는 '신문지를 매체로 하는 언론'을 말하기도 하고 좁은 의미로는 전달매체의 하나로 '신문지'를 의미하기도 한다. 신문(新聞)은 '새로운 소식(新)을 듣는다(聞)'는 뜻으로 새로운 소식인 뉴스를 신문지라는 종이에 인쇄해서 대중에게 알리는 것을 뜻한다. 영어로는 뉴스페이퍼(newspaper)라고 하는데, 이 의미 또한 새로운 소식인 뉴스(news)를 종이(paper)에 옮겨 전한다는 의미의 합성어이다.

신문의 종류는 매우 다양하다. 발행 간격을 기준으로 하면 매일 나오는 일간지, 일주일에 한 번 나오는 주간지, 일요일에만 나오는 일요지, 일주일에 두 번 나오는 주 2회지 등이 있다. 또한 배포 범위에 따라서 전국적으로 배달되는 전국지와 일부 지역에만 배달되는 지방지로 나눌 수 있으며, 대상 독자의 영역에 따라서 종합지와 전문지로 나눌 수 있다. 종합지의 경우는 일반 독자를 대상으로 사회의 여러 가지 다양한 뉴스를 전하며 전문지는 특수한 독자를 대상으로 한 IT전문지, 보건전문지, 무역전문지 등을 들 수 있다. 그 외에도 독자들에게 돈을 받고 배부하느냐 무료로 주느냐에 따라서 유가지와 무가지로 나눌 수 있다. 무가지의 대표적인 종류는 아침 출퇴근 시간에 우리가 지하철역 등에서 흔히 볼 수 있는 '메트로', '더 데일리 포커스' 등의 신문들이다.

흔히 우리는 신문이 갖는 이중성에 대해서 이야기하는데, 즉 신문은 민주주의 발전에 필수적인 공론의 장(public sphere)을 제공한다는 의미에서 공공성을 지니나, 또한 정보 제공을 통해 신문기업의 이윤을 창출한다는 기업성, 즉 상업성이라는 두 가지 특성을 동시에 지니고 있다.

역사상 최초로 문서화된 신문은 로마시대(B.C. 313~A.D. 14)에 나타난 '악타 듀르나(Acta Diurna)'였다. '악타 듀르나(Acta Diurna)'는 매일의 사건이라는 뜻으로 저널(journal)이나 저널리즘(journalism)은 매일을 의미하는 듀르나(diurna)라는 말에 어원을 두고 있다. 이것은 당시 원로원의 의사록이었던 '악타 세나투스(Acta Senatus)'와 평민원의 발표문 등을 묶어 발간되었다. 실제로 로마집정관 카이사르는 정부발표 사항을 일보의 형식으로 게시하는 '악타 듀르나'를 로마 광장에 써 붙였다. 통신과 교통수단이 지금처럼 발달하지 않은 고대에서는 효과적인 커뮤니케이션 채널 수단 확보가 어려웠다. 이에 카이사르는 배타적인 원로원 회의를 노출시켜 민중의 정치의식을 키우고 카이사르 자신의 의정을 홍보하는 수단으로 '악타 듀르나'를 통해 원로원 의사록을 대중에게 공표한 것이다. 또한 정복자로서 카이사르는 전쟁에서 승리하고 돌아오면 반드시 적국에서 탈취한 재물과 사로잡은 노예 등의 성과물을 일일이 대자보에 기록해 시민들에게 널리 알렸다. 이런 점에서 카이사르는 미디어의 힘을 제대로 이해한 인물로 볼 수 있겠다. 이 외에도 중국에서는 8세기경에 당나라에 '저보(邸報)'라는 정보 발표물이 있었고, 송나라 후기에는 '조보(朝報)'라고 불리는 관보가 발행되었다. 따라서 신문의 원시적인 형태는 주로 국가기관에서 발행하는 관보의 성격이 짙음을 알 수 있다.

근대적인 의미의 신문이 출현한 것은 16세기 중반에서 17세기 초반이라고 할 수 있으며, 따라서 신문은 400여 년의 역사를 가진 매스미디어라고 할 수 있다. 1660년 독일 라이프치히에서 세계 최초의 일간신문이라고 할 수 있는 '아인코멘데 차이퉁(Einkommende Zeitung)'이 발행되었는데 1666년 발간된 '라이프치거 차이퉁(Liepziger Zeitung)'을 세계 최초의 일간신문으로 보는 견해도 있다. 유럽에서는 독일에서 일간지가 등장한 이후 영국에서는 1702년 '데일리 쿠란트(Daily Courant)', 프랑스에서는 1777년 '주르드날 파리(Journal de Paris)' 등이 등장하였다.

※ 차례대로(獨 '아인코멘데 차이퉁', 英 '데일리 쿠란트', 佛 '주르드날 파리')

▶ 근대 유럽의 일간지들

미국은 유럽에서 정치적·종교적 박해를 피해 이주해 온 이주민들이 많았기 때문에 독립적인 대중 언론을 지향하는 운동이 일찍부터 발달해 왔다. 1835년에는 완전한 정치적 자주성을 제창하는 신문인 '뉴욕헤럴드(New York Herald)'가 등장한 데 이어 1851년에는 '뉴욕타임스(New York Times)'가 정론지로 출발하게 되었다.

우리나라의 경우 최초의 근대적인 신문은 1883년 발간된 '한성순보'였다. 그 이후 1896년 4월 서재필에 의해서 최초의 한글신문인 '독립신문'이 탄생했는데, 신문의 날이 4월 7일로 정해진 것도 여기서 비롯되었다. 1920년에는 '조선일보', '동아일보', '시사 신문' 등 3개 민간지의 창간이 허용되었다. 1987년의 6·29선언과 1988년 제6공화국의 출범 이후의 언론 자율화정책을 1993년 김영삼 정부가 더욱 확대하여 발행과 편집의 자유는 계속적으로 신장되었고 새로운 신문이 대량으로 창간되었다.

▶ 세계 신문사 연표

연도	주요 내용
1500년대	부정기 인쇄신문 Flugblatt 등장
1609년	세계 최초의 주간신문이 독일에서 간행
1620년대	영국과 프랑스의 주간신문 등장
1660년	세계 최초의 일간지 Einkommende Zeitung 독일에서 발간
1690년	미국 최초의 주간신문 Public Occurrences 보스턴에서 발행
1702년	영국 최초의 일간지 Daily Courant 창간
1777년	프랑스 최초의 일간지 Journal de Paris 창간
1800년대 초	미국에서 대중지 등장 -뉴욕타임스(1833), 뉴욕헤럴드(1835)
1800년대 말	미국 신문의 기업화
1920년대	타블로이드판 재즈언론 등장
1960년대	대항언론 등장
1970년대	전문신문 등장
1980년대	석간신문의 퇴조
1990년대	종합정보산업으로서의 전환, 온라인 저널리즘의 등장
2000년대 이후	고급지의 변화 스마트미디어의 등장으로 인한 모바일 저널리즘의 등장

한편, 최근 신문을 비롯한 인쇄매체는 독자감소와 재정난 악화 등의 큰 위기를 겪고 있다. 실제로 2013년에는 미국 권위지 '워싱턴포스트(WP)'마저 경영난으로 매각되는 등 전 세계 신문업계의 위기감이 확산하고 있는 가운데 유럽 신문업계도 경영난을 타개하기 위한 자구책 마련에 부심하고 있다. 독일, 프랑스, 영국 등 유럽 주요 국가에서 신문 발행 부수 감소와 광고수입 격감으로 인한 수지 악화로 파산하는 언론사가 속출하고 있다. 독일의 전체 신문 발행 부수는 2001년 2,370만 부에서 2012년에는 1,840만 부로 22.4%나 감소했다. 광고 시장에서 신문이 차지하는 비율은 2000년 29%에서 2012년에는 20%로 축소됐다. 프랑스의 신문 발행 부수도 지난 10년간 25% 감소했으며 광고 수입도 매년 5% 정도씩 감소하고 있다. 영국 신문의 광고 수입은 9% 이상 떨어질 것으로 예상되고 있으며, 2005년에서 2012년 사이에 영국에서만 242개의 지방신문이 사라졌다. 이러한 수치를 보더라도 전 세계적으로 신문산업의 위기를 이야기하지 않을 수 없다.

국내에서도 이러한 경향은 마찬가지이다. 정보통신정책연구원에서 2013년 7월 발표한 『종이신문과 인터넷신문의 열독 현황과 패턴 분석』 보고서에서는 최근 신문을 비롯한 인쇄매체들의 위기를 구체적인 데이터로 확인할 수 있다. 우리나라 가구의 신문구독률은 11.6%에 머무르고 있으며, 전체 표본 1만 319명 가운데 신문 열독자는 2,664명으로 25.8%를 기록했다. 성별로는 남자가 32.4%로 여자(19.2%)를 앞서는 것으로 나타났고, 연령대가 높을수록 이러한 열독률(신문을 읽는 비율을 의미하며, 구독 여부와 상관없이 최근 일정 기간 동안 신문을 읽은 사람을 대상으로 어떤 신문을 가장 많이 읽었는지 조사한 결과임)은 높아지고 있었다. 이는 반대로 연령대가 낮아질수록 신문을 읽는 경향이 낮다는 것을 의미한다. 여전히 종이 신문을 읽는 경향이 높지만(전체의 64.9%), 데스크톱 PC, 스마트폰, 태블릿 PC 등을 포함하는 전자매체가 35.1%에 달한다는 점도 추후 신문이용행태가 변화될 가능성을 내포하고 있다고 하겠다.

▶ 매체별 신문 열독 점유시간

점유시간: 단위(분)

매체		점유시간	점유율
종이매체	종이	13.6	64.9
전자매체	데스크톱 PC	4.9	23.6
	스마트폰	1.1	5.5
	일반 노트북PC	1.0	4.8
	태블릿 PC	0.1	0.5
	기타	0.1	0.7
합계		20.8	100

※ 출처: 정보통신정책연구원(2013). 『종이신문과 인터넷신문의 열독 현황과 패턴 분석』.
(기타 항목은 점유율 5% 미만인 PDA폰, 넷북, 가정용 TV, 일반휴대폰임)

미래의 독자들은 단순하게 동일한 정보를 받아보는 데 만족하지 않을 것이다. 예전에는 신문사에서 찍어낸 종이신문을 꼭두새벽부터 배달하여 동일하게 아침에 받아볼 수 있는 시스템이었다면, 이제는 신문사들의 인터넷 웹페이지, 혹은 애플리케이션을 통해서도 실시간 으로 다양한 소식을 또한 본인이 보고 싶은 소식을 소비할 수 있는 시대로 변화되고 있다. 이러한 상황 속에서 우리가 흔히 볼 수 있는 종이신문은 특별히 소장하고 싶은 디자인을 가진 것도 아니고, 온라 인과 모바일에 비해서 속도감이 높은 것도 아니기 때문에 2000년대

중반 이전에 종이신문은 더 이상 시장가치를 가지지 못할 것이라는 비관적인 시나리오들도 제시되고 있다. 하지만 이러한 시나리오는 시나리오일 뿐이다.

라디오가 등장하면서 책 등의 인쇄매체 소멸이 가시화될 것이라고 생각되었지만, 여전히 지식의 보고로서 인쇄매체의 가치는 유효하며, 텔레비전 등의 영상매체가 등장했지만 라디오의 가치는 유효한 것처럼 지식과 정보의 보고인 신문 역시 그러할 것이다. 결국 독자들이 신문을 볼 수 있는 단말기와 플랫폼이 문제가 아니라 앞으로의 가치는 바로 볼 만한 콘텐츠를 어떻게 만들어 내느냐가 관건이 될 것이다. 넘쳐나는 그렇고 그런 정보가 아니라, 양질의 그리고 정확한 정보가 제공된다면 분명히 소비하는 독자가 있을 것이다. 신문의 미래를 부정적으로만 볼 수 없는 부분이 바로 그것이다.

(2) 성장과 쇠락의 부침을 이겨내고 새로운 도약을 준비하는 잡지 매체

잡지(magazine)라는 말이 처음 사용된 것은 1731년 런던에서 '젠틀맨스 매거진(Gentlemen's Magazine)'이라는 간행물이 나오면서부터이다. 런던은 당시 도시 중산층의 중심지로서 잡지가 성장할 만한 경제적인 토대를 갖춘 곳이었다. 최초의 잡지는 사람들에게 대중적인 인기를 끌면서 1만 부 이상을 찍어내게 되었고 이로써 새로운 매스미디어로서의 가능성을 열게 되었다. 잡지의 천국이라고 일컬어지는 미국에서 발간된 최초의 잡지는 '아메리칸 매거진(American Magazine)'이며 19세기에 접어들면서 잡지가 본격적으로 발달하기 시작했다. 남북 전쟁이 끝난 후 20여 년간 미국에서는 잡지 창간의 붐이 거세게 일어났다. 이 붐은 당시 사회를 풍미했던 개척 정신, 인쇄술의 발전, 가용 자본의 축적, 1879년 우편법 등에 의해 고무되었다. 우리나라 최초의 잡지는 1906년에 육당 최남선이 발행한 '소년'이다. 잡지의 발전 과정과 주요한 특징은 다음과 같이 정리된다(이용준·김원제·정세일, 2011).

▶ 잡지의 발전과정

발전형태	시기	주요 특징
두루마리	고대 이집트 그리스, 로마시대	파피루스 종이들을 이어붙임.
고자본(Codex)	중세	양피지를 낱장으로 잘라 꿰매어 쪽 배열의 형태를 갖춤.
인쇄술 발명	15세기 중엽	구텐베르크
기계화	18세기 후반	인쇄기계의 발달로 대량 인쇄시대 개막
산업화	19세기 후반 이후	산업혁명 이후 자본주의 발전과 생산도 산업화, 대중화됨.

한편, 신문과 잡지의 기능의 분화는 여러 가지 이유가 있겠지만 중요한 이유는 바로 언론에 대한 권력의 탄압에 의해서이다. 초창기 언론에 의한 탄압은 시사적인 뉴스, 특히 정치 관련 뉴스에 집중되었다. 언론에 대한 통제가 강화되는 것은 이러한 시사적인 정보에 대한 검열과 탄압이 강화되었다는 말이다. 그렇게 되면 인쇄매체의 내용은 자연히 시사적인 것보다는 과학이나 예술, 문학 등을 다루기 마련이다. 초기의 인쇄매체에서 시사적인 뉴스 중심의 신문과 읽을 거리 중심의 잡지로서의 기능분화가 촉진되었던 것이다.

1950년대에 이르러 잡지들은 대개 대중적인 종합지였기 때문에 문화적 통합자로서, 그리고 전국적 여론의 형성자로서 주도적인 역할을 하였다. 이들은 엄청난 부수를 발행했고, 많은 광고주를 확보할 수 있었다. 하지만 텔레비전의 도입은 다른 미디어매체와 마찬가지로 잡지에도 매우 큰 타격을 입혔다. 방송미디어가 잡지에게로 올 광고주들을 대부분 흡수해 버리자 문을 닫는 잡지들이 속출했다. 잡지도 어쩔 수 없이 텔레비전과 맞서기 위한 전략이 필요했는데 이는 불특정 다수를 상대로 한 텔레비전과 차별화해 특정의 연령, 성, 직업, 취미, 기호를 지닌 소수 집단을 상대로 정보와 오락콘텐츠를 포함하고 있는 전문화된 잡지를 만드는 것이었다. 이러한 전문화된 잡지들은 현대사회에서 필요로 하는 전문 정보를 전달하는 역할을 하며, 사회 내의 다양한 취향을 만족시켜 주는 데 적합하다. 또한 광고주를 세분화된 목표 소비자 집단과 연결시켜 줄 수 있는 것도 전문화된 잡지가 갖는 장점이라고 할 수 있다.

▶ 독자층의 다양한 요구를 수렴하는 전문화된 잡지들(국내잡지 사례)

TV 등 영상미디어와의 경쟁으로 인해 인쇄 잡지가 광고수와 독자층의 감소로 어려움을 겪으면서 최근에는 디지털기술과 접목하려는 노력을 지속하고 있다. 이러한 노력의 일환인 잡지의 내용을 그대로 담은 웹사이트인 웹진(Webzine)이 몇 년 전부터 인기를 얻고 있다.

웹진은 거의 대부분 구독료를 받지 않으며, 보고 싶을 때 인터넷에 들어가 언제나 보고 읽고 즐길 수 있다. 종이잡지처럼 보관이 힘들거나 원하는 내용을 찾느라 굳이 페이지를 넘기지 않아도 되는 장점을 갖고 있다. 최근에는 이러한 인터넷을 통한 웹진이 스마트폰, 태블릿 PC와 같은 스마트미디어의 발전으로 인해 모바일웹진으로 진화하고 있다.

▶ 스마트미디어용 잡지콘텐츠 및 잡지애플리케이션

4) 방송의 탄생과 발전: 라디오와 텔레비전의 등장

전통적으로 '방송'은 불특정 다수를 대상으로 무선으로 일방적인 신호를 보내는 전송방식으로 통신으로부터 분리되어 발전해 왔다. 반면 전신이나 전화와 같은 통신은 신호나 음성을 유무신 통신망을 이용하여 일대일의 양방향 의사소통을 가능하게 하는 기술로, 방송과 통신 모두 원거리 커뮤니케이션을 가능하게 해 준다.

최근에 들어와 무선으로만 신호를 보내지 않고, 케이블 등 유선을 통해서도 방송청취가 가능해지게 되면서 다소의 개념변화가 있었다.

방송(broadcasting)의 어원은 넓다(broad)와 뿌린다(cast)의 합성어로 마치 농부가 넓은 평야에 씨를 뿌리는 것과 같이 교양, 오락, 정보를 유·무선의 통신매체를 통해서 불특정 다수에게 전달하는 행위로 다시 재정의 할 수 있다. 흔히 지상파 방송이라고 일컫는 KBS, MBC, SBS가 전파를 송출하고, 이를 시청자들이 안테나를 통해서 시청을 하는 무선전송방식이 케이블 서비스의 등장으로 변화되었기 때문에 이러한 개념의 재정의를 내리게 된 것이다.

우리가 20세기 미디어발전사에서 가장 중요하게 꼽을 수 있는 사실은 바로 전파매체의 등장이라고 할 수 있다. 1844년 모르스(Morse)가 유선으로 전기 메시지를 전송하는 기술을 발명하고, 1876년 벨(Bell)이 유선으로 모스부호 대신 목소리를 전송하는 기술을 발명한 것은 모두 라디오 기술이 토대를 이루었다. 1887년 헤르츠(Hertz)가 전깃줄 없어도 빛의 속도로 대기 중에 전자파를 보낼 수 있다는 사실을 발견하면서부터 라디오의 발전이 가속화되어 마르코니(Marconi)가 1890년대에 무선 전송기를 발명하고 페센덴(Fessenden)과 드포레(De Forest)는 전자기파를 보내는 무선 음성 커뮤니케이션 시스템을 개발하기에 이르렀다.

통신용으로 사용되는 라디오가 오늘날과 같이 라디오로써 발전할 수 있었던 것은 1916년 미국 마르코니 회사에 다니던 사노프(Sarnoff)가 사장에게 라디오의 새로운 이용법을 제안하면서부터이다. 그것은 라디오를 피아노와 축음기와 같은 용도로 쓸 수 있다는 아이디어인 라디오 뮤직 박스 메모(radio music box memorandum)였다. 제1차 세계대전과 제2차 세계대전을 거치면서 라디오는 더욱 큰 발전을 거듭하게 된다. 흔히 1929~1945년을 라디오의 황금시대라고 부르는

데, 거의 규제를 받지 않는 상태에서 고성장을 거듭한 라디오는 광고수입을 통한 경제적인 안정과 더불어 비약적인 발전을 거듭하였다. 그러나 1946년 이후 라디오는 쇠퇴기를 맞게 된다. 쇠퇴 이유는 다양하게 논의될 수 있는데 무엇보다도 1948년 텔레비전의 등장이 가장 큰 원인으로 작용했다고 볼 수 있다. 라디오가 누리던 황금시대를 텔레비전이 승계하게 된 것이다.

하지만 이후 1960년대 FM방송의 등장으로 라디오의 재도약이 가능해졌다. 라디오의 FM방식은 원래 1930년대에 처음 등장했으나 1960년대까지는 정체상태에 있었다. 1933년 RCA의 엔지니어였던 암스트롱(Edward Armstrong)이 FM방식의 라디오를 개발했으나 당시에는 FM 신호를 수신할 수 있는 수신기가 없었고 대부분의 FM방송국을 AM방송국 소유주가 보유했었기 때문에 대다수의 FM방송국은 AM의 프로그램을 그대로 동시에 방송했다. 그러나 1963년에 AM 프로그램을 FM을 통해 동시 방송하는 것을 금지시키고 기존의 AM 방송과 경쟁할 수 있는 새로운 라디오 포맷의 개발을 강요하였다. 그 결과 1960년대 후반 이후 FM방송국이 활성화되면서 라디오산업은 계속 성장하였다. 오늘날 FM은 라디오 청취자의 80% 이상을 확보함으로써 라디오산업의 주도권을 가지게 되었다.

라디오 매체의 가능성을 알아본 현대 라디오의 아버지 데이빗 사노프

데이빗 사노프(David Sarnoff, 1891~1971)는 1891년 러시아의 민스크에서 유대인 화가의 아들로 태어나 1900년 가족과 함께 미국으로 이민, 뉴욕 빈민촌에서 불우한 시절을 보냈다. 15세 때 부친이 사망하자 신문 가판원을 거쳐 마르코니 社 사환으로 들어갔다. 무선업무를 어깨너머로 배우면서도 도서관과 대학을 찾아다니며 수학과 물리학을 스스로 익혔다. 그가 유명세를 타면서 승진가도를 달리게 된 사건은 바로 1912년 초호화 여객선이었던 타이타닉호가 침몰한 사건 때문이었다. 1912년 4월 14일 그는 타이타닉 참사에 대한 메시지에 이어서 '카페이티아'에 의해 구조된 생존자 명단을 수신했다. 또한 주고받은 무선신호를 분석한 원고를 신문에도 실어 자신의 이름을 알렸다. 승승장구하던 그는 영국계 마르코니사가 미국기업화하며 RCA로 바뀐 1919년 사업국장에까지 올랐다. 이후 라디오를 전국적으로 보급한다는 그의 계획을 모두 반신반의 했지만 권투 중계와 음악 송출, 라디오 기기 제작 판매로 RCA는 돈방석에 앉았고, 1930년 사장에 취임한 그는 경영난에도 TV라는 매체로의 투자를 늘렸으며, RCA를 세계적인 미디어기업으로 키워냈다.

라디오의 쇠퇴와 맞물려 등장한 텔레비전의 경우 라디오와 마찬가지로 19세기 말부터 여러 가지 실험을 통해서 가능해진 미디어라고 할 수 있다. 1880년대에 닙코(Nipkow)가 유선을 통해 영상을 보내는 방법을 개발한 것이 텔레비전 기술의 출발점이라고 할 수 있는데 텔레비전 시스템에 대한 본격적인 연구는 1928년 미국의 주보르킨(Zworykin)이 카메라 튜브인 아이코노스코프를 개발하면서 시작되었다. 1925년에 미국의 젠킨스(Jenkins)와 영국의 베어드(Baird)가 기계식으로 텔레비전을 개발하기는 했지만 즈보르킨의 전자식은 훨씬 더 간단하고 선명한 영상을 제공하였다.

미국에서는 1939년 RCA사가 자체 개발한 텔레비전 수상기를 박람회에 전시하였으며, 미국 NBC방송이 박람회 개회식을 중계방송함으로써 미국 텔레비전 방송이 탄생하게 되었다. 1941년에는 미국의 연방통신위원회(FCC)에서 텔레비전의 잠재적인 수요를 깨닫고 텔레비전의 상업방송을 허가하였다. 제2차 세계대전의 발발과 더불어 텔레비전 개발이 중지되었는데 전쟁이 끝나자 영국과 프랑스는 물론 소련도 텔레비전 방송 실험을 거듭하였으며, 미국에서는 NBC, ABC, CBS 등이 텔레비전 정규방송을 시작하기에 이르렀다. 결국 유럽과 미국을 중심으로 본격적으로 '텔레비전 시대'가 시작된 것은 제2차 세계대전이 마무리된 1945년이라고 할 수 있다.

▶ 1939년 뉴욕 세계박람회에서 출품한 RCA社의 TV수상기

컬러텔레비전은 1954년에 처음 시판되었지만 당시 1천 달러라는 높은 가격 때문에 판매가 부진하였다. 그러나 1966년부터 3대 네트

워크가 모두 프라임타임에 완전 컬러 방송을 하면서 컬러텔레비전 수상기의 판매가 급증하여 1972년에는 미국 가정의 50%가 컬러텔레비전을 소유하게 되었다. 그리고 1956년 비디오테이프의 발명으로 1960년부터는 사실상 모든 네트워크 프라임타임 프로그램에서 생방송이 사라지게 되었다. 1962년 6월 9일 텔스타(Telstar) 통신위성이 발사되었고, 1963년 9월 9일 NBC는 저녁뉴스 시간을 30분으로 늘렸으며 1964년 4월 30일 최초로 UHF채널 선택 다이얼이 부착된 텔레비전이 생산되었다. 1968년 8월에는 텔레비전을 통해서 아폴로 7호 캡슐의 승무원들이 네트워크로 방송되기도 하였다.

▶ 텔레비전의 역사

연도 및 주요 내용
·1928년: 독일, 5개 방송국에서 텔레비전 실험 방송을 실시
·1935년 3월 22일: 베를린, 세계 최초의 정기 방송
·1936년: 올림픽 기간, 시내 28개 장소에 TV 수상실을 설치
·1936년 11월 2일: 세계 최초 정규 텔레비전 방송이 英 BBC에 의해서 시작
·1939년: 뉴욕 만국박람회에 첫선
·1952년: 미국, 포틀랜드에서 정규방송을 시작
·1953년: 일본, NHK 동경 텔레비전 방송국이 정규 방송
·1950년대 초반부터 텔레비전에 대한 폭발적 인기로 영화 관객이 급속도로 감소
·1960년 닉슨과 케네디의 TV토론으로 인해 텔레비전이 정치 커뮤니케이션 주요 매체로 부상
·1970년대 중반 이후: 영화와 스포츠 생방송 채널을 중심으로 한 전문화된 케이블TV 보급 일반화

(1) 감성매체로서 발전한 라디오의 특성과 현황

라디오는 역사성 있는 매체이자 매우 친근한 매체이다. 라디오가 지금까지 사랑받을 수 있었던 까닭은 매체가 갖고 있는 경제성과 간편성 그리고 친밀성을 바탕으로 한 수용자들의 습관적 청취 행태 덕분이었다고 볼 수 있다. 또한 라디오는 양방향 커뮤니케이션이 가능하기 때문에 지역사회 또는 국가적으로 민의를 수렴하고 공론의 장을 마련할 수 있다는 장점을 갖고 있다.

지금까지 수많은 관련 분야의 학자와 라디오 매체의 종사자들이 라디오의 특성에 대해서 적잖은 견해를 내놓았는데 이런 특성들의 기본적 흐름은 비슷하다. 맥라이쉬(McLeish. R., 1998)는 라디오의 특성을 묘사성, 직접성, 속보성, 단순성, 경제성, 일회성, 선택성이라는 일곱 가지로 분류하여 설명을 하고 있다. 여기에 더해 라디오는 수용자의 일상을 표현해 줄 수 있는 매체인 동시에 또한 그들의 일상을 반영하기 쉬운 효용을 인정받아 왔다. 텔레비전이 복잡다기한 과정과 절차를 거쳐 제작되며 그 과정에 많은 인력과 비용을 발생하는 데 비해, 수용자에게 쉽게 접근할 수 있는 라디오는 엽서와 편지, 전화, 팩시밀리, 인터넷(SNS 포함) 등 기술적인 흐름에 맞춰 수용자 개개인을 간편하게 참여시킬 수 있었다. 멀티미디어 환경 또한 쉽게 적용시키며 청취자와 가장 가까운 곳에서 일상을 나누는 매체로서 친밀감을 형성한 것은 라디오만의 장점으로 꼽힌다.

특히 친밀성은 라디오매체의 지속적인 성장을 이어온 중요한 요인으로 꼽을 수 있다. 라디오의 경우 손쉽게 휴대할 수 있다는 점, 이용에 있어 경제적 부담이 없다는 점, 그리고 프로그램 내용이 청취자 개인에 대해서 소구력이 크다는 점에서 모든 대중매체 가운데 수용자 개개인과 가장 친밀한 관계를 유지할 수 있는 매체라고 할 수 있다. 이러한 라디오의 친밀성은 라디오와 청취자를 1대1의 사적 관계로 맺어주며 전달방식에 있어 3인칭보다는 1인칭이나 2인칭을 주로 사용하여 비록 수신기라는 기계적인 매개체를 이용하지만 프로그램을 통해 친밀한 대화 상황을 만들어내고 있다.

앞서 논의한 내용들을 포함하여 음성 미디어로서 라디오가 갖는 특징들을 정리하면 다음과 같다.

첫 번째, 상상성이다. 라디오의 두드러진 특성은 시각에 의존하지 않고 청각에 의존하는 미디어라는 점이다. 물론 라디오가 시각적인 요소가 결여되어 있기 때문에 구체적인 내용을 실감나게 전달하는 데는 약점을 가질 수밖에 없지만 수용자의 무한한 상상의 세계를 파고들 수 있다는 점에서 다른 미디어와는 차별적인 특성을 지닌다.

두 번째, 신속성이다. 라디오는 기술적으로 간단하므로 긴급한 사건에 대해서 신속한 뉴스보도가 가능하다. 라디오는 화면을 취재하고 편집하며 스튜디오 엔지니어와 카메라맨을 대기시키고 분장을 마친 출연자가 준비된 후에 방송을 시작해야 하는 복잡한 과정을 생략할 수 있다. 전기의 공급이 중단되는 재난 상황에서는 특히 라디오의 역할이 매우 크다. 이는 2011년 일본의 동일본 대지진에서도 여실하게 증명된 바 있다.

세 번째, 생활 친화성이다. 라디오가 지닌 강점 중 가장 큰 부분 중 하나는 바로 언제 어디서나 들을 수 있다는 점이다. 일터에서 또는 자동차 운전을 하면서, 취침을 하면서 귀만 열어두면 라디오 방송을 우리는 어떤 상황에서도 쉽게 들을 수 있다.

네 번째, 참여성이다. 청취자들이 쉽게 프로그램에 참여할 수 있다는 점도 라디오가 지닌 장점이다. 청취자가 보내온 엽서의 사연을 읽어주고 신청 음악을 틀어주는 방법은 음악 프로그램에서 널리 애용되고 있으며, 전화를 통해 청취자가 신상문제에서부터 자동차 수리나 세금문제까지 갖가지 문제점을 상의하는 방식은 흔히 전화연결 토크쇼라는 포맷으로 이용되고 있다. 최근에는 인터넷을 통해서 직접 참여를 한다든지, 트위터 등의 SNS를 통해 방송에 참여하는 등 다양한 형태의 청취자 참여가 라디오 참여성을 더욱 배가시키고 있다.

다섯 번째, 전문성이다. 전성기의 라디오는 가능한 최대의 청취자를 붙들기 위해서 일반적 취향의 프로그램을 추구했다. 하지만 최근 라디오는 성, 연령, 종교, 취미에 따라서 세분화된 특정한 청취자를 집중 공략하는 프로그램 개발에 박차를 가하고 있다. 미국의 경우만 하더라도 흘러간 올드 팝송, 최신 트렌드를 반영한 히트곡, 헤비메탈, 재즈, 클래식 등 특정 장르만을 고집하는 라디오들이 열성적인 청취자를 확보하고 있다. 음악뿐만 아니라 특정한 주제를 다루는 전문방송(경제, 정치, 건강 등)들도 라디오를 통해서 방송 가능하다.

여섯 번째, 친밀성이다. 라디오는 온 가족이 모여 함께 즐기는 가족용 미디어의 형태는 아니지만 개인적인 청취를 통한 친밀성을 강점으로 지니게 된다. 라디오 방송을 통해서 DJ와 청취자는 한 가족인 것처럼 느끼게 된다. '그대'나 '우리 청취자들' 등의 친밀성을 주는 표현들이 동원되며 사연 소개나 스튜디오 방문 등을 통해서 청취자들이 애청 프로그램과 함께한다는 이미지를 심어주게 된다.

일곱 번째, 진보성이다. 라디오가 지닌 진보성의 의미는 정치사회적인 측면뿐만 아니라 다른 미디어로부터 문화적으로 소외된 사람들에 대해 각별한 관심을 갖는 것을 포함하는 개념이다. 특히 라디오의 경우 주요 청취자들의 일상생활과 밀착되어 있고 상업성이나 정치적인 규제로부터 상대적인 자율성을 갖는다는 면에서 민주적인 방송의 가능성이 열려 있다.

여덟 번째, 국제성이다. 라디오의 진보적인 특성과 가능성이 가장 잘 표현될 수 있는 분야가 바로 국제적인 문제에 대한 정보제공이다. 라디오의 프로그램들은 해외 특파원과 연결하여 각국의 정보를 쉽게 얻을 수 있으며, 전파의 도달범위가 넓어서 해외 동포들에게도 전달이 가능하다. 최근에는 인터넷 기술의 진화로 더욱 이러한 경로가 넓어지고 있는 추세이다.

한편, 텔레비전에 밀려서 올드 미디어로 대우받던 라디오가 진화하게 된 가장 중요한 요인은 바로 인터넷 기술과의 결합이다. 라디오가 인터넷 기술과 결합하게 되면서 공간의 구애 없이 더욱 많은 사람들이 쉽게 라디오 방송에 접근할 수 있게 되었다. 인터넷 라디오는 전파 권역을 완전하게 무너뜨리고 전 세계의 모든 라디오를 공유할 수 있다는 점에서 고전적인 라디오의 개념과는 차별화된다. 기존의 고전적인 라디오는 주파수를 통해서 송출이 되고 라디오 수신기를 통해 주파수를 맞춰야 들을 수 있었다. 그러나 인터넷 라디오를 통해서 전파의 범위를 벗어났으며, 라디오가 하드웨어 수신기에서 인터넷 소프트웨어(KBS의 '콩', MBC의 '미니', SBS의 '고릴라' 등의 인터넷 방송 전용 플레이어)로 바뀌는 매우 혁신적인 변화를 가져왔다. 최근에는 스마트폰, 스마트 패드 등을 위시한 소위 스마트미디어의 발전으로 인해서 라디오 방송국들이 기존 인터넷 라디오를 애플리케이션 형태로 제공하고 있어, 청취자의 라디오와의 접점이 더욱 넓어지고 있음이다.

▶ 인터넷, 스마트미디어를 이용한 라디오 서비스

　무엇보다도 라디오가 지닌 중요한 사회적 기능 중 재난·재해 상황에서의 긴급대응 매체로서의 성격을 빼놓을 수 없다. 특히 지역에서 운영되는 공동체방송은 실제로 일본과 미국의 재난상황에서 중요한 역할을 수행한 바 있다. 주지하다시피 2011년 일본 동북부 재해 지역에서 40개 이상의 공동체 라디오 방송국이 활동하였다. 특히 로컬 TV가 접근할 수 없는 지역 밀착의 재난방송을 수행하였다는 평가이다. 이들 방송들은 동일본 대지진 이후에 특별방송을 편성해서 내보냈는데, 지진 관련 정보, 지역 재해대책본부의 정보, 수도 복구 정보 등 생존과 복구에 필요한 정보들로 이루어져 있다. 또한 가족이나 지인들과 연락이 끊긴 사람들을 위해 안부 정보도 방송한 바 있다. 구호물자, 식사 공급, 의연금 수속 등의 정보도 제공된 바 있다. 덧붙여 공동체라디오는 외국인을 대상으로 한 재난방송의 역할도 수행할 수 있다. 절망적인 재난·재해 상황에서 라디오의 중요성을 새삼 거론하지 않을 수 없다.

일본의 재난·재해 현장에서 검증된 라디오의 위력

2011년 3월 일본 동북부 지방을 강타한 지진과 쓰나미는 엄청난 피해를 남겼다. 이러한 피해는 후쿠시마에 있는 원전시설의 파괴까지 이어져 수만 명의 사망·실종자를 기록한 대참사로 기록되었다. 이러한 아비규환의 현장에서 생존에 필요한 정보를 제공하고 지역 내 소통을 이루어내는 주요한 통로로 공동체라디오가 활약한 바 있다. 일본 동북부 재해 지역에서 활동하는 공동체라디오 방송국은 30여 개에 이르는데, 이 지역에서 활동하고 있는 대부분의 공동체라디오들이 재해특별방송을 편성해 방송하였다. 재해특별방송은 지진 관련 정보, 지역 재해대책본부의 정보, 수도 복구작업 정보 등 생존과 복구에 필요한 정보들로 이루어져 있다. 가족과의 안부 정보 등 실질적으로 피해민들을 어루만질 수 있는 내용도 포함되어 있다. 후쿠시마시(市)의 'FM포코(FM Poco)', 후쿠시마현 이와키시(市)의 '시웨이브FM이와키(Sea Wave FM Iwaki)' 등이 대표적인 공동체라디오 방송이다.

(2) 영상문화의 새로운 방점을 찍은 매체의 총아, 텔레비전

텔레비전은 20세기와 21세기의 영상문화를 관통하는 트렌드이며 아이콘으로서 강력한 영향력을 발휘하였다. 수용자들은 텔레비전이라는 매체의 변화에 맞추어 행동과 인식을 맞출 정도로 그 파급력은 대단하였다. 텔레비전이 갖는 위력은 다음과 같이 표현될 수 있다.

- 사람들은 일상적으로 4~5시간을 TV를 켜둔다.
- 가난한 슬럼가의 사람들조차 TV를 구입하기 위해 돈을 모은다.
- TV를 통한 토론과 연설이 활성화되지 않았더라면 선출되지 못한 정치인도 있을 것이다.
- 2008 베이징 올림픽의 전 세계 TV시청자 수는 총 47억 명에 달했다.
- 90년대의 한국 드라마는 토·일요일 저녁시간 각 가정의 수돗물 사용량을 줄게 만들었다.

텔레비전은 그 시대의 문화를 이끌어가고 규정하면서 동시에 반영하기 마련이다. 텔레비전이 인류의 역사를 통해서 중요한 사회화 기관의 역할을 해왔고 인간의 생활방식이나 사고방식의 변화와 밀접한 관련을 갖는다는 점은 새삼 강조할 필요가 없다. 텔레비전은 항상 과거의 모습을 특정한 방식으로 재현하면서 당대의 모습을 반영하고 동시에 다음 시대의 모습을 투영한다. 그 시대의 문화적 코드를 간편하게 요약하기도 하지만 그 요약된 코드를 대중화하고 지속시킴으로써 생명력 있는 대중문화로 만들기도 한다. 물론 21세기로 넘어가는 시점에서 주도적인 매체의 영향을 인터넷을 비롯한 각종 디지털미디어에 물려주었음에도 텔레비전은 여전히 문화상품의 주도적인 생산자이자 시장이고, 현재의 문화적인 특징을 규정짓는 가장 강력한 매체이다. 게다가 텔레비전은 컴퓨터와의 기술적, 산업적인 결합을 통해서 디지털미디어로서의 중요한 역할을 하고 있기도 하다.

우리는 텔레비전의 영향력으로 인해서 텔레비전이 묘사하는 세계를 실제 세계로 생각하게 되는 경향이 두드러지고 있으며, 이러한 추세는 특히 젊은 층을 중심으로 보다 확대되었다. 현재도 그렇지만 특히 젊은 세대들에게 텔레비전은 삶의 기준이며 가치가 되었다. 이러한 텔레비전의 영향은 감각적인 영상물에 대한 젊은이들의 열광으로 나타났는데, 이를 여실히 보여주는 사례가 바로 1981년 8월의 24시간 논스톱 채널인 MTV의 탄생이다. MTV에서 처음으로 틀어준 뮤직비디오인 듀오 버글스(The Buggles)의 'Video Killed Radio Star'는 그들이 없애버려야 할 대상이 무엇인지를 분명하게 보여주는 뮤직 비디오였다.

아울러 텔레비전은 우리 사회에서 나타나는 각종 증후군이나 유행 그리고 패션을 창출할 뿐만 아니라 그 시대의 사회 분위기를 조성하는 데 큰 기여를 하고 있다. 또한 야구와 축구 등의 스포츠 중계 방송은 엄청난 숫자의 광고와 유료 시청자들이라는 매력적인 비즈니스 요인과 맞물려 폭발적인 사회문화적인 영향력을 지니고 있다. 이러한 사실은 우리가 일상 속에서 나누는 중요한 대화 속에는 텔레비전에서 나온 이야기가 주류를 이룬다는 점에서 그 근거를 찾을 수 있다. 그 결과 텔레비전은 현대 대중문화의 원천으로 확고하게 자리를 잡을 뿐만 아니라 나아가 범세계적인 지구촌 문화의 중심적인 역할을 하고 있는 것이 사실이다.

※ 텔레비전영상세대의 출현을 알린 MTV의 탄생(버글스 'Video Killed Radio Star' 비디오) & 1억 명이 넘는 시청자 수를 기록한 2011년 슈퍼볼 중계방송(차례대로)

▶ 강력한 문화적 영향력을 지닌 텔레비전의 영상콘텐츠들

텔레비전은 계속 변화해 왔고, 텔레비전을 커뮤니케이션의 목적과 영향이라는 측면에서 요약하는 것은 쉽지 않은 일이다. 원래 텔레비전의 중요한 미디어로서의 혁신은 무엇보다도 음성과 이미지를 한꺼번에 실시간으로 보여줌으로써 '세상을 향한 창문'의 역할을 한다는 데에 있다. 효율적인 영상의 녹화가 이루어지기 전까지는 스튜

디오에서도 제작은 생방송이었다. 이러한 동시성은 스포츠 경기, 뉴스, 쇼 등의 콘텐츠를 가능하게 해 주었다. 비록 텔레비전에서 현재 진행형의 현실이라는 환상을 창조해 내기는 하지만 대부분의 TV콘텐츠는 생방송은 아니다. 텔레비전의 또 다른 중요한 특징은 개인적인 친숙함과 관여의 느낌을 지닌다는 것이다. 그러므로 보는 사람과 전달자 또는 배우 사이에 교감이 형성되기가 쉽다는 점이다. 주부들이 드라마 등 연속극에 감정 이입되거나, 기자의 뉴스 리포트 속 불우이웃에게 연민의 감정을 느끼는 등이 그것이다.

텔레비전이 가장 대중적이고 친밀한 매스미디어라는 점은 지난 몇 십 년간 크게 변하지 않았다. 텔레비전이 공식적으로 정치적인 역할을 담당하지는 않았고, 주로 오락의 매체로 여겨져 왔던 것은 사실이지만 실제로 현대의 정치 상황에서 중요한 역할을 담당해 온 것은 사실이다. 텔레비전은 뉴스와 정보의 주요한 원천으로 여겨져 왔고, 정치인과 시민 사이의 주요한 커뮤니케이션 채널 역할을 해 왔다. 대중들에게 정보를 전달하는 역할로서 텔레비전은 신뢰도를 쌓아 왔다. 또한 텔레비전은 거의 모든 나라에서 가장 큰 광고 채널이며, 이를 통해서 대중오락의 기능도 공고하게 하고 있다.

이러한 텔레비전은 전달영역을 공간적으로 무한대로 만들고 시간적으로 영으로 만들었으며, 영화나 텔레비전의 컬러화는 색채의 질을 자연색으로 다양하고 화려하게 만들있다. 따라서 텔레비전은 가장 완성된 형태의 매체라고 할 수 있으며, 전 감각성을 지닌 매체라고 할 수 있다. 또한 텔레비전을 20세기의 기적 또는 마술이라고 일컫기도 하였다. 그러나 텔레비전은 역으로 걷잡을 수 없는 힘을 가진 절도 없는 행동을 함으로써 인간을 조정하는 강력한 힘을 가지고 있다고도 하고, 때로는 '사회의 암이요 공해'라는 비판도 서슴없이 받았다. 이는 모두 텔레비전이 지닌 강력한 영향력에 기인한 것이다.

물론 인터넷의 등장으로 그 위상이 다소 하락하기는 했지만, 텔레비전은 여전히 가장 강력한 매스미디어로서 영향력을 갖고 있다. 이러한 텔레비전의 강력한 파워를 보여주는 사례들이 다양하지만 그 대표적인 사례로는 미국에서 발생한 로드니 킹(Rodney King) 사건이 있다. 1991년 흑인청년 로드니 킹은 1991년 LA에서 과속운전으로 도주하다 백인 경찰에게 붙잡혔는데, 경찰은 곤봉으로 로드니 킹을 무자비하게 구타하였다. 이 장면이 근처 아파트에 살던 조지 홀리데이(George Holliday)라는 사람의 카메라에 담겼는데, 홀리데이가 넘긴 테이프는 전 세계로 송출되었고, 4명의 백인 경찰관들은 기소되었지만 모두 무죄로 석방되었다. 이로 인해 촉발된 것이 바로 분노한 흑인들이 백인들의 가게와 아시아인들의 가게를 무차별적으로 약탈, 방화한 'LA 폭동'이다. 특히 당시 한인들의 피해가 매우 컸었다. LA 폭동은 1명의 시민의 영상제보로 인해 촉발된 사건으로 텔레비전을 통한 영상메시지의 강력한 힘을 다시금 깨닫게 해 주는 사건이었다.

※ LA폭동의 도화선이 된 로드니킹 폭행비디오(좌)와 폭동으로 불타고 있는 LA도심지(우)

▶ 텔레비전의 영향력을 확인시켜 준 美의 로드니 킹 사건

텔레비전이 사회의 다양한 분야에 영향을 미치고 있지만 특히 정치 선거에 강력한 영향력을 미치고 있음을 부인할 수 없다. 제2차 세계대전 이후에 텔레비전의 급속한 발전과 대중적 보급으로 인해서 기존의 정치체계는 많은 변화를 가져왔다. 텔레비전은 다양한 계층의 수용자들을 대상으로 하여 그들의 이해관계를 조정하는 역할을 담당하고, 나아가 국민의 정치적인 의견과 욕구가 비정당 조직인 매스미디어를 통해서 정부와 정당에 전달하는 소위 채널링(channeling) 기능을 수행한다. 뿐만 아니라 정치인이나 정당의 활동, 그리고 정치적인 이슈를 다룸으로써 정치적인 환경을 감시하여 현대사회에서 대중과 정부의 상호작용의 폭을 넓혀 왔다. 텔레비전이 본격적으로 정치에 활용된 것은 1952년 미국으로 거슬러 올라간다. 당시 공화당에서는 민주당의 오랜 지배에 종지부를 찍기 위해서 제2차 세계대전의 영웅인 아이젠하워 장군을 대통령 후보로 옹립하려고 했고, 미국 텔레비전들은 귀국한 아이젠하워 장군을 대대적으로 보도하였다. 이에 공화당 대통령 후보 지명전에 나서려 했던 로버트 태프트는 자신에게도 텔레비전에 동일한 시간을 할애하라고 요구하였고, 텔레비전 방송에서는 그에게도 시간을 할애해주지 않을 수 없었다. 이것이 이른바 텔레비전이 정치에 개입하게 된 중요한 사건이자 도화선이었다. 한편, 텔레비전과 정치를 연관 지을 때 빼놓을 수 없는 부분은 바로 정치토론이다. 두드러진 전환점은 단연 1960년의 케네디와 닉슨 간의 토론으로 볼 수 있다. 공화당의 닉슨에게 열세를 면치 못했던 케네디는 세 차례의 텔레비전 토론으로 단숨에 전세를 역전하여 새로운 대통령으로 당선되었다. 이때부터 텔레비전은 선거운동을 좌우하는 중요한 역할론을 부여받으며 각국의 정치지도자들을 탄생시킨 1등 공신으로 인정받게 되었다. 우리나라에서도 TV토론이 선거 막판 승패를 가른 경우들이 많았는데, 16대 대선 당시 첫 합동TV토론회에서 민주당 노무현 후보가 한나라당 이회창 후보를 제압하며 승리의 발판을 마련했다는 평이 나왔다. 하지만 이러한 선거방송이 갖는 역기능 또한 무시할 수 없는데, 특히 정치적 이슈나 의제보다는 후보자 개인의 화술, 이미지 등 탤런트적인 모습에 의해서 유권자들의 선택이 변화될 수 있다는 지적도 일부 제시되고 있는 상황이다.

텔레비전의 강력한 영향력은 예기치 않은 부작용과 쟁점들을 만들기도 한다. 이를 간단하게 정리하면 다음과 같다. 첫째, 선정성의 문제가 부각될 수 있다. 텔레비전에서 표현되는 성적 표현에 관한 문제는 끊임없이 논란의 대상이 되고 있다. 방송을 통해서 허용된 수준 이상의 성적인 표현들이 난무한다는 비판이 있다. 특히 제재가 덜한 케이블 방송에서는 사회적 허용수준을 넘는 성적인 표현과 이미지들이 활용되는데, 지나친 오락화와 대중인기에 영합한 결과라는 비판이 높다. 둘째, 폭력성의 문제이다. 총, 칼, 무기, 그리고 폭행 등의 물리적 폭력과 협박, 욕설, 막말 등의 언어적 폭력들이 범람하고 있다는 비판을 받고 있다. 특히 이러한 텔레비전 폭력은 아동과 청소년들에게 악영향을 미칠 수 있다는 점에서 더욱 문제시될 수 있다. 셋째, 모방과 표절의 문제이다. 이는 방송사들의 치열한 시청률 경쟁 속에서 발생한 문제점으로서 단순한 아이디어의 도용이 아니라 포맷을 그대로 베끼거나 복제 수준의 프로그램들이 범람하고 있다는 점이다. 특히 해외방송의 모방과 표절은 국제문제로도 비화될 수 있는 심각한 문제이다.

이미지 정치의 시초, 1960년 美 대통령 TV토론

사상최초의 TV토론으로 기록되는 1960년 닉슨과 케네디의 TV토론은 불리하게 전개되고 있는 선거 국면을 전환시키려는 케네디의 제안으로 시작되었다. TV토론은 일방적으로 케네디에게 유리했다. 젊고 활기찬 이미지로 무장한 케네디는 TV카메라를 정면으로 응시하면서 자신감 있는 제스처와 화법으로 시청자들을 매료시켰다. 닉슨은 차분한 논리를 앞세워 토론을 이어갔지만 그의 논리적 설명은 감성과 이미지를 전파하는 TV를 통해서는 잘 먹히지 않았다. 더욱이 그는 케네디에 비해 늙고 초라한 인상을 주었다. TV토론은 당시 총 4회에 걸쳐 진행되었는데, 양 후보의 TV토론은 대선 결과에 지대한 영향을 줬다. TV토론회를 시청한 유권자는 약 7,000만 명이었고 이 가운데 57%가 'TV토론이 누구에게 투표할지 결정하는 데 영향을 주었다'고 답했다. 결국 선거결과는 케네디의 박빙의 승리로 끝났다. 케네디의 당선은 TV를 통한 이미지 메이킹 효과의 승리였던 것이다.

5) '나는 접속한다, 고로 나는 존재한다': 인터넷 시대의 개막과 진화

흔히 우리가 말하는 인터넷(Internet)이란 간단히 말해서 지역별로 혹은 단체별로 운영되는 지역통신망(LAN: Local Area Network)을 거대한 네트워크로 다시 연결함으로써 네트워크 간의 자유로운 정보교환을 가능하게 한 이른바 '네트워크의 네트워크(network of network)'라고 할 수 있다.

예컨대, 각 조직에서 자체적으로 운영하고 있는 A, B, C 세 개의 지역 네트워크가 있을 경우, 각 지역 네트워크에 연결된 컴퓨터 간에는 정보유통이 자유롭지만 네트워크와 네트워크 간에는 정보유통이 어려웠다. 하지만 이들 지역 네트워크를 인터넷으로 연결할 경우,

지역 네트워크 A에 연결되어 있는 컴퓨터 이용자가 그 네트워크 A
의 호스트 컴퓨터를 경유하여 지역 네트워크 B나 지역 네트워크 C
에 수록된 정보에 접근하거나 이들 네트워크 B, 혹은 네트워크 C에
연결되어 있는 컴퓨터 이용자들과 자료를 공유할 수 있게 된다.

그러나 하부구조로서의 네트워크만 가지고 인터넷이 가능한 것은
아니다. 직장이나 가정에서 컴퓨터가 네트워크와 연결되기 위해서는
접속(access)이 가능하도록 해 주는 서비스가 필요하다. 또한 인터넷
에 단순히 접속하는 것이 중요한 것이 아니라 이를 통해 무한정한
정보와 자료를 구할 수 있다는 것이 의미가 있는 것이다. 인터넷의
특성상 모든 이용자가 정보를 생산하고 제공할 수 있지만 인터넷 이
용이 늘어날수록 인터넷 콘텐츠를 생산하는 산업이 더욱 부각되고
있다. 이 밖에 인터넷을 통한 정보검색과 채팅, 메일 등의 커뮤니케
이션 행위는 인터넷만의 독특한 문화를 형성하고 있다. 결국 인터넷
이라고 하는 것은 단순한 기술적인 서비스를 지칭하는 것이 아니라
이러한 모든 측면을 포괄하는 개념이라고 할 수 있다.

인터넷이 오늘날 전 세계 컴퓨터를 잇는 거대한 네트워크로 발전
하여 세계를 묶는 강력한 미디어로 영향력을 떨치고 있지만 원래부
터 이러한 목적으로 인터넷이 개발된 것은 아니다. 인터넷은 1960년
대 말 미국과 소련의 냉전체제가 이어지던 시절에 소련의 핵 공격과
같은 재난 상황에서도 미국의 컴퓨터시스템이 일시에 사용불능에 이
르는 것을 방지하기 위한 분산처리시스템을 개발하고자 하는 미국 국방성
산하에 설립된 고등연구프로젝트국(Advanced Research Projects Agency:
ARPA)과 랜드(RAND)사가 공동으로 추진하였다. 이들은 전화망을
통해서 컴퓨터 간의 통신이 가능하게 하는 방법이나 하나의 회선으

로 다수의 이용자가 동시에 정보를 공유할 수 있는 패킷교환기술 (packets switching technology) 등 인터넷 운영의 토대가 되는 기술들을 개발하게 된다.

이렇게 개발된 기술들이 통합되어 구현된 새로운 네트워크의 개념이 첫 적용된 것은 1969년 미국 서부 4개 대학인 UCLA, 스탠퍼드, UCSB, 유타대학을 연결하는 컴퓨터 통신망인 아르파넷(ARPANET)이 운영되면서부터이다. 이 네트워크는 주로 컴퓨터 전문가들이 이용하면서 전자메일, 원격전송, 파일전송 기술 등 다양한 원격 통신기술이 개발 및 적용되었고, 특히 대표적인 성과로 오늘날의 컴퓨터 네트워크 간의 자료전송을 위한 통신규약인 TCP/IP가 만들어지기도 하였다. 이렇게 본격적인 네트워크 기능을 수행함에 따라서 아르파넷을 일반적으로 인터넷의 기원이나 모태로써 취급하는 것이 일반적이다.

인터넷 주소인 도메인 시스템(1983년) 도입 등의 과정을 거쳐 현재의 모습으로 재탄생했다. 특히 1990년 유럽에서 등장한 '월드와이드웹(www)'은 '개방성'을 바탕으로 전 세계를 하나로 묶으며 인터넷 대중화에 결정적인 역할을 했다. '월드와이드웹'은 인터넷을 매개로 제공되는 정보제공 서비스의 한 형태로써 www. w3 또는 Web으로 약칭하며 웹브라우저(Web browser)를 이용하여 통합적인 인터넷 정보 탐색을 가능하게 해 준다.

한편, 이러한 인터넷의 비약적 발전은 세계경제의 지형도 또한 급진적으로 바꿔놓았다. 1990년대 후반에 불었던 닷컴 열풍은 2002년 이후 '신경제(new economy)'로 불리는 세계경제 부흥기를 주도했고 1998년 닷컴기업의 아이콘으로 부상한 구글(Google)이 등장하면서 인터넷을 통한 변화의 바람이 전 세계로 확산됐다.

▶ 인터넷의 역사

연도 및 주요 내용
· 1969년 9월 2일: UCLA 레오나드 클레인록 교수팀이 2대의 컴퓨터 간에 데이터 교환을 시험
· 1969년 10월: UCLA와 스탠퍼드연구소 컴퓨터 간 데이터 교환
· 1970년: 미 국방부 데이터·음성 교환 네트워크 아르파넷 미국 4곳에 구축
· 1972년: e-메일 개념의 도입
· 1974년: 밴턴 서프, 밥 칸 네트워크 통신 기술인 TCP 개발
· 1983년: 도메인(Domain) 주소의 등장
· 1990년: 팀 버너스 리, 월드와이드 웹(www) 도입
· 1994년: 상업적 목적의 웹브라우저 첫 등장
· 1998년: 구글 등장
· 2006년: 세계 인터넷 이용자 10억 명 돌파
· 2008년: 세계 인터넷 이용자 15억 명 돌파

이러한 인터넷은 이제 현대의 사회시스템 속에서 활용되지 않는 부분이 없을 정도로 우리 삶과 뗄 수 없는 필요불가결한 존재가 되었다. 특히 우리나라는 1980년대 이후 지속적인 정보화정책의 시행으로 정보화 정도에 있어서 국제적으로도 높은 수준을 유지하고 있다. 2011년 11월 방송통신위원회와 한국인터넷진흥원이 발표한 『2011 인터넷 이용실태조사』에 따르면 2011년 7월 현재 만 3세 이상 인구의 인터넷 이용률(최근 1개월 이내 인터넷 이용자의 비율)은 78.0%로 전년대비 0.2%p 증가하였으며, 인터넷 이용자 수는 37,180천 명(전년대비 170천 명 증가)으로 나타나고 있다. 2000년도의 이용률 44.7%와 비교하면 실로 엄청난 증가 수치라고 할 수 있다. 또한 인터넷을 이용하는 주된 목적은 '자료 및 정보 획득(92.0%)', '이메일, 메신저 등 커뮤니케이션(87.9%)', '음악, 게임 등 여가활동(87.9%)'인 것으로 나타났다. 이들 목적을 살펴보면 인터넷이 우리 삶 전반에 모두 연관성이 있음을 확인할 수 있다.

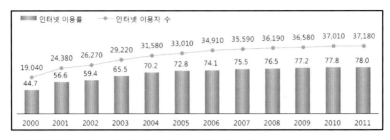

※ 방송통신위원회·한국인터넷진흥원(2011). 『2011 인터넷 이용실태조사』.

▶ 인터넷 이용률 및 이용자 수 변화 추이(%, 천 명)

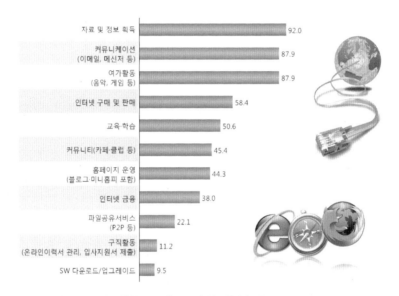

※ 방송통신위원회·한국인터넷진흥원(2011). 『2011 인터넷 이용실태조사』.

▶ 인터넷 이용목적

인터넷은 짧은 시간 내에 급속도로 성장[1]하였기 때문에 인터넷이

---

1) 실제로 5천만 명의 수용자 수에 도달하는 데 라디오는 38년, TV는 13년의 시간이 걸린 데 반해, 인터넷은 불과 4년의 시간이 필요했다(Yelvington, 1999).

지니는 특징을 간단하게 논의하기는 어렵다. 그럼에도 불구하고 많은 전문가들은 인터넷의 특징을 다음과 같이 논의하고 있다.

우선, 인터넷은 멀티미디어 정보로 구성된다. 즉 텍스트, 소리, 영상, 그래픽 등이 하나씩 구현되는 것이 아니라 모든 형태의 정보를 한꺼번에 전달할 수 있다. 인터넷은 멀티미디어성을 이용하여 새로운 세계를 만들어내기도 하는데 온라인게임은 그중 대표적인 사례라고 할 수 있다.

다음으로 인터넷상의 정보는 멀티미디어적인 특성과 함께 하이퍼텍스트(hypertext)의 구조를 보여준다. 인터넷, 특히 월드와이드웹은 하나의 웹 페이지가 여러 개의 웹 페이지들과 연결되어 있어서 원하는 길을 따라 다양한 페이지의 내용을 접할 수 있다. 하이퍼텍스트는 그 구조가 비연속적이어서 텍스트를 읽어나가는 순서가 하나가 아니다. 이는 인터넷 이용자의 입장에서 볼 때 어떤 길을 선택하느냐에 따라 다양한 정보 구성의 기능성과 자유가 열려 있다는 것이 된다.

또한 인터넷은 네트워크 구조상 상호 간에 연결적이고 상호작용적인 특성을 갖는다. 인터넷으로 연결된 사람들은 이용자 서로 간, 혹은 이용자와 서비스의 관계에 있어서 서로 메시지를 주고받을 수 있으며, 송신자와 수신자의 구분도 없는 경우가 대부분이다.

인터넷의 중요한 특징 중 하나는 또한 개방적인 네트워크 구조를 갖고 있다는 점이다. 즉 인터넷은 컴퓨터를 이용할 수 있는 누구에게나 열려 있으며, 국경도 의미가 없다. 인터넷상에서는 모두가 평등하다는 말이 있듯이 인터넷은 오히려 소수자와 약자들의 노력을 집적해 내는 데 큰 도움을 준다. 실제로 인터넷은 '거대한 강자(국가, 대자본, 대조직)'보다 '작은 약자(개인, 소자본, 소조직)'와 친화력이 큰 기술이다. 하지만 개방성이 많은 이용자의 참여를 통해서 다양한 콘텐츠를 생산하고 지식을 모으는 등의 중요한 역할을 하고 있지만, 익명성이라는 특징으로 인해서 종종 네티즌 간의 일탈적 행위와 갈등을 야기하기도 한다. 익명성을 방패로 한 욕설, 사이버 폭력, 명예 훼손, 최근 심심찮게 발생하는 소위 '신상털기' 등이 대표적인 개방성에 대한 부작용이라고 할 수 있다.

마지막으로 인터넷은 종합미디어로서의 역할을 갖고 있다. 인터넷은 우편(이메일), 신문(포털의 뉴스, 언론사의 웹사이트), 라디오(인터넷 라디오), TV(IPTV), 전화(인터넷 전화), 영화(인터넷 영화관) 등 수많은 전통 미디어의 역할론을 모두 섭렵하게 되었다. 이러한 인터넷의 미디어적인 기능은 일부의 경우 비용이나 효율성 면에서 기존 미디어를 추월하는 것들도 있을 정도이다. 향후 인터넷의 종합미디어적인 성격은 더욱 부각될 것으로 예견된다.

한편 인터넷의 경우 미디어로서의 영향력뿐만 아니라 경제·산업적 파급효과, 정치적 파급효과, 사회·문화적 파급효과를 가지고 있다. 우선 경제·산업적 효과를 살펴보면 우선 인터넷을 통해서 새로운 산업이 생성되거나 기존 산업의 변화가 일어나고 있다. 인터넷을 통해 제공되고 있는 콘텐츠를 생산하는 온라인 콘텐츠산업은 소비자, 스포츠, 아동, 비즈니스, 음악, 게임, 성인 등 다양한 장르별로 콘텐츠를 생산하여 인터넷을 정보와 문화의 바다로 만들었다. 또한 이들 콘텐츠를 한데 모아 구성하여 인터넷 이용자들이 인터넷을 이용하는 데 관문 역할을 하는 포털사이트(portal site)의 경우 다양한 정보의 검색, 커뮤니티의 제공, 그리고 모바일(mobile) 콘텐츠의 제공까지를 포함하는 종합적인 서비스를 제공하기 위해서 사업자들 간의 경쟁이 매우 치열해지고 있다. 국내 인터넷 포털사이트는 네이버(naver)와 다음(daum)의 양강 구도를 이루고 있다. 국내 인터넷 포털은 초기 검색 서비스를 기초로 하여 시작되었다. 1995년 12월 코시크(kor-seek.com), 1996년 1월 까치네(kachi.com), 1996년 6월에 와카노(wakano.com), 미스다찾니(mochanni.com), 네이버(naver.com)가 설립되어 검색 서비스를 시작하였고, 차츰 검색 기능 외에 추가로 인터넷 사용자가 필요한 각종 뉴스, 날씨, 주식정보 등의 정보를 찾아다니지 않아도 자사 웹사이트에서 이용할 수 있도록 내용을 다양화하면서 검색 사업자들이 스스로를 검색엔진 사이트라 하지 않고 인터넷의 입구, 즉 '포털'이라고 부르기 시작하였다. 인터넷을 통한 상거래도 활성화되었다. 일상생활에서 인터넷을 통해 거래되는 제품은 이제 단순한 소모품에서 가전, 자동차, 컴퓨터, 의류, 여행예약, 영화예매 등 그 품목도 매우 다양하다. 이 밖에 인터넷을 통한 은행거래 그리고 주식거래도 일반화되고 있다.

인터넷은 또한 정치과정과 정치행위에 강력한 영향력을 미치고 있다. 인터넷의 중요한 특징 중 하나인 상호작용성인데, 이러한 상호작용성에 의해서 인터넷 이용자들은 현실과 가상세계를 넘나들면서 정치행위와 사회행위를 벌이게 되었다. 독일의 철학자이며 사회학자인 위르겐 하버마스(W. Habermas)는 민주주의가 분명하게 발현될 수 있는 영역으로서 공론장(public sphere) 개념을 소개하고 있는데, 공론장이라 함은 참여하는 개개인이 지위에 불문하고 동등한 대우를 받고, 어떠한 주제라도 토론할 수 있으며, 전문성이나 지위에 상관없이 누구나 참여할 수 있는 공간을 의미하며, 이러한 공론장은 직접적이고 참여적인 민주주의의 표상이라고 논의하였다. 오늘날 사회에서 미디어가 이러한 공론장의 역할을 하는바, 인터넷은 개방적 네트워크에 기반을 두고, 익명성이 보장되며 중간에 의견을 제어하는 장치가 비교적 느슨하기 때문에 공론장의 역할을 가장 강력하게 수행할 수 있는 매체로 높은 평가를 받고 있다. 한국 사회에서 인터넷을 통한 정치참여의 상징적인 사건은 바로 16대 대통령 선거에서의 故노무현 대통령의 당선이었다. 당시 인터넷은 여론의 용광로이자 시민참여의 기제로 활용되었고, 노무현이라는 정치인을 대통령으로 당선시킨 조력자이자 선거 캠페인의 무기로 평가되고 있다. 또한 이러한 인터넷의 영향력은 2011년 서울시장 선거에서 박원순 시장을 당선시키는 데도 큰 역할을 하였다.

※ 인터넷을 기반으로 한 강력한 故노무현 대통령 지지 세력인 '노사모'와 인터넷 생방송을 진행하고 있는 박원순 서울시장(차례대로)

▶ 정치의 새로운 동력으로 작용한 인터넷

인터넷이 추동하는 문화적 특징은 매우 다양하다. 문화적인 나양성과 종전에 보기 어려웠던 하위문화(sub-culture)의 출현, 사회적인 다양성과 다원성의 확대, 인터넷을 통한 사이버(cyber)공동체의 창출 등을 들 수 있다. 특히 집단과 소속을 우선시하던 가치관이 급속히 붕괴하면서 나 자신과 스스로의 욕망에 더 많은 강조가 두어지게 되었다. 이와 함께 인터넷 이용자들이 적극적으로 영화평이나 시사문제 등에 관한 정보를 찾고 자신이 찾은 정보에 대해 나름의 해석을 덧붙이거나 다른 사람의 해석을 참조하는 과정에서 당연하다고 생각해온 지식이나 정보가 비판의 대상이 되기도 하고 기성의 권위가 무너지기도 했다. 이에 기성의 주류 문화가 위기를 맞게 되었다는 시각도 있다.

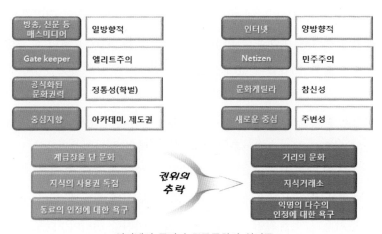

▶ 인터넷의 등장과 주류문화의 위기론

인터넷은 이제 보편화 시대를 넘어서 생활에 불가결한 기술로써 자리매김하고 있다. 인터넷으로 인한 사회적 영향은 정치, 경제, 문화·예술, 사회의 전 영역을 포괄할 만큼 광범위하다고 하겠다. 인터넷이 지닌 익명성과 개방성과 다양성, 그리고 연결성과 가상성의 특성 등을 통해서 기존 미디어의 한계를 뛰어넘고 새로운 가치를 생산하는 등의 긍정적인 측면도 있지만, 하지만 인터넷은 여전히 새로운 현상이고 기존의 제도로는 해결되지 않는 많은 문제점들을 내포하고 있기도 하다. 이러한 문제점들을 간략하게 살펴보면 다음과 같다.

우선 저작권 관련 문제가 발생할 수 있다. 인터넷은 흔히 '정보의 바다'라고 일컬어지지만 인터넷상의 콘텐츠들은 디지털화된 정보이기 때문에 인터넷상에서 무한적 복제되면서 유통될 수 있다. 결국 콘텐츠의 제작자나 최초 유통자는 인터넷상에서 유통되는 콘텐츠에 대한 통제권을 유지하기 어려운 구조라고 하겠다. 이러한 구조적인 문제들은 결국은 인터넷 콘텐츠에 대한 자유로운 이용의 권리와 전통적인 저작권 개념의 충돌이라고 하겠다. 최근 P2P나 웹하드, 포털 등을 이용한 저작물의 유통이 쉽고 편리해지면서 인터넷에서의 많은 정보들이 네티즌들의 리믹스(remix)를 통해 재생산되고 있어 사회적인 문제로 대두되고 있다. 인터넷의 고유한 특성인 정보의 자유로운 이용이라는 차별성을 해치지 않는 범위에서 저작권자의 권리를 보호할 수 있는 방안의 모색이 다차원적으로 필요한 상황이다.

표현의 자유와 내용에 대한 규제의 충돌이 발생할 수 있다. 인터넷은 기술적, 기능적인 특성상 그 이전의 어떠한 미디어보다도 신장된 표현의 자유를 누리는 미디어로 발전해 왔다. 하지만 프라이버시 침해, 명예 훼손, 음란물 범람, 유언비어의 유포 등 다양한 문제점들도 노정되고 있다. 180센티미터가 안 되는 남자는 패배자라는 빌언을 해 온갖 비난을 받은 '루저녀', 지하철에서 애완견 배설물을 치우지 않아 사회적으로 매장된 '개똥녀' 등의 인격적 비방과 소위 '신상털기' 등 마녀사냥은 표현의 자유가 도를 넘어선 사례라고 할 수 있다. 하지만 아직까지는 인터넷을 통한 다양한 정보를 강제적으로 제한하는 것은 바람직하지 않다는 평가가 많다. 실제로 2007년 7월 악성 댓글로 인한 피해를 줄이기 위해 신설된 인터넷 실명제는 2011년 폐지수순에 돌입하였다. 이러한 일련의 맥락에서 업계의 자율적 규제와 콘텐츠에 대한 자율등급, 그리고 네티즌들의 윤리의식 강화 등이 표현의 자유 보장과 내용에 대한 규제를 최소화할 수 있는 대안으로 꼽히고 있다.

인터넷이 초래하는 부정적인 현상 중 인터넷에 대한 이용이 지나쳐 이용자가 신체적, 정신적, 사회적, 경제적 관계에 해로운 영향을 미치는 인터넷 중독 문제는 심각한 사회문제로 비화되고 있다. 인터넷을 단순히 접속하는 것에 대한 중독뿐만 아니라 이를 통한 게임, 도박, 채팅, 음란물 중독 등 다양한 중독의 범주를 고려할 수 있다. 온라인 게임에 빠져서 아기를 굶겨 사망하게 한 비정한 부모, 가상의 게임과 현실과의 경계가 무너져 범죄에 빠져든 청소년 등 실제 사회문제로 비화되는 경우가 많다. 마지막으로 인터넷 사용의 수준에 따른 격차(divide) 문제를 들 수 있다. 인터넷이 보편적인 미디어로 성장하면서 사회적인 불평등 역시 더욱 커져가고 있다는 진단이다. 이러한 인터넷 이용에 대한 격차는 결국 정보 격차(information gap), 지식격차(knowledge gap)로 이어질 가능성이 높다. 특히 노년층이나 장애인 극빈층이 이러한 격차를 통해 불편함을 갖게 될 가능성이 있다.

인터넷 시대의 폐해, '개똥녀', '루저녀' 사건

일명 '개똥녀' 사건은 해외 언론에서도 소개할 만큼 2005년을 달군 키워드였다. 2005년 여름 한 젊은 여성이 지하철에서 애완견의 변을 치우지 않고, 적반하장 식으로 주변사람들에게 폭언을 하는 등의 사건이 발단이 되었다. 이에 네티즌들이 마녀사냥 식으로 개인의 행동에 비난을 하는 것에 그치지 않고, 사진을 유포하고 신상을 공개하는 등의 행위로 증폭되었다. '루저녀' 사건은 KBS의 '미녀들의 수다'라는 방송에 출연한 한 여대생이 방송에서 키 180센티미터가 안 되는 남자는 패배자라는 발언을 해 온갖 비난을 받은 사건으로 '개똥녀' 사건과 유사하게 네티즌들이 그녀의 싸이월드 홈페이지에서 단서를 얻어 추적, 학창시절 사진에서부터 심지어는 그녀가 성형을 상담한 성형외과 사이트의 기록까지도 뒤져내는 등 마녀재판으로 비화되었다. 이 두 사건은 희생양이 될 만한 누군가를 찾아내고 그 사람을 통해 공분을 해소하려는 일부 네티즌들의 몰지각한 인식을 드러낸 인터넷사회의 씁쓸한 단면이라는 평가를 받고 있다.

6) 시민과 대중의 Power up, SNS시대의 등장

일반적으로 SNS(Social Network Service)란, 타인과 관계(network)를 맺고 서로의 의견을 교환할 수 있는 웹기반 서비스를 의미한다. 또한 자신의 취향과 활동을 공유하거나, 타인의 취향과 활동을 관찰하고자 하는 사람들의 공동체를 위한 온라인 사회관계의 형성에 중점을 둔 서비스로도 정의할 수 있겠다. SNS의 등장은 단순히 인터넷을 기반으로 한 커뮤니케이션 도구라는 개념에서 벗어나 이용자 간의 상호작용을 통해 새로운 삶의 패러다임을 구축했다는 중요한 의미를 지닌다. SNS는 흔히 소셜미디어라고도 일컬어지는데 SNS와 소셜미디어는 사실상 동일한 용어이며, 차이는 어느 부분을 강조하는가에 달려 있다. SNS는 네트워크 기반의 이용자 행위에 기준을 둔 용어이며, 소셜미디어는 정보의 생산, 공유, 확산 행위를 강조한다.

황용석(2011)은 소통형 소셜미디어, 협력형 소셜미디어, 공유형 소셜미디어 등 다양한 유형으로 소셜미디어를 구분하고 있다. 소통형 소셜미디어에는 마이크로 블로그, 인맥형 개인 미디어 등이 포함된다. 마이크로 블로그에는 국내의 NHN의 '미투데이', 다음의 '요즘'을 비롯해 미국의 '트위터' 등이 대표적인 서비스이다. 인맥형 개인 미디어에는 국내의 '싸이월드', 미국의 '페이스북', '마이스페이스' 등이 포함된다. 일반적으로 SNS로 부르는 서비스들이 바로 인맥형 개인 미디어에 해당된다. 협력형 소셜미디어는 이용자들이 자율 집단화하여 공동으로 정보를 생산, 공유, 확산하는 서비스를 말하는데, '위키피디아'를 비롯해 웹2.0 기반의 인터넷 콘텐츠 공동생산 서비스들이 해당된다. 언론의 경우에는 소셜 저널리즘으로 불리는 인터넷 뉴스 공동생산 플랫폼이 주목받고 있다. 소셜 뉴스로도 불리는 인터넷 뉴스 공동생산 플랫폼에는 국내의 '위키트리', 오마이뉴스의 '오마이뉴스E', 해외의 '디그닷컴', '레딧' 등이 해당된다. 공유형 소셜미디어는 동영상, 이미지 등 다양한 포맷의 콘텐츠를 공유할 수 있도록 서비스하는 플랫폼을 말하는데, '유튜브', '플리커' 등이 대표적인 경우이다.

▸ SNS의 유형분류

구분	정의	예
커뮤니티 (카페, 클럽)	인터넷상에서 취미나 관심분야가 유사한 사람들이 서로의 정보를 교류하거나 친목을 도모하기 위해 형성한 모임	다음·네이버 카페, 싸이월드 클럽 등
미니홈피	미니홈페이지를 줄여 이르는 말로, 네티즌들이 직접 꾸미고 서로를 초대할 수 있는 공간으로 함께 활동하면서 네티즌간의 인맥을 형성하는 1인 미디어	싸이월드 미니홈피, 세이클럽미니홈피, 드림위즈 홈피, 버디 홈피 등
블로그	개인의 관심사에 따라 일기, 칼럼, 전문자료, 사진 등을 게시·저장하여 타인과 공유하는 대표적인 1인 미디어	다음 블로그, 네이버 블로그, 티스토리, 이글루스 등
마이크로 블로그	140~150자 이내의 단문 메시지로 자신의 생각과 감정을 표현·공유할 수 있는 블로그 서비스의 일종으로서 미니블로그라고도 함.	트위터, 미투데이, 플레이톡, 토씨 등
프로필 기반 서비스	나이, 학력, 직업 등 개인정보를 비롯하여 직접 게시한 사진이나 동영상, 친구 목록 등이 메인 웹페이지인 프로필 페이지에 제공되어, 이를 기반으로 네티즌 간 인맥을 형성하고 교류하는 서비스	페이스북, 마이스페이스, 링크나우, 링크드인 등

　SNS 가입자 숫자의 확장은 가히 폭발적이다. '트위터' 본사에서 추정하는 국내 '트위터' 가입자 수는 2013년 상반기 현재 대략 600~800만 명이고, 2013년 8월 집계 국내 '페이스북' 이용자는 1,100만 명으로 추산되고 있다. 미국의 시장조사업체인 이마케터(eMarketer)는 2012년 말 SNS 이용자 수는 전 세계적으로 14억 7,000만 명, 한국에서만 2,290만 명에 달하는 것으로 추산했다. 2013년 말까지는 전 세계적으로 17억 3,300만 명, 한국에선 2,470만 명으로 늘어날 것으로 전망하고 있다. 또한 '페이스북' 이용자의 90%는 모바일 접속을 하는 것으로 나타났다. 이러한 SNS의 성장에는 애플의 아이폰과 삼성의 갤럭시 시리즈 등 스마트폰 출시가 결정적인 기폭제로 작용했으며, 향후 이러한 증가세는 더욱 커질 것으로 예측되고 있다.

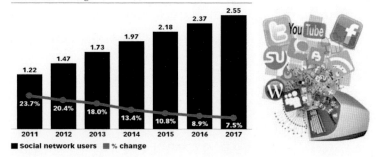

Social Network Users Worldwide, 2011-2017
billions and % change

※ 출처: eMarketer(http://www.emarketer.com/Article/Social-Networking-Reaches-Nearly-One-Four-Around-World/ 1009976)

▶ 전 세계 SNS 이용자 성장추이

SNS가 갖는 일반적인 특징은 자발적 참여, 다양성, 신뢰, 수평적 커뮤니케이션을 들 수 있다. 우선, SNS는 이용자들이 자발적인 참여를 독려한다. SNS상에서는 과거 매스미디어 시대에서와 같이 공급자와 소비자의 구분은 명확치 않으며 모두가 공급자이자 소비자인 프로슈머(Prosumer)가 된다. 이들은 단순히 지식을 소비하는 것에 그치는 것이 아니라 자신이 가지고 있는 지식을 불특정 다수들을 위해 생산하여 공유하게 된다. 이는 곧 SNS상에서는 어떠한 의무나 역할이 다할 때 주어지는 보상이 경제적 이익이 아닌 주위 사람들의 평판이나 명성이기 때문에 가능한 이야기이다. 누가 억지로 시켜서 참여하는 것이 아니라 SNS상에서의 지식이나 정보의 창출은 매우 자발적으로 이루어진다.

또한 SNS는 다양성을 지향한다. SNS는 사회의 거의 모든 분야에 걸쳐 연결되며 거대한 네트워크를 통해 창출하는 지식과 정보 또한 매우 다양하다. 국가, 지역, 인종, 성별을 막론하고 누구나 쉽게 지식과 정보를 창출할 수 있는 창구가 된다. 동질적 특성이 아닌 이질적 특성이 결합하여 새로운 가치가 양산되게 된다. 이러한 이질적 특성을 지닌 지식의 결합에는 결정적으로 수신자의 창의성 발현이 매우 중요하다.

일반적으로 SNS는 신뢰를 기반으로 이루어지고 있다. 과거에 인터넷 게시판이나 자료실에 글을 올리고 반응을 기다리는 것과는 달리 소셜 웹에서는 필수적으로 상호작용이 존재하며 이는 곧 상호감시와 신뢰형성 그리고 웹 건전성이 네트워크의 자정작용으로 해결될 수 있음을 의미하며, 이를 통해 콘텐츠의 품질이 제고되게 된다.

SNS는 수평적 커뮤니케이션을 지향한다. 물론 과거 다른 인터넷 서비스도 수평적 커뮤니케이션을 지향했지만, 가장 상하관계가 없고 누구나 자유롭게 의견을 실시간으로 개진할 수 있는 이상적인 커뮤니케이션 시스템은 SNS에서 비로소 완성되었다고 볼 수 있다. 이러한 평등한 관계 속의 수평적인 커뮤니케이션을 통해 많은 정보가 탄생되고 유통이 가능하다. 무엇보다도 지속적으로 여러 사람들과의 커뮤니케이션을 통해 확인, 비교하거나 잘못된 부분을 지적, 수정, 보완해 나가는 과정이 필요하다.

한편, SNS를 통해서 얻어지는 긍정적 측면은 크게는 정치, 경제, 사회·문화적 측면으로 구분할 수 있다. 우선 SNS는 정치적인 혁신을 가져오고 있다. 세계적으로 소셜미디어를 활용한 시민들의 선거 아젠다·여론 형성·정책 참여가 증가하고, 실질적인 영향력이 점차 확대되고 있는 상황이다. 최근 세계 각국의 정치권 전반에서 소셜미디어의 영향력을 체감하고 있다. 2008년 미국 대선에서 오바마 대통령의 당선은 소셜미디어 정치의 성공이었다. 트위터나 페이스북을 활용한 오바마 캠프의 승리는 이후 지구촌 곳곳에서 선거문화를 변화시킨바 있다. 2009년 이란과 루마니아의 대선, 2010년 영국과 호주의 총선은 트위터의 정치적 영향력이 발휘된 사례이다. 한국에서도 2011년 서울시장 보궐선거에서 이미 그 영향력이 충분히 검증된바 있다. SNS는 전형적인 방식의 사회 참여 대신 온라인상의 새로운 방식을 통한 여론조성, 군중 효과 등을 통해 오프라인상의 사회 전반에 영향력을 행사하고 있다. 소위 '아랍의 봄'이라 일컫는 독재정권 타도에도 SNS가 그 중심에 있음을 부인할 수 없다.

SNS를 통한 시위혁명의 진화

SNS는 철권통치의 상징이었던 튀니지, 이집트, 리비아의 독재자들을 차례로 끌어내리며 강력한 혁명의 진화지가 되었다. 실제로 2011년 1월부터 리비아, 이집트, 튀니지에서 민주화 시위가 줄을 잇게 된 데에는 SNS의 공이 매우 컸다. 2010년 12월 튀니지에서 한 젊은 노점상이 경찰의 단속에 맞서 분신자살한 사건은 페이스북과 트위터 등 SNS를 통해서 삽시간에 퍼졌고, 결국 튀니지의 벤 알리 대통령이 권좌에서 물러나는 데 큰 기폭제로 작용하였다. 30년간 이집트를 철권통치한 무바라크 정권이 붕괴했고, 무소불위의 권력을 누리던 리비아의 독재자 카다피는 시위대에게 끌려다니면서 목숨을 구걸하는 등 비참한 최후를 맞았다. SNS 시위혁명은 독재국가뿐 아니라 민주주의와 자유를 신봉하는 서방 국가들도 강타했다. 2011년 8월에 영국에서는 경찰의 총격으로 사망한 흑인 남성으로 인해 폭동이 발생했는데, 당시 영국 경찰은 트위터와 페이스북, 블랙베리 메신저를 폭동의 주범으로 지목했다. 자유주의의 상징인 미국 뉴욕 월가 시위 역시 SNS를 통해 전 세계에 실시간으로 퍼지면서 세계적인 주목을 받았다.

경제적으로는 소셜미디어를 기반으로 한 디지털 경제의 새로운 패러다임이 도래했다는 평가를 받고 있다. 실제로 새로운 전자상거 래 형태인 소셜 커머스(social commerce)를 필두로 다양하고 창의적 인 비즈니스 모델 발굴 및 개인과 기업의 혁신에 기여하고 있다. 또 한 소셜미디어를 활용한 제품 및 서비스의 제작·판매·홍보가 급 증하면서 소셜미디어 전략가, 소셜미디어 매니저 등 관련 일자리 창 출이 증가하는 등 SNS를 기반으로 한 소셜미디어 경제활동이 새로 운 실물경제의 축으로 등장하고 있는 상황이다.

사회·문화적으로는 연결망을 기반으로 한 문화다양성의 확장과 감성의 회복 등 다양한 순기능이 이루어지고 있다. 소셜미디어를 통 해서 사람들은 개인의 꿈과 비전을 실현하고 자신만을 위한 자기만 족을 추구하기보다는 공동체의 선과 덕을 추구하려는 경향이 강해 지고 있다. 또한 사회적 계층에 구애받지 않는 다양한 시민의 참여 로 선의와 기부에 대한 사회적 공감대 확산 및 신뢰 형성에 SNS가 큰 기여를 하고 있다. 또한 재난 및 사건사고의 현장에서도 SNS는 강력한 영향력을 미치고 있다. 2008년 인도 뭄바이 테러, 2010년 아 이슬란드 화산폭발, 아이티 대지진 등 국제적인 대형 재난 및 사건 현장에서 SNS는 기존 뉴스미디어를 능가하는 영향력을 보여주었다. 국내에서도 폭설, 폭우 상황에서 트위터를 비롯한 SNS가 인명사고 를 예방하는 데 있어 탁월한 능력을 보여주었다.

이러한 긍정적인 측면에도 불구하고, 최근에는 SNS를 통한 부정 적 측면도 부각되고 있다.

우선, 개인정보의 유출심화로 인한 프라이버시의 침해 만연, 새로 운 형태의 디지털감사회 출현 등이 우려되고 있다. 타인과 연결성이 자유롭고 쉬운 만큼 내 개인정보에 대한 유출도 쉬운 것이 SNS의 특징이다. 실제로 지인과의 관계형성과 발전을 목적으로 소셜미디어의 성장을 주도한 페이스북의 경우, 역설적으로 개인정보의 무단사용 및 공개 때문에 가장 위험한 소셜미디어로도 평가받고 있다. 사회적으로 문제시 되고 있는 '신상털기'도 요즘 빈번화되고 있는데, 이러한 것은 바로 프라이버시의 침해로 이어질 수 있는 것이다. 유명인은 물론, 일반인에 대한 신상털기가 확산되면서 피해자의 명예훼손과 심신의 고통 및 자살충동 등을 유발하거나 각종 범죄나 상업적으로 악용될 가능성이 매우 높아지고 있다. 이러한 신상털기는 개인에 대한 마녀사냥식 공격으로 이어질 수도 있다. 또한 개인정보가 자유롭게 제3자에 의해 이용될 수 있는 新디지털감시사회가 생겨날 수도 있다는 우려가 있다. 실제로 소셜미디어를 통한 개인의 고정정보(성별, 연령, 직업 등)는 물론, 활동정보(지인관계, 방문지, 사회참여 등)와 성향정보(소비성향, 취향, 정치신념 등)까지 소유하게 된 기업의 합목적성과 정보처리 방식에 대한 문제가 부상할 수 있으며, 정부가 공식 혹은 비공식적으로 소셜 정보를 통한 검열과 통제 및 사회적 제재를 가하는 사례가 발생할 가능성도 높다.

정보의 맹목적인 신뢰가 가져오는 정보의 오류와 왜곡의 심화, 디지털 포퓰리즘도 경계해야 할 부분이다. 정보(Information)와 전염병(Epidemics)의 합성어로 부정확한 정보 확산으로 발생하는 부작용을 일컫는 인포데믹스(Infodemics) 현상이 SNS를 통해서 더욱 강화되고 있다는 비판이 제기된다. 국가안보와 국민의 안전을 위협하는 위험요소에 관한 국민의 정보수요가 커지면서, 소셜미디어의 용이한 연결과 단순성은 추측이나 루머와 결합되어 부정확한 정보를 확산시키는 촉진제로 사회불안과 공포감을 빠르게 조성하고 있다. 실제로 일본 대지진으로 후쿠시마 방사선 누출 사태가 발생한 이후 '방사선 괴담'이 떠돈 것이 대표적이다. 전국적인 비가 내린 이후에는 '방사선 비' 괴담이 만연했고, 한동안 방사능 누출에 대한 다양한 괴담이 횡행했다. 또한 2008년 이후 지속되는 세계 경기불황과 금융위기 속에서 사람들의 위축된 소비심리와 민감한 경제동향에 관한 인포데믹스는 실질적인 경제손실도 유발하고 있는바, 베네수엘라에서는 2명의 남녀가 트위터를 통해 헛소문을 퍼뜨려 대규모 은행예금 인출 사태를 빚어냈다.

디지털 포퓰리즘의 만연에 대한 경계의 목소리도 높다. 실제로 정보의 신뢰성보다 관계에 치중하는 잘못된 소셜미디어 사용이 증가하면서 생산된 정보를 합리적 검토와 비판 없이 맹목적으로 수용하는 '디지털 포퓰리즘' 및 '여론 양극화'가 촉발될 수 있다. 특히 같은 생각을 하는 사람들 사이에서 유통되고 소비되는 소셜미디어의 특성 때문에, 이용자들은 자기주변의 정책의견이 무조건 옳다고 착각하기 쉽고, 이를 믿고 지지하면서 반대의견에는 무조건적인 반론

후쿠시마 2호기 폭발. 바람방향도 한국쪽으로 바뀜. 가급적 24시간동안 실내에 머물러 있고 창문도 닫을것. 비가온다면 절대맞지 마세요. 리트윗해서 주변에도 전달해주세요. 목과피부도 최대한드러내지마세요. 조심

3월 16일 via Twitter for iPhone

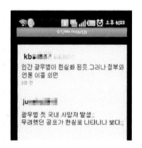

※ 후쿠시마 원전사태로 인한 방사능 괴담, 인간 광우병 관련 괴담의 유포(차례대로)

▶ 소셜미디어를 통한 인포데믹스(Infodemics) 현상의 만연

을 제기할 수 있다.

개인적인 차원의 부작용으로도 볼 수 있는 SNS와 소셜미디어에 대한 중독 문제도 심각한 사회문제로 비화될 가능성이 높다고 하겠다. 즐거움과 편의를 위해서 사용된 SNS가 과도한 중독문제로 이어질 가능성이 있다. 이는 스마트미디어의 확산으로 인한 스마트미디어 중독 문제와도 연관 지어 생각할 수 있겠다. 우려가 아니라 현실적인 사회문제로도 증폭되고 있는바, 페이스북을 통해 진행되는 SNG(Social Network Game), 위치정보교환, 동영상 채팅 등 실시간 확인과 접속이 필요한 경우, 중독자가 아이의 육아나 보호 등을 소홀히 하여 사망에 이르게 하는 사례가 증가하고 있다. 미국에서는 가정주부들이 소셜 게임을 하느라 목욕 중인 아이를 죽게 만들거나, 페이스북 게시에 방해가 된다는 이유로 아이를 마구 흔들어 숨지게 하는 사건 등이 발생하여 충격을 준 바 있다. 이러한 중독 증상은 소위 디지털 네이티브(digital native)세대라고 일컬어지는 청소년들에게 더욱 심각하게 나타날 수 있어 이에 대한 대응도 필요한 시점이다.

향후 SNS가 지니고 있는 사회변화 동력으로서의 긍정적인 가치는 제고하면서, 부정적 현상은 저감시킬 수 있는 사회적 공론화가 필요한 상황이다.

7) 종합예술 장르로서의 영화의 발전

영화는 흔히 '제7의 예술'로 불리며 회화, 건축, 음악, 연극, 무용, 문학에 이어 일곱 번째의 예술영역으로 자리 잡아 가고 있다. 본격적인 영화산업의 시작은 1895년 프랑스의 뤼미에르(Auguste & Louis

Lumiere) 형제가 영사기를 개발하여 에디슨의 발명품인 키네토스코프 (Kinetoscope)를 완성시킨 때부터이다. 1895년 뤼미에르 형제가 파리에서 처음으로 유료관객들에게 영화를 상영했을 때, 그중 한편의 영화인 '기차의 도착(L' Arrivée d'un train à la Ciotat)'을 처음 관람한 관객들이 자신을 향해 달려오는 기차를 보고 너무나도 놀란 나머지 극장 밖으로 뛰쳐나갔다고 하는 일화가 있다.

최초의 영화가 상영된 이후에 영화는 미디어의 표현 가능성을 폭넓게 넓혀 갔다. 프랑스의 멜리에스(melies)는 1901년 '달나라 여행(Le voyage dans la lune)'이라는 작품에서 영화적 트릭을 사용하여 허구영화와 SF영화의 가능성을 발견하였다. 실제로 멜리에스는 스테이지 마술사로 전문적인 교육을 받던 중에 영화와의 첫 조우를 하였고, 영화 테크닉이 마술의 트릭을 더 효과적으로 나타내어 준다는 생각에 영화 작업을 시작하였다.

1903년 최초의 극영화인 에드윈 포터(E. S. porter) 감독의 '대열차 강도(the great train robbery)'가 제작되면서 영화의 혁명이 시작되었다고 평가된다. 비록 10분짜리의 영화였지만 짜임새 있는 편집, 액션 가득 찬 화면, 특히 카메라에 직접 총을 쏴서 촬영한 마지막 장면은 영화의 역사에 새로운 장을 열게 되었다.

※ 조르주 멜리에스의 '달나라 여행', 에드윈 포터의 '대열차 강도'(차례대로)

▶ 영화사의 새로운 장을 연 고전영화들

1915년 미국의 그리피스(Griffith) 감독에 의해 만들어진 '국가의 탄생(The Birth of Nation)'은 기존의 영화 산업계를 뒤엎을 정도로 큰 성공을 거두었다. 3시간짜리 최초의 장편 영화였으며 무성영화 시대의 영화 기법과 영상 문법을 완성시킨 걸작으로 인정받고 있다. 클로즈업, 플래시백(회상), 짧은 쇼트들이 잘게 나뉜 편집 등 그동안 영화들에서 제대로 활용되지 않던 기법들을 모두 이 영화에 활용하였다. 한편 세계 최초의 유성영화였던 '재즈 싱어(The Jazz Singer)' — 완전한 유성영화는 아니었다. 영화의 대부분은 무성으로 진행되고 주인공이 노래하는 장면 정도가 동시 녹음되어 스피커를 통해 배우의 목소리가 흘러나왔다 — 가 대성공을 거두면서 무성영화에서 유성영화로의 시대변천이 일어났다. 이러한 영화의 성공은 비단 미국뿐만 아니라 만국 공통의 현상이었다. 독일에서는 표현주의적인 전통이 발전하였고, 소련에서는 영화 '전함 포템킨(Bronenosets Potyomkin)'으로 유명한 에이젠슈타인(Eisenstein)과 같은 걸출한 인물이 나타나 '몽타주'라는 새로운 편집기술을 창조했다. 프랑스와 이탈리아에서는 대규모 스펙터클 역사물의 전통을 만들어낸 바 있다.

영화는 예술성과 오락성을 두루 포함하는 분야로서 종합예술, 대중예술, 오락산업 등 다양한 모습을 보여 왔다. 다른 한편으로 영화는 미디어로서도 중요한 기능을 해왔다. 현재는 TV, 인터넷 등 정보와 뉴스의 전달효과가 더욱 뛰어난 매체들이 등장함에 따라 미디어의 기능은 퇴화되고 오히려 할리우드 영화산업에 의해 상업성과 오락성의 기능이 더욱 강화되는 경향을 보이고 있다.

미국이 영화산업의 중심이 된 중요한 이유 중 하나는 바로 전쟁의 피해를 직접적으로 입지 않았기 때문이다. 전쟁을 피해 온 유럽의 영화 기술까지 얻게 되어 눈부신 발전을 이룩했다. 특히 메이저 영화사가 만들어지고 스튜디오를 통한 대량 생산 체제가 완비되면서 미국은 명실상부한 영화의 종주국이 되었다. 전후의 열악한 환경 속에서도 유럽 대륙의 저력은 이탈리아의 '네오리얼리즘', 영국의 '뉴시네마', 프랑스의 '누벨바그' 등으로 살아났다. 그러나 이러한 움직임은 할리우드(Hollywood)의 잘 갖추어진 영화제작 환경을 따라잡기에는 역부족이었다. 그리하여 지금까지도 다른 지역의 영화시장도 발전하고 있지만, 세계의 영화시장은 여전히 할리우드의 수중에 있다. 할리우드는 영상문화를 통해서 세계를 지배하고 있는 또 하나의 제국으로 자본주의 경제체제의 전형임을 강조하고 있다. 할리우드 이데올로기는 '미국=선', '미국의 적=악'으로 나타나는데, 이는 '우리의 영화는 이데올로기를 배제하고 있다'는 할리우드의 선전이 거짓임을 드러내는 것이다.

한편 영화라는 장르의 성장에 힘입어 영화산업은 사회적·시대적, 그리고 기술적 환경의 변화에 나름대로 적응하고 새로운 길을 모색하면서 발전해 왔다. 그동안 환경변화에 대한 영화산업의 높은 적응력에 비추어 볼 때 향후 디스플레이의 대형화와 고화질, 고음질 등 고급화를 통해서 그야말로 안방극장으로서의 기능을 하게 될 디지털 텔레비전 방송이 본격화되어도 영화산업은 여전히 살아남을 것이라고 전문가들은 예상하고 있다.

이러한 영화산업의 특징을 정리해보면 첫째, 고위험－고수익(high-risk high-return) 산업이라는 점이다. 흥행에 성공하면 높은 투자수익을 얻을 수 있지만 흥행에 실패하면 투자 원금 회수마저도 불가능할 가능성이 매우 높다. 영화산업에 내재한 리스크는 산업 내 각 참여자들 모두에게 내재하고 있고 그 위험은 사전제작(pre-production) 또는 촬영단계에서 촬영 중단 가능성, 완성된 작품이 상영되지 못할 가능성, 흥행 실패의 가능성 등 다양하다. 둘째, 영화산업은 원소스 멀티유즈(One-Source Multi Use)가 가능한 콘텐츠산업의 특징을 지니고 있다. 한 편의 영화작품을 다양한 윈도, 즉 극장상영, 비디오, DVD, 지상파방송, 케이블TV, 위성방송, 최근에는 스마트폰, 태블릿 PC 등의 애플리케이션에서도 사용할 수 있다. 이는 좁은 의미의 원소스 멀티유즈다. 보다 넓은 의미의 원소스 멀티유즈는 영화라는 하나의 상품을 영화 이외의 파생상품(게임, 음악, 애니메이션, 캐릭터 상품 등)에 적용시켜서 영화의 상품성을 기초로 다양한 측면에서 이익을 창출할 수 있음을 의미한다. 셋째, 짧은 수명 주기를 갖는다. 예술로서의 영화작품은 반영구적으로 존속할 수가 있다. 그러나 경제적인 상품으로서의 영화는 제품의 수명주기가 짧다. 이는 영화가 비록 다양한 매체를 통해서 유통되지만 가장 중요한 1차적인 유통인 극장 상영에서 상품성이 결정되기 때문이다. 넷째, 스타의존형 산업이다. 영화는 스타를 만들어내는가 하면, 다른 한편으로 스타를 고용함으로써 상품의 시장가치를 향상시키는 전형적인 스타 의존형 산업이다.

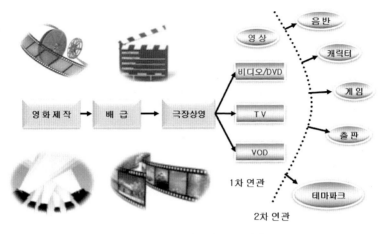

영상
음반
캐릭터
게임
출판
비디오/DVD
TV
VOD
영화제작 → 배급 → 극장상영
1차 연관
2차 연관
테마파크

▶ 영화산업의 가치연쇄 및 확대

　2000년대 들어서면서 영화산업의 가장 큰 화두는 단연 디지털과 3D
이다. 세계 영화계에서는 '아날로그 필름의 퇴장'을 이야기하는 목소
리가 심심찮게 불거져 나오고 있다. 영화 분야에서도 디지털 패러다임
이 도래하게 된 것이다. 이러한 변화의 움직임으로 인해서 디지털 저
장장치가 필름을 대체하여 제작되거나, 상영관에 거는 필름, '프린트'를
파일화하고, 디지털 영사기로 스크린에 담는 디지털 시네마(D-Cinema)
가 세계 엔터테인먼트 업계에서 새로운 화두로서 회자되고 있다. 컴퓨
터 그래픽(CG)은 더 이상 새로운 기술이 아닐 정도로 영화 장르에서
보편화되었다. 이러한 영화산업의 디지털화는 기획에서 제작, 배급까
지의 전 과정에 디지털기술이 적용된다는 점에서 21세기 멀티미디어
환경에 걸맞은 콘텐츠의 제작 및 유통의 전형이라고 할 수 있다.
　또한 3D기술을 도입한 영화들도 속속 제작되면서 인기를 누리고 있
다. 영화 '폴라 익스프레스(The Polar Express)', '베오울프(Beowulf)'에서

그 가능성을 점진적으로 발견한 3D 영화는 2009년 '아바타'를 통해서 만개했다는 평가를 받고 있다. '아바타(Avatar)'는 1980년 이후 역대 세계영화 박스오피스에서 단연 1위에 랭크되어 있다. 제작사인 20세기 폭스사는 1980년 이후 박스오피스 톱 10에 한편의 영화도 올리지 못하다가 '아바타'로 단숨에 흥행 1위 작품의 제작사로 등장했다. 제임스 캐머런 감독은 자신의 전작인 '타이타닉(Titanic)'을 세계흥행 2위로 밀어내며 '아바타'를 최고의 자리에 올렸다. 이처럼 '아바타'의 성공은 일시적인 유행이나 신드롬이 아니라 영화콘텐츠산업의 일대 혁신으로 평가할 수 있다. 이러한 변화의 파고에 힘입어 향후 영화산업은 2D에서 3D로, 아날로그 필름에서 디지털 필름과 디지털 영화관으로 급진적으로 변화할 것으로 예상된다.

▶ 2013년 상반기까지 역대 세계 영화 박스오피스 톱 10

순위	제목	제작사	실적 (백만 달러)	비중 (%)		제작연도
				미국	해외	
1	아바타	Fox	2,782.3	27.3	72.7	2009
2	타이타닉	Par.	1,843.2	32.6	67.4	1997
3	어벤져스	BV	1,511.8	30.1	69.9	2012
4	해리 포터와 죽음의 성물 2	WB	1,341.5	28.4	71.6	2011
5	아이언맨 3	BV	1,214.7	33.7	66.3	2013
6	트랜스포머 3	P/DW	1,123.7	31.4	68.6	2011
7	반지의 제왕III	NL	1,119.1	33.7	66.3	2003
8	007 스카이폴	Sony	1,108.6	27.5	72.5	2012
9	다크나이트 라이즈	WB	1,084.4	41.3	58.7	2012
10	캐러비안의 해적: 망자의 함	BV	1,066.2	39.7	60.3	2006

※ 출처: Box Office Mojo(http://www.boxofficemojo.com/alltime/world)

영상혁명으로 일컬어지는 '아바타(Avatar)'의 인기와 열풍

영화 '아바타'는 '타이타닉', '에일리언', '터미네이터'로 유명한 제임스 카메론(James Cameron)이 연출한 SF영화로서 2009년 개봉당시 Full 3D로 제작되어 개봉 초기부터 큰 기대를 모았다. '아바타'를 기점으로 'Before Avatar'와 'After Avatar'로 3D산업을 구분해야 한다는 말이 나올 정도로 그 파급력이 대단하였다. 이미 1995년 '아바타'를 구상한 카메론 감독은 기술적 한계로 잠시 접었다가 디지털 3D 기술이 현실화되면서 제작에 착수해 새로운 역사를 썼다는 평가이다. 무엇보다도 경제적 효과를 빼놓을 수 없다. 실제로 '아바타'가 일으킨 영화 매출 외에도 3D안경, 노트북, 휴대전화 등 연관 산업에 미치는 파급 효과를 감안하면 '아바타'의 경제적 효과는 가늠하기 어려울 정도다. 2010년 하반기까지 세계적으로 총 28억 달러(약 3조 1,400억 원)의 흥행을 기록한 바 있다. 국내에서도 '아바타'의 인기는 지금까지의 어떤 영화들보다도 매우 높았는데, '아바타'의 국내 총 관객 수는 1,325만 명, 입장권 흥행 수입은 1,237억 원으로 역대 최고 흥행 기록을 갱신한 바 있다. 제작사인 20세기 폭스사는 2011년부터 제임스 카메론 감독과 '아바타'의 속편을 제작하는 데 합의했다고 발표하였다.

제2장

미디어가 갖는 사회적 의미와 사회구성력

1. 매스미디어가 갖는 사회적 의미와 기능

1) 매스미디어 기능의 분류

흔히 사회학적으로 정의하는 기능(Function, 機能)이란 서로 의존하고 관계하고 있는 몇 개의 부분으로 이루어져 있는 전체적 구조 속에서, 어느 부분이 담당하는 특유의 역할 및 활동을 의미한다. 예를 들어, 신체, 경제조직, 사회조직 등에 속하는 각 부분의 활동을 감각기관의 기능, 화폐의 기능, 국가의 기능이라고 할 수 있다. 이러한 맥락에서 사회는 여러 부분으로 구성되고 모든 부분이 평형, 합의, 질서를 유지하며 이상적으로 기능한다고 보면서 사회를 하나의 통합되고 조화로운 전체로 바라보는 이론적 관점이 제시되고 있는데, 이를 기능주의(functionalism)라고 한다. 이러한 기능주의적 관점에서는 사회 또는 집단의 어떠한 특정 부분에 대해서도 그것이 사회적 '전체'를 위해 수행하는 기능이 무엇인가에 관심을 갖는다. 예를 들면, 언어나 매스미디어의 경우 이들의 기능은 무엇이고 균형과 합의를 유지하기 위해서 이들이 기여하는 바는 무엇이며, 다른 사회체계와는 기능적으로 어떻게 관련되어 있는가 하는 것이 주요한 관심사가 되는 것이다.

이러한 기능주의적 관점에 대한 연구들은 파슨즈(T. Parsons, 1902～1979)와 그의 제자인 머튼(R. Merton, 1910～2003)에 의해 집대성되었는데, 특히 머튼은 상대적으로 덜 추상적이고 현실분석이 가능한 사회학 이론이 필요하다고 주장하였고, 기능의 유형을 다양한 방식으로 구분한 것으로도 유명하였다. 우선, 현재적(Manifest) 기능과 잠재적(Latent) 기능이 있는 데 전자의 경우는 결과가 의도했던 대로 나타나는 것이며 후자의 경우는 의도하지 않았던 결과를 초래하는 것을 의미한다. 그는 사회제도의 현재적, 잠재적 기능에 깊은 관심을 가지고 사회학들은 보이지 않는 잠재적 기능에 대해 보다 민감해야 한다고 주장한 바 있다. 또한 머튼의 기능의 유형 분류 중 중요한 논의는 바로 기능을 순기능과 역기능으로 구분한 것이다. 머튼의 정의에 따르면 사회체계나 그 구성원들의 복지라는 관점에서 바람직한 영향을 미치는 행동의 결과를 '순기능(function)', 바람직하지 못한 영향을 주는 것을 '역기능(dysfunction)'이라고 할 수 있다. 머튼에게 있어서 '역기능'은 변동을 발생시키는 경향이 있는 사회활동의 여러 측면들을 지칭한다. 왜냐하면, 이는 사회의 응집력을 위협하기 때문이다. 따라서 사회적 역기능을 찾고 이를 해결할 수 있는 방안에 대한 관심을 갖는 것은 매우 중요한 행위라고 할 수 있다.

현대 사회에서 사회 전체 차원의 커뮤니케이션 행위는 미디어에 의한 매스커뮤니케이션에 의해 이루어지고 있다. 우리는 우리 주위에서 어떠한 일들이 일어나고 있는지 알기 위해 미디어가 제공하는 사실들에 의존하게 된다. 다시 말해서 우리는 주위에서 일어나는 일들이 서로 간에 어떻게 연관되어 있는지, 또 그것들이 사회적으로 어떠한 의미를 가지고 있는지 미디어의 설명을 통해 깨닫게 된다. 사회의 구성원들이 전체적으로 미디어를 이용하는 과정에서 사회가 공유하고 있는 가치와 상징 등이 자연스럽게 한 세대에서 다른 세대로 전달되고, 그럼으로써 우리는 같은 사회의 구성원으로서 동질성을 보유하게 된다. 또한 우리는 즐기기 위해 미디어를 이용하기도 한다. 이렇게 미디어 역시 사회의 한 부분으로서 사회적으로 매우 중요한 기능을 수행하고 있다.

머튼과 같은 사회학자들 그리고 커뮤니케이션학자들은 이러한 미디어의 기능을 일찍부터 인식하고 있었다. 라스웰(H. Laswell, 1948)은 미디어의 사회적 기능으로 환경감시의 기능, 그리고 환경에 대응하기 위한 사회 각 부분의 상관 조정 기능, 그리고 한 세대에서 다음 세대로 사회적 유산을 전달하는 기능 등을 주장하였으며, 라이트(C. Wright, 1959)는 여기에 오락 기능을 추가하였다. 미디어는 사회와 구성원에 유익한 위의 네 가지의 순기능 외에도 사회적으로 바람직하지 못한 결과를 낳게 되는 역기능을 갖고 있기도 하다. 순기능과 역기능은 엄격히 분리된 서로 다른 행위가 아니며, 미디어에 의한 하나의 행위가 순기능과 역기능을 행하게 되는 경우도 있다.

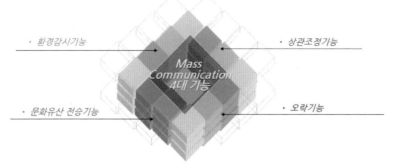

- 환경감시기능
- 상관조정기능

Mass Communication 4대 기능

- 문화유산 전승기능
- 오락기능

▶ 매스커뮤니케이션의 네 가지 기능

2) 매스커뮤니케이션의 4대 기능

(1) 환경감시의 기능

미디어가 갖는 환경감시(surveillance)기능은 미디어가 사회의 구성원들에게 우리가 살아가고 있는 현실에 대한 정보를 제공하는 기능을 의미한다. 과거에도 그랬지만 특히 현대인들에게 사회에서 발생하고 있는 복잡하고 다양한 정보를 개인적으로 수집한다는 것은 물리적으로 불가능한 일이다. 따라서 사회의 구성원들은 개인이 모두 파악하기 어렵고 또는 불가능하기도 한 사회의 각 부분에서 일어나고 있는 일들을 미디어의 환경감시기능을 통해서 파악할 수 있게 된다. 이는 곧 신문이나 방송과 같은 보도매체가 다루는 뉴스의 기능이라고 할 수 있다. 매스미디어의 뉴스를 통해 전달되는 환경감시에 관한 정보는 사회구성원 전체에게 전달되므로 사회 내부에 평등주의 감정을 갖게 하는 기능을 하며 사회제도의 일상적인 운영에도 긍정적인 영향을 준다.

실제로 미디어의 환경감시기능은 우리가 정상적인 생활을 영위하는 데 있어서 매우 큰 도움을 주고 있다. 예컨대, 우리 일상 속에서는 날씨정보를 듣고 다음 날 출근길에 우산을 챙겨가게 해 준다든지 태풍이나 지진, 해일 등에 대한 위험성을 경고함으로써 사회구성원들이 사전에 대비할 수 있도록 한다. 특정한 지역에 교통이 통제되거나 정체가 된다는 정보를 듣고 그 지역을 우회하거나 다른 도로를 알아볼 수 있게 사전에 알려주기도 하며, 주식가격에 대한 정보, 무역과 국제 수지에 대한 정보 등 경제적인 정보를 제공해 주어 개인과 사회 차원의 경제활동이 원활하게 수행될 수 있도록 도와주기도 한다. 또한 정치적인 현안과 정책에 대한 정보를 제공해 주어 국민들이 건전한 의견을 가지도록 도움을 주며 이를 통해서 정치적인 의사결정 과정이 민주적으로 이루어지도록 해 주는 기능도 수행한다.

▶ 환경감시기능의 대표사례: 뉴스의 기상정보

물론 환경감시기능은 우리에게 중요한 순기능들을 제공해 주기도 하지만 매스미디어의 환경감시활동은 사회나 구성원들에게 부정적 영향을 미쳐서 역기능을 초래하기도 한다.

우선 사회에 대한 위협이 지나쳐 심리적 긴장감을 유발하거나 위협적 보도로 공포를 유발하여 수용자의 정서를 해치는 경우도 있다. 위험 특히 범죄에 대한 보도는 사람들에게 그 위험에 대한 대응책을 강구하도록 하여 위험을 극복하도록 하는 순기능의 역할을 하기도 하지만 경우에 따라서는 사람들이 그 위험에 대해서 과도한 반응을 보임으로써 결과적으로 사회나 개인에 해를 주는 역기능을 초래하기도 한다. 최근에도 다양한 범죄 사건들이 미디어를 통해서 보도가 되고 있어 범죄예방과 해결에 많은 도움을 주고 있다. 하지만 범죄 사실에 대한 과도한 보도로 인해서 사람들이 공포감과 심리적 불안정을 지니게 되는 경우가 많다. 예컨대, 2010년 발생한 여중생 살해 사건의 범인으로 지목된 소위 '김길태 사건'의 경우 신출귀몰하는 행태를 보인 범인의 행적에 대해서 너무 언론에서 호들갑스럽게 보도해 범인 검거 전까지 사건 주변 지역민들이 불안에 떨기도 하였다. 대표적인 환경감시기능의 역기능의 결과이다. 또한 범죄뿐만 아니라 사회적인 파급력이 큰 질병 보도의 경우에도 현실보다 과장하는 보도경향을 보여 사람들이 집단적인 패닉(panic) 현상에 빠지기도 하였다. 2003년 12월에 발생한 조류독감 사태 당시 신문의 보도사진과 방송의 영상화면은 보다 극적으로 사태를 바라보게 하면서 사람들에게 공포감을 심어 주었다. 닭이 허공에 날아오르다가 방역관계자에 의해 산재보 땅에 묻히는 장면, 살처분한 닭을 매립하는 보도사진들은 막연한 공포감을 확산하기에 충분했다. 이러한 보도 이후 닭고기에 대한 판매량이 급격하게 감소하였고, 관련 업체들의 도산과 닭고기 불매 운동 등으로 확산되었다. 이는 구제역 파동 때도 유사하였다.

또 다른 환경감시의 역기능으로 꼽을 수 있는 중요한 부분은 중독(narcotizing)이다. 이러한 중독기능은 어떤 이슈들에 대해서 미디어가 반복적으로 보도를 할 경우 사람들이 그 해당 이슈에 대해서 관심이 많아지기보다는 오히려 무관심해지거나 수동적으로 되는 현상을 의미한다. 최근 심각한 사회현상으로 자리한 학교폭력 문제는 오히려 대중매체를 통해서 빈번하게 다루어질수록 초기에는 그 충격으로 인해서 대응책을 마련하는 데 부심하지만 시간이 경과하면서 일상적인 문제로 치부하는 경향이 더욱 강해질 수 있다.

한편 환경감시기능의 경우 순기능과 역기능이 동시성을 갖기도 한다. 예컨대, 환경감시의 순기능 중 지위부여(status conferral) 기능이 있는데, 흔히 뉴스 소재로 등장한 인물은 일반인으로부터 권위, 신뢰감, 그리고 전문성을 인정받는 혜택을 누리게 된다. 명예와 부를 얻는 경우도 많다. 하지만 이들의 비행이나 비리, 사생활 등이 폭로되어 권위를 잃거나 심한 경우 사회적으로 매장되는 경우도 있다.

※ 2003년 조류독감사태의 닭 살처분, 2011년 구제역 사태로 인한 돼지 살처분 장면(차례대로)

▶ 환경감시기능의 역기능: 과장된 위험의 증폭

(2) 상관조정기능

또 다른 매스미디어의 중요한 기능으로 상관조정(correlation)기능을 들 수 있다. 실제적으로 정보라는 것은 가공의 과정을 거치지 않으면 유용가치가 크지 않다. 매스미디어, 특히 언론매체의 경우 사건에 관한 소식이나 정보 가운데 가장 중요한 것이 어떤 것인가를 선정하고, 이를 해설하고 평가해서 방향을 설정하여 정보를 가치 있는 것으로 만든다. 따라서 매스미디어의 상관조정기능이라 함은 흔히 주관적인 가치가 포함된 신문·방송의 사설, 논평 및 해설기능을 의미한다.

흔히 매스미디어에 의해 제공되는 현실에 대한 비판과 대응책은 객관적인 뉴스 제공과는 달리 주관적인 의견이나 견해, 전망 등에 근거하게 되는데, 사회 구성원들이 이것을 읽고 보게 됨으로써 사회 전체적으로 비슷한 의견이나 시각이 형성되고 이를 통해 사회적인 통합이 이루어질 수 있다. 사회적인 규범을 강화하고 사회의 통합을 추구하고자 하는 상관기능은 사회적인 비행을 들추어내어 이를 억제함으로써 수행되기도 한다. 정부에 대한 견제기능이 여기에 속한다고 하겠다. 미디어가 상관기능을 수행함으로써 사회적인 안정을 해치는 요인들을 방지하게 된다. 여론을 알려주거나 여론을 주도하는 역할을 미디어가 담당하는 것도 상관기능의 일종으로 볼 수 있다. 각 방송사들의 시사고발 프로그램들이 특히 이러한 역할을 강력하게 수행한다고 하겠다.

▶ 지상파 방송의 시사고발 프로그램: MBC 'PD수첩', KBS '추적 60분'(차례대로)

하지만 상관조정기능의 역기능도 존재한다. 매스미디어의 논평이 현상 유지적인 관점을 강조하게 된다면 사람들로 하여금 체제 순응적이 되게 만듦으로써 사회 개혁을 저해하는 결과를 초래할 수도 있다. 사회적으로 널리 퍼져 있는 고정 관념을 미디어가 공고히 하고 사회의 기존 관습에 사람들을 순응적으로 만든다면 사회적 변화의 잠재성은 줄어들 수밖에 없다. 마찬가지로 특정한 이데올로기나 종교적 관점 등을 확산시키려는 해설이나 논평이 개인이나 사회를 오도할 가능성도 빼놓을 수 없다. 또한 정부나 대기업 등 기득권층의 시각에서 중점 보도하는 경향도 문제점으로 지적된다. 이러한 보도 경향은 개인이 미디어의 의견 및 주장에 의존하도록 함으로써 스스로 해석하고 평가하는 비판적, 분석적 사고능력을 저하시키는 역기능을 초래할 수도 있다.

권위를 지니고 있는 언론기관이 논평을 내놓으면 사람들은 그에 대해서 관심을 갖고 의견에 동조할 가능성이 높다. 하지만 해당 언론이 특정한 이데올로기나 정파, 이해관계에 얽매여 실제 사실을 왜곡하거나, 특정한 사실의 단면만을 제공한다면 이는 문제가 될 수 있다. 특히, 우리나라와 같이 보수와 진보언론이 첨예하게 대립하는 경우 특정 사실에 대해서 상반된 시각으로 접근하는 경우가 많은데, 이는 대중들에게 논쟁과 분열의 모습으로 비칠 수 있으며, 실제로 사회적인 대립구도를 만들어내는 역기능을 초래하기도 한다.

(3) 문화유산의 전승기능

문화유산의 전승(transmitters of culture)기능은 미디어가 한 세대에서 다른 세대로 정보, 가치관, 규범 등을 전수하는 것을 의미한다. 이 기능은 간단하게 말하면 바로 사회화라고 볼 수 있다. 사회화란 한 집단이나 사회의 공통된 가치나 규범이 그 집단이나 사회의 구성원들에게 내면화되는 과정을 뜻한다. 이와 같은 사회화는 사회의 관점에서 볼 때는 개인이 그 사회의 삶의 방식에 적합하게 되는 것을 의미하고 개인의 관점에서는 성장과 발전을 위한 자신의 잠재력을 실현시키는 것을 뜻한다. 사회화는 생물학적 유기체인 인간을 정체성을 지닌 자아로 확산시킨다. 가족, 동료집단, 군대, 학교, 회사, 동아리 등이 바로 사회화의 기능을 담당한다. 하지만 이러한 실제 집단 속에서의 사회화만 있는 것이 아니라 미디어도 중요한 사회화의 기능을 담당하게 된다. 예컨대, 미취학 아동들도 학교에 굳이 가지 않더라도 텔레비전을 통해서 사회에 대한 정보와 가치관 그리고 규범 등을 습득할 경우가 많아지고 있다. 학교에 다니는 어린이나 청소년들도 학교나 가정 등에서 예의와 문화 규범 등을 습득하겠지만 텔레비전 신문, 그리고 최근에는 인터넷을 통한 사회화의 학습효과도 그에 못지않게 중요해지고 있다. 비단 어린이와 청소년뿐만 아니라 성인들도 각종 교육·교양 프로그램, 외국어 프로그램을 통해 다양한 사회에 대한 정보와 교육기회를 부여받고 있다. 이렇듯 미디어가 개인의 사회화에 미치는 영향력은 매우 크다. 또한 미디어의 내용이 개인으로 하여금 다른 사람들과 같은 사회구성원이라는 인식을 지니게 만듦으로써 사회적 소외감을 저감하는 것도 문화유산의 전승기능이 지닌 매우 중요한 측면이라고 볼 수 있다.

하지만 반대로 역기능도 존재한다. 우선 매스미디어를 통한 규격화되고 획일적인 문화는 문화적 다양성을 상실하게 하고 창의성을 저해하는 요소로 작용할 수 있다. 동일한 말투, 동일한 행동, 행위양식, 복장 등을 강요하면서 획일화된 현대인을 양산할 수 있다. 다음으로 비현실적이며 비윤리적인 이야기로 구성된 미디어 프로그램의 내용은 삭막하고 비인간적인 현대사회의 부정적 특성을 증가시킬 수 있으며, 또한 사람 간 접촉보다 미디어에 의한 접촉이 더욱 우세할 경우 커뮤니케이션에서 사람과 사람 간 접촉을 감소시킨다는 우려도 있다.

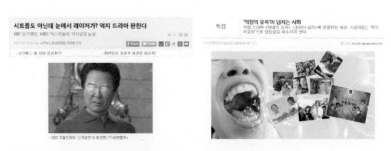

※ 막장드라마에 대한 언론의 비판기사(좌부터 노컷뉴스, 우측은 시사저널의 특집기사)

▶ 문화유산 전승기능의 역기능: 막장드라마에 대한 비판

(4) 오락기능

오락(entertainment)기능은 실제로 미디어가 지닌 가장 중요한 기능 중 하나라고 볼 수 있다. 우리가 즐겨보는 텔레비전 프로그램들은 대부분 오락에 바탕을 두고 있으며, 일간신문 역시 스포츠, 연예면을 제공함으로써 정치나 사회분야의 딱딱한 뉴스와 논평을 보완하고 있다. 이 외에도 라디오나 잡지, 영화 등의 전통적인 매스미디어도 기본적으로 오락 중심적이며, 인터넷 역시 다양한 오락적 형식을 지니고 있다.

이러한 미디어가 지니는 오락기능은 사람들에게 큰 즐거움을 제공하는 데 일조를 하고 있다. 또한 현실의 어려움을 잠시 동안 잊게 해줌으로써 피곤으로부터 도피처를 제공해 주고 있다. 거의 비용을 들이지 않는 여가의 수단으로써도 활용된다. 통속적인 오락뿐만 아니라 예술이나 문화적인 내용을 제공하여 사람들의 전반적인 문화 수준을 향상해 주는 기능도 수행한다.

※ 출처: 한국방송광고공사(2010). 『2010 소비자 행태조사 보고서』中
(여기서 smart mobilian은 스마트 기기 및 무선인터넷 서비스를 통해 언제 어디서나 인터넷을 이용하고 있다고 응답한 약 18.7%의 응답자를 의미함)

▶ 여가활동에 대한 수용자 조사

긍정적인 측면도 존재하지만 미디어의 오락기능 역시 사회에 부정적인 역기능을 하기도 한다. 우선, 대중들의 오락물에 대한 지나친 몰입은 정치적, 사회적 무관심으로 이어질 수 있다. 그리고 매스미디어가 제공하는 오락은 사람들을 수동적인 인간, 현실도피적인 인간으로 만드는 역기능도 발생한다. 예컨대, 하루 종일 텔레비전을 시청하거나, 인터넷을 통한 게임에 몰두하면서 현실에서 직면하는 문제들을 외면하는 이른바 미디어 중독 현상이 심화될 수 있다.

미디어에서 지나치게 통속적이고 경박한 오락물을 보여줌으로써 사람들이 이것을 수용하는 과정에서 사회의 평균적인 기호도 더불어 통속적으로 변질되는 '문화의 질'에 대한 저하 현상도 일어날 수 있다. 오락·연예프로그램에서 벌어지는 가학적인 행위, 말장난(언어파괴), 지나친 선정주의 등이 그 대표적인 예라고 하겠다. 이러한 상황이 지속되면 문화향유의 수준이 저하되면서 고급문화에 대한 대중의 관심은 더욱 떨어질 수 있다.

2. 미디어의 이론과 효과

1) 미디어효과이론에 대한 사회적 관심

1900년대부터 매스미디어가 사회와 개인에 미치는 영향력을 규명하기 위해 근대적 의미의 커뮤니케이션학이 시작되었다. 커뮤니케이션학의 시작은 바로 매스미디어가 지닌 강력한 효과에 대한 두려움과 이를 규명하기 위한 학자들의 궁금증이 합치된 결과라 하겠다.

매스미디어 역시 사회적 산물이었기 때문에 시대적 분위기와 상황에 따라서 미디어가 지니는 효과에 대한 연구들도 영향을 받아왔다.

1900년대 초반의 연구자들은 이제 막 등장을 시작한 라디오, 필름, 대중신문 등의 강력한 영향력에 주목하였다. 이 당시 등장한 '마법의 탄환이론(the magic bullet theory)'이라고 불리는 효과이론은 '매스미디어는 대중들에게 강력하고 획일적인 영향을 직접적, 즉각적으로 미치고 있다'는 것을 기본가정으로 내세웠다. 이러한 효과이론의 등장은 이전에는 경험하지 못했던 새로운 매스미디어들을 접하게 되면서 발생한 과장된 두려움과 전통사회와는 많은 차이를 지니는 대중사회(mass society)에 대한 불신의 반영이라고도 평가할 수 있겠다.

1940년대에 들어와서는 이 이론은 퇴조하게 되는데 미디어 수용자들이 탄환이론의 가정과 다르게 수동적이며 고립된 존재가 아니라는 주장이 나오게 된다. 소위 '제한효과(the limited effect model)'라고 명칭되는 연구들은 매스미디어의 직접적인 효과에 의해 수용자들의 태도나 행동이 급격하게 변화하지 않으며, 오히려 개인적 특성에 의해 매스미디어의 효과가 차별적으로 발생한다는 견해를 내세웠다.

1960년대 후반까지 주류를 형성하던 제한효과이론은 1970년대 들어와서는 '의제설정이론(agenda setting theory)', '문화계발효과이론(cultivation effect theory)', '침묵의 나선이론(the spiral of silence)' 등과 같은 매스미디어가 강력한 힘을 지니고 있다는 이론들이 재조명되기 시작하였다.

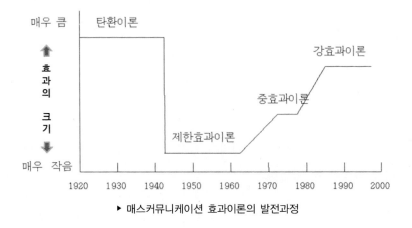

▶ 매스커뮤니케이션 효과이론의 발전과정

2) 탄환이론: 강력한 미디어 효과에 대한 믿음과 두려움

1900년대 초, 정확히는 1920년대 이후부터 라디오와 영화와 같은 새로운 매체들이 속속 등장하기 시작하였다. 인쇄매체에서 방송 및 영상매체로 미디어의 진화가 시작된 것이다. 이 당시 나타난 미디어들에 대해서 사람들은 호기심과 경탄의 눈으로 바라보고 있었다. 또 당시에는 제1차 세계대전과 제2차 세계대전이라는 인류사의 매우 혼란스러운 시기였다. 독일에서는 전체주의의 물결 속에서 히틀러가 주도하는 나치가 집권하게 되었고, 러시아에서는 새로운 공산 혁명 정권(볼셰비키 혁명)이 탄생하였다. 이들의 탄생에는 강력한 선전공세가 한몫을 하였고, 이에는 당시 새롭게 등장한 다양한 매체들이 적극적으로 활용되었다. 당시 나치의 선동정책의 중심에는 나치선동과 미화를 담당한 요제프 괴벨스(Joseph Goebbels)가 있었다. 히틀러는 선전부라고 하는 새로운 부를 만들어 괴벨스를 장관에 앉혔다. 괴벨스는 당시 최신의 미디어였던 라디오를 십분 활용하여 레코드,

영화 포스터 등을 총동원하여 나치 독일의 정치선전에 총력을 기울였고, 국민들의 동의와 지지를 얻었다. 여기에 나치시절에 프로파간다(propaganda) 영화 제작자로서 맹활약했으며 '히틀러의 여인'으로 불리던 레니 리펜슈탈(Leni Riefenstahl)도 나치의 선전에 큰 영향력을 미쳤다. 또한 러시아의 볼셰비키 혁명도 출판, 영화, 연극무대, 라디오 등의 미디어매체가 동원되어 선전, 선동 혁명을 조금 더 용이하게 달성할 수 있었다.

※ 리펜슈탈의 선전영화 '의지의 승리'(좌측), 나치정권과 소비에트공화국의 선전 포스터(가운데, 우측)

▶ 제2차 세계대전 당시 독일 히틀러정권과 소비에트공화국의 선전공세

이러한 분위기 속에서 탄환이론(bullet theory)이라고 명명된 모델이 등장하는바, 이론이라기보다는 1920년대와 1930년대의 미디어의 영향력에 대한 기대를 반영한 것으로서, 후세 학자들이 당시 견해를 통칭해 붙인 것이다. 많은 사람들은 이 이론의 선구자로서 연구를 진행한 라스웰(Lasswell)이 이러한 문구를 썼다고 말하지만 이는 사실과 다르다. 후대에서 탄환이론과 유사한 이름으로 '피하주사이론(hypodermic needle theory)', 또는 '자극 반응이론(stimulus-response theory)'이라고도 통칭한 바 있다. 모두 탄환이 표적에 박히듯, 아니

면 주사를 맞으면 당장 특정한 효과가 나듯이 미디어의 메시지가 미디어에 노출된 수용자의 마음속에 깊숙하게 박혀서 강력하게 영향을 준다는 견해를 공통적으로 갖고 있다.

탄환이론의 배경 혹은 이론적 토대는 대중사회 이론으로, 대중사회 이론의 핵심은 바로 전통사회에서 현대사회로의 급격한 변화로 인한 사회 구성원의 비인격화, 심리적 소외감 증대가 구성원 간의 아노미(anomie) 상태를 유발하고 궁극적으로 사회적 유대관계가 단절된 원자화된 개인화를 유발한다는 것이다. 탄환이론에서는 수용자를 비이성적이고 수동적, 피동적, 그리고 무저항적인 존재로 생각하기 때문에, 이들의 감정이나 감성에 호소하는 메시지는 의도된 대로 그들에게 효과를 유발하게 된다고 본다.

새롭게 등장한 라디오, 영화 등의 신규 미디어에 대한 놀라움, 그리고 제1, 2차 세계대전을 겪으면서 느끼는 불안과 공포, 그리고 사회적 혼란 등이 미디어의 영향력에 대한 두려움을 대중들에게 증폭시켜 이러한 견해들을 탄생시켰다. 미디어가 무차별적이고 즉각적이며 특수한 행동을 유발시킨다는 탄환이론에 대한 논의는 이후로 한동안 학자들에게도 지배적인 견해로 인정받게 된다.

**탄환이론의 강력한 근거: 오손 웰즈의
'우주전쟁(War of the Worlds)'의 방송사례**

▶1938년 '우주전쟁'을 라디오에서
내보내고 있는 오손웰즈

The New York Times.

NEW YORK, MONDAY, OCTOBER 31, 1938.

Radio Listeners in Panic,
Taking War Drama as Fact

*Many Flee Homes to Escape 'Gas Raid From
Mars'—Phone Calls Swamp Police at
Broadcast of Wells Fantasy*

▶ 당시 뉴욕타임스의 보도

『시민 케인』이란 명작을 만든 극작가로 유명했던 오손 웰즈(Oson Wells)는 1938년 23세의 나이에 할로윈데이에 H. G. 웰즈(Wells)의 공상과학 공포물인 '우주 전쟁'을 CBS 라디오 네트워크에서 방영하기로 결정하였다. 1938년 10월 30일 '정규 프로그램을 중단하고 긴급 뉴스를 전해 드리겠습니다'라는 멘트를 시작으로 가상의 필립스 기자로 분장한 오손 웰즈는 뉴저지의 한 농장에서 "화성인의 습격으로 미국 곳곳이 파괴되고 혼란에 빠졌다"고 전하는 가상 실황중계를 시작하였다. 뉴스를 들은 미국인들은 방송 중에 "오손 웰즈의 드라마를 보내드리고 있습니다"라고 했던 성우의 공지의 목소리도 잊은 채 이를 현실로 착각, 심각한 공포에 빠졌다. CBS는 이 방송이 진행되는 동안 네 차례에 걸쳐 그러한 사실을 알렸지만 사람들은 이를 제대로 듣지 못했다. 당시 미국인들은 히틀러가 비밀무기를 동원해 미국을 침략했다고 믿기도 하였고, 실제로 화성인의 침공으로 믿은 미국인들도 있었다. 당시 긴급 뉴스가 야기한 혼란을 뉴욕타임스는 이렇게 보도한 바 있다. '겁먹은 사람들이 화성인의 독가스를 피하려 젖은 타월을 얼굴에 두르고 집을 뛰쳐나갔다. 서부에서는 로키산맥으로 향하는 피난민 행렬이 줄을 잇고 일요일 저녁 예배를 드리던 교인들은 종말이 왔다는 사실에 몸을 떨었다.' 역사상 가장 대표적인 매스미디어 해프닝으로 기록된 이 사건은 곧 세계대전이 터질지도 모른다는 전쟁에 대한 미국인들의 막연한 공포 탓도 있었지만, 매스미디어가 지니는 강력하고 즉각적인 효과를 보여주는 중요한 사례로도 회자되었다.

3) 제한효과이론: 미디어 효과의 제한성에 초점을 맞춘 이론의 등장

1940년대부터 매스미디어를 연구하는 학자들은 서베이(survey)와 같은 과학적인 연구방법론을 차용하면서 미디어의 강력한 효과에 대해 의문을 제기하기 시작하였다. 이에 미디어를 이용해 사람들의 태도나 마음을 쉽게 조작 가능하다는 탄환이론은 부정되고, 미디어의 영향력이 절대적이지 않고 매우 제한적이라는 소위 '제한효과이론'이 등장하게 된다.

제한효과이론을 정리한 클래퍼(Klapper)는 "매스미디어는 수용자에 대한 효과의 필요충분조건으로 작용하는 것이 아니라 오히려 매개적인 여러 요인의 연쇄를 통해 기능한다"고 결론짓고 있다. 요컨대, 제한효과이론은 매스미디어의 효과가 매우 제한적이라는 입장을 나타내며 매스미디어는 여러 중개변인과 연관되어 그 기능과 영향력을 발휘하며 유일한 원인으로서가 아니라 하나의 기여자로서 수용자의 기존 자세를 강화하는 방향으로 기능한다고 정의할 수 있다. 제한효과이론은 탄환이론에서 가정하고 있는 원자화되고, 비이성적인 수동적 수용자 개념을 부정하고 인간들끼리 강한 연대를 갖고 있고 개인마다 독특한 개성을 소유하고 있는 능동적 수용자 개념을 내세운다.

제한효과이론은 수용자들의 심리적 요인의 개인차에 따른 미디어 효과의 선별성을 강조하면서 동시에 수용자들의 사회적 관계와 연대를 강조하고 있다. 다시 말해 제한효과이론에서의 수용자 개념은 단순히 개인의 심리적 차이가 매스미디어 이용 및 반응의 차이를 일으키는 것이 아니라 각 개인이 소속되어 있는 사회 속에서의 개인의 위치와 다른 사람과의 관계유형에 따라 수용자의 미디어 이용과 효과가 다르게 나타나는 것으로 보고 있다. 이러한 주장은 가족, 동료, 친구와 같은 일차집단의 재발견을 근거로 하고 있는데 일차집단의 개념은 대중사회이론이 가정하고 있는 대중의 개념을 전면적으로 부인하는 것이며, 사회적 동질성보다는 이질성을 강조하는 것이다. 따라서 매스미디어의 효과 역시 사람과 집단에 따라 달라질 수밖에 없다는 것이다.

이러한 제한효과이론을 대표하는 이론은 두 가지인데 '선택적 노출 이론(selective exposure theory)'과 '2단계 흐름 이론(two-step- flow theory)'이다.

우선 선택적 노출이론의 경우 '수용자는 매스미디어가 전달하는 정보를 선별적으로 받아들인다'는 가정을 이론화한 것이다. 개인 또는 집단이나 사회의 구성원은 각기 다른 경험에 근거해서 다른 지식과 신념을 갖고 있다는 관찰에서 출발한다. 서로 다른 지식과 신념을 가진 사람들은 같은 메시지를 보더라도 다른 방식으로 반응한다는 것이다. 예컨대, 보수적인 사고체계를 가진 유권자는 진보정당의 후보가 텔레비전 연설을 하면 연설 내용을 수용하지도 않겠지만 그 내용을 이해하려 하지도 않으며 무엇보다도 그 후보의 텔레비전 연설 자체를 보려고 하지 않는다. 이는 보수적인 유권자가 지닌 지식과 신념이 작용한 결과이다. 결국 선별적 노출에 대한 논의를 밀고 나가면, 매스미디어의 효과는 그리 대단하지 않다는 결론에 도달하게 된다.

다음으로 2단계 흐름 이론(2단계 유통 이론이라고 부르기도 함)의 경우 제한효과이론의 중요한 근거가 된 매우 중요한 이론이다. 1948년 대통령 선거를 배경으로 한 라자스펠트(Lazarsfeld) 등의 연구와 1949년 호블랜드(Hovland)의 미육군 신병의 교육훈련에 대한 연구가 그 대표적인 사례이다. 라자스펠트에 따르면, 수용자 중에는 그가 의견지도자라고 이름 붙인, 다른 사람들보다 적극적으로 미디어를 이용하는 사람들이 있어서 이들이 우선적으로 미디어를 접촉하여 미디어의 영향을 받게 된다고 한다. 그 후에 미디어의 영향을 받은 의견지도자가 다른 수용자를 접촉하면서 미디어의 메시지를 그들에게 전달함으로써 미디어의 영향력이 일반 수용자에게 전달되는 것이다.

이러한 원인은 사람들이 미디어가 전달하는 메시지보다 사람에게 서 오는 메시지를 더 선호하고 신뢰하기 때문이라고 한다. 일반적으로 의견지도자는 미디어에 활발하게 능동적으로 접촉함으로써 다른 사람보다 상대적으로 많은 정보를 보유하게 되어 주위의 사람들에게 전문가로 인식되고 또 다른 수용자들과 활발하게 접촉하는 특성을 가지고 있다. 일반 수용자는 미디어와 의견지도자를 모두 접촉하게 되는데 미디어로부터 직접적으로 받는 메시지보다 의견 지도자로부터 개인적인 접촉을 통한 메시지를 더 신뢰한다. 그래서 미디어의 영향력은 의견 지도자의 역할에 의해서 제한된다는 것이다.

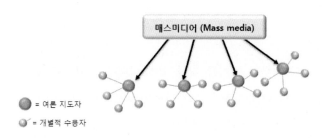

▶ 2단계 흐름이론의 모식도

초기의 '탄환이론'이 수용자들이 갖는 개별적인 사치와 능동적인 면을 무시하고 매스미디어의 획일적인 효과를 강조하였다면, 제한효과이론은 수용자들 간의 개별적인 차이에 주목하고 이러한 차이에 의해서 미디어의 메시지를 선택적으로 받아들이고(selective perception) 이용한다는 점에 비중을 두었다. 그러나 제한효과이론에 기반한 매스미디어 효과의 연구들은 비교적 짧은 기간에 발생하는 급격한 '태도'나 '행동'의 변화만을 미디어의 3효과라고 전제함으로써 장기간에 걸쳐서 천천히 발생하게 되는 미디어의 영향력에 대해서는 별로 주목하지 않았다. 우리는 매스미디어를 통해서 미디어 메시지가 의도하는 '태도'나 '행동'의 변화를 가질 수도 있지만 때로는 매스미디어에 노출됨으로써 '의도하지 않은 변화' 또는 '아주 미세한 변화'를 경험할 수도 있으며, 경우에 따라서는 매스미디어가 우리의 변화를 가로막거나, 우리가 갖고 있던 기존의 '태도'나 '행동양식'을 강화하기도 한다. 이처럼 매스미디어의 영향이 다양한 형태로 작용할 수 있다는 점을 제한효과 이론에서는 간과했었던 것이다.

4) 중효과 및 강효과 이론: 미디어의 강력한 영향력에 대한 믿음으로의 회귀

제한효과 이론의 시기를 지나, 1960년대 그리고 1970년대를 지나면서 매스커뮤니케이션에 대한 연구는 '미디어의 효과'에 대한 정의를 이전 연구들에 비해서 상당히 넓은 의미로 파악하기 시작하였다. 특히, 우리의 태도나 행동 양식이 아닌 우리의 주변 세계를 이해하고 지각하는 과정, 즉 인지(認知)에 대한 매스미디어의 영향에 주목하기 시작한 것이다.

무엇보다도 제한효과이론 이후의 소위 중효과 이론(moderate effects theory) 및 강효과 이론(powerful effect theory)이라고 일컬어지는 일련의 매스미디어 이론들은 미디어의 영향력이 강력하다는 연구결과에 의거한다. 이러한 변화의 중요한 동인 중 하나는 바로 1950년대에 혜성과 같이 등장한 텔레비전이다. 텔레비전은 사람들의 일상생활에 깊숙하게 침투되었고 기존의 미디어와는 비교할 수 없는 위력을 발휘하여 미디어의 영향력에 대한 사람들의 인식을 바꾸게 되었다.

중효과 이론과 강효과 이론은 미디어가 지니는 강력한 영향력을 전제로 한다는 공통점을 지니기 때문에 두 가지의 이론적 특성을 명확하게 구분 짓기는 어렵다. 시대상으로 보면 매스커뮤니케이션의 영향력에 대한 새로운 발견과 해석이 나온 1960년대와 1970년대 중반까지 제시된 이론들인 카츠(E. Katz)의 '이용과 충족 이론(theory of uses and gratification)', 1972년에는 맥콤스와 쇼(McCombs & Shaw)가 주창한 '의제설정 이론(agenda-setting theory)' 등을 대표적인 중효과 이론으로 정리할 수 있고, 이후 1970년대 중반 이후 최근까지 제시된 이론들인 '침묵의 나선 이론(spiral of silence theory)', 조지 거브너(George Gerbner)와 그의 동료들이 제시한 문화계발효과 이론(cultivation theory), '프레이밍(framing theory)' 등을 대표적 강효과 이론으로 분류할 수 있다.

(1) **중효과**(moderate effects theory) **이론의 사례들**

중효과 이론을 대표하는 이론들로 '이용과 충족 이론(theory of uses and gratification)'과 '의제설정 이론(agenda-setting theory)'이 제기되었다.

이용과 충족이라는 개념은 1959년 엘리후 카츠(E. Katz)가 제시하였는데, 그는 매스미디어 분야에 새로운 연구영역들이 존재한다고 주장하면서 새로운 접근법을 제시하였다. 그 접근법이란 바로 미디어가 수용자에게 무엇을 하는 것(what the media do to people?)이 아니라, 수용자가 미디어를 이용해서 무엇을 하는가(what people do with media?)에 관심을 두어야 한다는 것이다. 이는 기본적으로 과거의 수동적인 수용자에 대한 관심을 능동적인 수용자론으로 전환한 것으로서 엄밀하게 말해서 새로운 것은 아니다. 카츠도 자신의 주장이 독창적이거나 새로운 것이 아니고 이미 1940년대에 등장했던 여러 연구들과 입장을 같이하고 있다고 설명한 바 있다.

이용과 충족 이론에서는 수용자들이 미디어를 이용하는 것이 단순하게 수동적인 행위가 아니라 개인의 독특한 사회적, 심리적 환경의 원인에 따른 개인의 욕구나 필요에 의하여 문제를 해결하기 위한 적극적인 행위라고 주장한다. 미디어를 이용하여 충족하고자 하는 욕구로는 필요한 정보의 획득, 사회적인 접촉, 오락·사회적인 간접경험의 획득 등을 들 수 있다. 미디어의 효과에 대해서 이용과 충족 이론이 지적하는 중요한 사항들이 몇 가지 있는데, 우선 미디어의 이용이 개인마다 다르다는 점이다. 이용과 충족 이론은 개인은 각자가 살아온 환경과 현재에 처한 사회적, 심리적 상황이 모두 다를 수밖에 없고 당연히 상황이 다르므로, 그 상황에서 추구하는 욕구가 다르게 나타날 수밖에 없다고 설명한다. 개인적으로 다른 욕구를 해결하기 위한 방법 역시 서로 다를 수밖에 없으므로 미디어를 이용하는 방법이 개별적으로 다르게 된다는 것이다. 다음으로 전술했지만 미디어의 이용이 수동적이 아닌 능동적인 행위라는 것이 이용과 충족이론에서 설명하는 또 다른 중요한 사항이다. 이용과 충족 이론은 그 이름에서 의미하는 바와 같이 미디어의 효과를 개별적인 수용자의 이용과 충족 과정에서 찾는다. 욕구를 충족시키기 위해서 무엇을 이용하는 행위는 필연적으로 도구적이기 마련이다. 만일 미디어의 이용이 선택적이 아니라면 미디어의 이용이 도구적일 수가 없다. 필요한 것을 얻기 위한 도구로써 미디어를 사용한다면 당연히 의식적으로 최선의 결과를 얻기 위하여 노력해야 한다. 이 이론에서는 수용자들이 미디어를 능동적이고 선택적으로 사용한다는 점을 시사하고 있다. 그러나 이용과 충족 이론의 경우 수용자의 개인적 성향, 능동적인 면만을 강조함으로써 미디어의 직접적인 영향력이 제한적으로 보이게 한다는 비판도 받고 있다. 또한 개인적 차원에서의 커뮤니케이션 매체 선택행위와 그러한 선택에 수반되는 의미와 기대에만 연구의 초점을 맞춤으로써, 사회적 규율·관습 등의 형태로 존재하는 커뮤니케이션 매체 이용자가 처한 상황의 결정인자들에 대한 구조적·문화적 전망이 결여되어 있다는 일련의 부정적 평가도 제시되었다.

다음으로 의제설정 이론은 앞서 논의한 이용과 충족 이론과 마찬가지로 능동적인 수용자론에 근거하고 있다. 의제설정 이론은 미디어가 특정한 이슈에 대한 사람들의 의견 변화보다 그 이슈의 중요성(salience)에 대한 인식에 미치는 영향이 훨씬 크다고 주장한다. 즉 미디어는 사람들에게 어떤 생각을 할 것인지(what to think)보다 무엇에 대하여 생각할 것인가(what to think about)에 대해 영향력을 발휘할 수 있고, 이 영향력은 결코 무시할 수 없다는 것이다.

이에 대한 대표적인 연구로는 1968년 노스캐롤리나대학교의 저널리즘학과 교수였던 맥콤스(McCombs)와 쇼(Shaw)의 연구가 있다. 이들은 1968년 대통령선거 당시 노스캐롤라이나 채플힐(ChapleHill) 지역에서 결정을 내리지 않은 유권자 100명을 대상으로 미국에서 가장 문제가 되는 이슈가 무엇인가를 질문하였다. 내용분석의 대상은 5개의 신문, 2개의 뉴스 잡지, 2개의 TV뉴스 프로그램이었으며, 뉴스 아이템은 선거관련 뉴스 내용이었고, 이를 15개 범주로 코딩하고, 주요 뉴스와 주변 뉴스를 구분하였다. 그 결과 주요 뉴스 항목에서 미디어에서 강조한 이슈와 그 이슈가 중요하다고 여기는 유권자의 인식 간 상관관계가 강하게 나타났다.

의제설정이론은 특히 언론인의 역할이라는 측면에 대해서 시사하는 바가 크다. 언론의 역할과 언론인의 책임감에 대한 가이드라인을 제시해주고 있다는 점에서이다. 즉 미디어의 영향력을 고려할 때 언론인들은 정부가 내세우는 수사하적인 슬로건을 넘어서 현실에서 실제로 무엇이 일어나고 있는지를 보여주는 자료를 찾아야 한다는 점을 보여주고 있다. 언론은 사회현상을 그대로 반영하는 거울이 아니다. 리프만(W. Lippman, 1922)은 그의 저서『여론(Public Opinion)』에서 언론은 탐조등과 같다고 한 바 있다. 탐조등으로 어디를 비출 것인가의 문제는 언론인의 판단에 달려 있다고 해도 과언이 아니다.

(2) 강효과(Powerful effect theory) 이론의 사례들

강효과 이론을 대표하는 이론들로는 '침묵의 나선 이론(the spiral of silence)', '문화계발효과 이론(cultivation effect theory)', '프레이밍 이론(framing theory)' 등이 있다.

우선 정치커뮤니케이션에서 단골 이론으로 등장하는 침묵의 나선 이론은 독일의 여성 커뮤니케이션 학자인 노엘레 노이만(Elisabeth Neolle-Neumann, 1974, 1980)이 주장한 여론형성 이론으로서, 우리나라에서도 매우 대중화된 이론이다. 이 이론의 핵심내용은 사람들은 새로운 생각에 당면했을 때 각자 재빠른 판단을 하는데(quick check, or quick assesment), 사람들이 가지고 있는 준 통계적 감각기관(a quasi-statistical sense organ)에 의해 자신이 판단한 생각이 그 의견을 지지하는 것이면 더욱 자신 있게 말하고, 그렇지 않으면 침묵하여 양방의 결속이 침묵의 나선 효과를 가져온다는 것이다. 결국 이러한 과정은 다수의 의견을 더욱 강력한 다수의 의견으로, 소수의 의견을 점점 더 열세의 의견으로 만드는 결과를 낳게 되는 것이다.

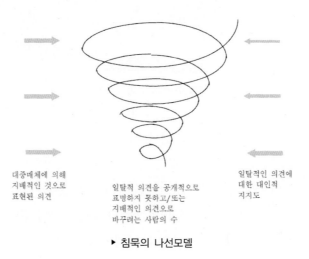

대중매체에 의해
지배적인 것으로
표현된 의견

일탈적 의견을 공개적으로
표명하지 못하고/또는
지배적인 의견으로
바꾸려는 사람의 수

일탈적인 의견에
대한 대인적
지지도

▶ 침묵의 나선모델

　　노일레 노이만의 이러한 주장은 솔로몬 애쉬(Solomon Asch)의 실험연구 결과에 바탕을 두고 있다. 애쉬는 사람들은 매우 분명한 사실에 있어서도 자신의 의견이 자신이 속한 집단의 의견과 다를 경우 집단의 압력에 순응하게 된다는 것을 실험 연구를 통해 보여주었다. 실험 연구에서 실험 대상자들에게 여러 개의 선분들 중에서 길이가 같은 2개의 선분을 찾도록 하였다. 선분의 길이가 명백히 차이가 나므로 쉽게 같은 길이의 선분을 찾을 수 있는 것이지만, 애쉬가 실시한 실험 결과에 따르면 실험대상자가 대답을 하기 전에 같은 집단에 있는 다른 응답자들이 일부러 틀리게 대답하는 경우 실험대상자 중 70% 이상이 집단 압력에 따라서 틀린 대답을 하는 것으로 나타났다. 즉 애쉬의 실험 결과는 집단압력에 의해서 우리들의 의사결정이 크게 영향을 받는다는 것을 보여준 것이라 할 수 있다.

▶ 애쉬의 선분길이 평가 실험과 실제 실험모습

노이만은 '침묵의 나선 이론'을 통해 애쉬의 연구결과가 단순히 소규모의 집단에서만 적용되는 것이 아니라 다수의 구성원으로 이루어진 큰 규모의 사회에도 같은 방식으로 적용될 수 있다고 주장하는 것이다. 소규모의 집단에서 집단 내의 압력과 우리 사회와 같이 거대한 집단에서도 적용될 수 있는 것은 바로 매스미디어가 있기 때문이다. 특히, 사람들이 지배적인 여론의 방향을 탐지하는 데 가장 결정적으로 의존하는 대상이 매스미디어이기 때문에, 결국 매스미디어가 지배적인 여론을 결정하는 셈이 되는 것이다(Severin & Tankard, 1988).

노이만에 따르면 TV와 같은 매스미디어는 '편재성(ubiquity)', '누적성(accumulation)', '공명성(consonance)'과 같은 특성을 지니고 있기 때문에 소규모의 집단에서 집단압력과 같은 위력을 지닐 수 있다고 말한다. 편재성이란 우리가 언제 어디서나 매스미디어를 접하고 있다는 것이고, 누적성이란 매스미디어를 통해 동일한 메시지에 반복적으로 노출되고 있다는 것을 말하며, 공명성이란 각기 다른 매스미디어에서 동일한 메시지에 노출되는 것을 말한다. 이러한 요인들이 바로 매스미디어에서 표출되는 의견을 우리들이 지배적인 의견으로 받아들이게 만드는 힘이 되는 것이다. 결국, 매스미디어는 단순히 여론을 전달해 줄 뿐만 아니라 여론을 형성하는 효과를 지니고 있는 것이다.

문화계발효과 이론은 1970년대와 1980년대 펜실베이니아대학의 애넌버그(annenberg) 커뮤니케이션스쿨의 거브너(G. Gerbner) 교수에 의해 개발된 이론의 하나로서 '배양이론', '문화규범이론(culture norm theory)'이라고도 불린다. 커뮤니케이션학의 제 이론 중에서 의

제설정이론과 더불어 가장 폭넓은 영향력을 가진 이론이면서 한편으로는 비판적 논란을 일으켜 온 이론이기도 하다.

문화계발효과이론에 따르면 텔레비전은 우리 생활에서 가장 중요한 일부분이 되었으며 세상에 대한 정보와 지식을 전달하는 데 있어서 다른 어떤 기관보다 강력한 영향력을 갖고 있다고 한다. 보통의 시청자들은 하루 3~4시간 동안 TV를 시청하며 중시청자(heavy viewer)의 경우는 그 이상의 시간을 TV에 할애한다. 수용자들의 TV 중시청(heavy viewing)은 TV에서 보이는 세계가 실제 우리의 현실과 다름에도 불구하고 이를 마치 실제 현실인 양 인식하게 만든다는 것이다. 문화계발효과 이론에서 제시하고 있는 이러한 견해들은 거브너 이전에도 제기된 바였지만, 거브너는 미디어가 갖고 있는 이러한 인지적 효과(cognitive effects)를 광범위한 데이터를 이용하여 경험적으로 보여줌으로써 이전 학자들이 제시했던 것보다 더욱 설득력 있는 이론으로 만들어냈다.

거브너는 매년 네트워크 TV의 폭력지수(violence index)를 조사하였는데, 연구결과 네트워크 프로그램의 80%에서 폭력적 행동을 발견하였다. 1967년 이후 프라임타임과 주말 낮 시간대의 네트워크의 드라마를 매년 표본추출해서 시행했으며 1979년 말까지 1,491개의 프로그램, 4,100명의 주역, 그리고 14,205명의 조역이 분석되었다. 분석자들은 두 명이 한 쌍이 되어 작업하고, 표본 추출된 모든 프로그램들은 이중으로 해독하였다.

여기서 폭력에 대한 조작적 정의는 "줄거리상에서 희생자로 위협받거나 죽거나 다치는 고통을 주는 물리력의 외부적 표현(무기 소지 여부나 자기 또는 타인에 상관없이)"이라고 규정하였으며, 언어적

모욕이나 사소한 위협, 코미디 장르에서 나타난 슬랩스틱은 제외시켰다. 폭력지수 산출과정에는 세 가지 종류의 분석자료가 사용되었다. ① 폭력 일반성의 측정치, ② 폭력적 에피소드들의 빈도와 비율, ③ 폭력자, 희생자 또는 폭력자 겸 희생자의 배역을 맡고 있는 인물들의 수가 그것이다. 첫째로 폭력 일반성의 측정치란 분석 대상으로 표집된 모든 프로그램들 중에서 폭력적 내용을 포함하고 있는 프로그램의 백분율을 말한다. 둘째로 폭력적 에피소드들의 빈도와 비율이란 프로그램의 분석단위들 및 시간적 단위 내에 포함되어 있는 폭력적 행위들의 빈도와 비율을 말한다. 이때 프로그램당 비율은 폭력적 행위의 수를 전체 프로그램들의 수로 나누어 산출하고, 시간당 비율은 폭력적 행위들의 수를 모든 프로그램들의 전체 방영시간 수로 나누어 계산하였다. 셋째로 폭력관계 배역들의 수란 프로그램에서 폭력을 가하는 폭력자, 폭력을 당하는 희생자 또는 폭력을 가하는 동시에 당하는 배역을 맡고 있는 인물들의 수 또는 백분율을 말하는데, 이것은 두 가지로 측정하였다. 그 하나는 폭력자, 희생자 또는 폭력자 겸 희생자의 백분율이요, 또 하나는 살인에 관계된 살인자, 피살자 또는 살인자 겸 피살자의 백분율이다. 이와 같이 내용분석을 통해서 모두 3종 5개의 측정치들을 우선 구한 후, 이들을 가지고 폭력지수를 산출하였다. 이와 같은 분석을 통해 나타난 결과를 보면, 프라임타임 프로그램의 2/3는 신체적 손상이나 위협적 폭력을 포함했고 폭력을 포함한 드라마는 매회 평균 5번 이상의 충격적 사건을 포함했으며, 3대 TV 네트워크의 주 시청 시간 및 밤 시간대와 주말 낮 시간대의 드라마에서 등장인물들의 74.9%가 폭력에 연루되어 있는 것으로 나타났다. 10개의 프로그램 중 9개가 폭력을 묘사하고 있으며, 1시간당 9.5번의 폭력이 보였고, 주말 어린이 프로그램 거의 전부가 폭력을 다루고 있었다. 또한 폭력의 주요한 희생자는 여자와 흑인, 히스패닉, 노동자가 많았다. 당시 미국에서 폭력에 관여될 실제 확률은 200분의 1 이하였으나, 미국의 주 시청 시간대 오락프로그램 등장인물 가운데 폭력을 행사하는 인물의 비율은 약 65%였다. 미국 노동자의 몇 %가 범죄와 관련 있는가에 대해서 실제는 1%였으나 TV에서는 12%로 나타났다. 미국 내에서 발생하는 범죄 중에서 살인, 강간, 약탈 등과 같은 폭력범죄는 실제는 10%였으나, TV는 77%로 나타났다(Gerbner & Gross, 1976; 정인숙, 2006).

한편, 텔레비전의 시청량만으로는 정확한 문화계발효과를 알아볼 수 없다는 관점에서 수용자들의 개인차에 주목하고자 했던 연구들이 이루어졌는데, 대표적으로 카베스와 알렉산더(Carveth & Alexander, 1985)는 시청자들의 시청동기가 문화계발효과의 중요한 예측변인이 됨을 주장한 바 있으며, 퍼스(Perse, 1986)의 연구에서 역시 시청동기에 따라 일일연속극(soup opera)의 문화계발효과가 달라지는 것으로 나타났다. 결국 문화계발효과는 단순한 일관된 성격의 텔레비전 메시지에 대한 노출로 계발되는 '전반적 현실 인식에 대한 효과'라기보다는 서로 다른 내용적 특성을 지닌 프로그램 유형에 대한 선택적 시청과 다양한 동기에 따른 차별적 시청에 의해 유발되는 효과라는 견해가 설득력 있게 수용되고 있다(이준웅·장현미, 2007).

▶ 갱단의 폭력을 미화했다는 비판을 받은 미국 드라마
'Sons of Anarchy(선즈 오브 아나키)'

　최근 매스미디어 효과와 관련하여 주목받고 있는 이론 중 하나가 바로 프레이밍 이론이다. 흔히 '틀짓기 효과'라고 번역되는 프레이밍 효과라는 것은 말 그대로 매스미디어가 어떤 사건에 대한 정보를 전달해 줄 때 단순히 객관적인 정보만을 전해주는 것이 아니라, 수용자가 사건에 대한 의미를 이해하는 틀을 함께 형성한다는 것이다. 즉 매스미디어는 수용자에게 정보를 제공하고 전달하는 과정에서 의도하든 또는 의도하지 않든 인식의 프레임을 형성하는 역할을 수행하고 있다는 것이다. 매스미디어가 제공하는 특정한 해석적 틀을 프레임(frame)이라고 하고 언론이 특정한 프레임을 제시하는 것을 프레이밍(framing)이라고 한다. 프레임은 이슈에 대해 뉴스보도를 조직화하는 핵심 아이디어로 정의되기도 하지만 동서 냉전 시각의 사례에서 보듯이 사회적으로 공유되는 문화적, 이념적 상징체계로 이해되기도 한다.

　언론은 특정한 이슈에 대해 프레이밍을 통해 사람들이 문제를 인지하고 판단하는 과정, 나아가 그러한 생각을 바탕으로 발생하는 사후적 결과(예를 들면, 행동)에까지 영향을 미친다. 엔트만(Entman, 1993)에 따르면, 모든 사안은 다층적이고 복잡한 구조를 띠고 있음에도 언론은 프레이밍을 통해 사회적 이슈의 특정한 측면을 특정한 시각으로 선택하고 부각시켜 그 이슈의 ① 개념적 의미를 재정의할 뿐만 아니라, ② 문제의 원인분석 ③ 도덕적 가치판단에 영향을 미치고 나아가 ④ 문제를 해결하는 처방까지 제시하는 역할을 한다는 것이다.

그러나 미디어 프레이밍이 개인의 의견 형성에 직접적이고 강력한 영향력을 미치지 않는다는 연구결과도 적지 않다. 스키마 이론을 응용한 학자들(Gamson, 1992; Goffman, 1974)에 따르면 미디어 프레이밍에 대해 사람들이 항상 같은 반응을 보이는 것은 아니다. 스키마(Schema)는 '한 개념의 여러 속성과 그들 속성 간의 관계에 대한 지식을 포함하는 인지적 구조' 또는 '사람의 기억 속에 내재하는 지식구조나 배경지식'을 의미하는데, 이들 연구에 따르면 사람의 인지구조나 배경지식이 다르다면 미디어가 제시하는 해석적 틀이 같을지라도 기억 속에 내재하는 스키마에 따라 다른 반응을 초래할 수 있다. 샤(Shah, 2001)에 따르면 미디어가 어떤 가치판단과 관련된 프레임을 제공할 경우, 그 프레임은 개인의 의사결정에 직접적인 영향을 미치는 것이 아니라 그 이슈에 대한 수용자의 뉴스 해석에 영향을 미친다는 것이다(배규한 외, 2004).

2부

과학, 사회와 커뮤니케이션하다

제1장

과학기술의 소통
왜 필요할까?

1. 과학기술에 대한 이해의 필요성

현대사회는 과학기술의 시대라고 해도 과언이 아니다. 특히 20세기에 들어와 이루어진 과학기술의 엄청난 성공은 과거에 우리가 상상하지도 못했던 일들을 가능하게 하고 있다. 그리고 오늘날 우리 현대인들의 삶은 과학기술이라는 자석의 N극과 S극에서 나오는 강력한 자장(磁場) 안에서 한순간도 벗어나지 못한다. 앞으로도 강력한 자장을 가진 과학기술은 인류를 블랙홀과 같이 자신의 영역으로 더욱 깊숙하게 빨아들일 것이다. 과학기술의 강력함을 깨닫게 되는 요즘이다.

자원빈국인 우리의 모습은 어떠한가. 아마도 과학기술의 발전이 우리의 국운을 좌우할 정도로 한국이라는 나라는 과학기술 발전에 많은 투자를 하고 있지 않나 생각된다. 특히 디지털기술을 위시한 첨단기술들의 개발은 미국과 일본 주도의 전자제품 시장의 양강 구도를 깨고 새로운 디지털강국으로서의 위상을 높여가고 있다. 삼성,

LG전자와 같은 유수의 글로벌 기업들이 성장하고 있고, 한국의 디지털관련 기술들이 독일, 일본, 미국과 같은 기술 강국으로도 선(先)수출되고 있다. 나노기술의 강국, 생명공학의 신흥강국이라는 이름표도 이제는 어색하지 않은 상황이다. 이렇듯 현대인들은 과학과 기술이 중심이 되는 사회에 살고 있다. 어느 누구도 과학과 기술의 영향에서 벗어나서 쉽게 살아가기는 어려운 상황이다. 그럼에도 불구하고 현대 과학과 첨단 기술에 대한 우리의 인식은 지극히 이중적이다. 한편으로는 첨단 기술의 경제적 효용성과 필요성을 절감하면서도, 다른 한편으로는 현대 과학과 첨단 기술에 대해 극도로 부정적인 인식을 가지고 있다. 현대의 과학과 기술이 청정한 자연을 복구 불가능할 정도로 파괴시키고 우리의 인간성을 황폐화시키고 있다는 불만도 적지 않다. 그런 문제가 현대 과학과 첨단 기술에 내재된 근원적인 것이어서, 과학이 근본적으로 달라져야 한다는 주장도 있다. 매우 아이러니한 인식이 아닐 수 없다. 사회적 지식으로서 과학지식을 연구하는 학문인 과학기술사회학(sociology of science and technology)을 집중적으로 연구한 저명한 프랑스의 학자 브루노 라투어(Bruno Latour)는 '과학은 두 얼굴을 가진 야누스'라고 논의한 바 있다. 이는 곧 과학이라는 것은 혜택과 함께 위험도 가져다주는 도구이며, 절대 진리가 아닌 사회 내 합의를 통해 발전해 가는 상대적 진리라는 것이다.

한편, 현대인들이 갖는 과학과 기술에 대한 대중의 이중적인 태도로 인해서 사회 내의 심각한 갈등과 분열이 생겨나고 있다. 특히, 현대과학과 첨단기술이 초래하는 위험에 대한 논쟁들이 지속되어 왔다. 예컨대, 황우석 박사의 배아복제 관련 논쟁, 방사성 폐기물 처리장 논쟁, GMO의 안전성 논쟁, 광우병 사태, 멜라민 사태, 석면 파동 등 우리 사회를 떠들썩하게 한 다양한 과학기술 논쟁들이 대표적인 사례들이다.

최근 한국 사회에서는 2011년 초 발생한 일본 후쿠시마 원전사고로 인해 원자력 기술의 유용성과 위험성에 대한 논쟁이 더욱 거세지고 있는 상황이다. 원전사고 이전에는 2009년 12월 아랍에미리트(UAE)가 발주한 400억 달러(약 47조 원) 규모의 원자력발전 건설 프로젝트 수주의 성공으로 원자력 발전에 대한 긍정적인 인식이 대단히 높았다. 건국 이래 최대의 수주요, 한국경제의 미래로까지 일컬어지는 이 계약은 이후 원자력 정책에 대한 강력한 지지로도 이어졌다. 이후 2011년 초 후쿠시마 원전사고 이후인 2011년 12월 말에 수행된 과학기술정책연구원(Stepi)의 원자력에 대한 대중과 전문가 인식 결과는 물론 안전성에 대한 인식이 높은 편이지만 불안전성에 대한 인식도 상당부분 드러난 것으로 나타났다. 과학기술에 대한 대중의 이중적인 태도를 잘 드러낸 사례라고 하겠다.

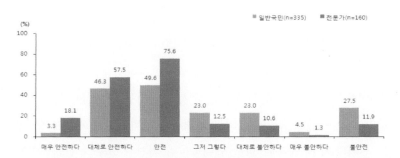

※ 과학기술정책연구원(2011. 12). 『후쿠시마 원전사고 이후 원자력 발전을 둘러싼 주요 쟁점 및 향후 정책 방향』中.

▶ 원자력 안전에 대한 인식응답

그동안 원자력기술 등 다양한 사례들을 통해서도 우리가 경험한 바 있지만, 과학기술은 사회의 성장 동력으로서의 매우 중요한 역할론과 동시에 심각한 분열과 갈등 요인으로서도 작용하고 있다. 이는 부인할 수 없는 사실이다. 특히, 과학기술이 추동하는 문제점은 정책입안자들의 단순한 정치적 합의에 의해 해결될 수 없다. 현대사회에서 과학기술이 산출할 수 있는 문제점과 위험들은 합의의 대상이 아니라 신뢰를 통해서 과학자와 대중이 함께 풀어 나가야 할 문제이다.

그러나 문제점은 사회의 다수 구성원인 시민들이 이러한 과학기술이 노정할 수 있는 문제점들에 대해서 의사결정을 내릴 기회를 갖지 못했다는 점이다. 현재와 같은 모습의 과학기술의 발전의 모습에 대해서 정부, 기업, 과학 기술 부문의 엘리트 집단과 전문가들만이 의사결정에 참여하고 선택할 기회를 부여받았다. 시민 혹은 대중은 단지 이들이 결정한 정책의 홍보 대상이거나 수동적인 소비자로서의 역할을 해왔을 뿐이다. 이러한 인식을 갖게 된 이유는 물론 다양한 이유가 있지만 대중들이 중요한 역할을 여전히 과학기술을 완벽하게 이해할 수 없는 블랙박스로 인식하고 있는 것도 일정부분 영향을 미쳤다. 하지만 그렇다고 해서 과학자들도 100% 완벽하게 이해할 수 있는 과학은 없다. 과학자들도 대중에 대한 무지와 연구대상에 대한 무지의 부분을 일견 지니고 있을 수 있다. 따라서 서로 간의 '무지'를 이해하면서 솔직하고 진솔한 의사소통(커뮤니케이션)이 필요한 상황이다. 이러한 측면에서 최근 현대사회의 과학관련 커뮤니케이션은 신뢰의 부재 문제와 더불어 대중들의 의견과 요구가 반영되어야 한다는 양방향성과 능동적인 정보획득과 의견개진을 의미하는 참여(public participation)의 측면에서도 문제점이 표출되고 있음이다.

이제 과학에 대한 지식과 정보 그리고 과학정책에 대한 최종결정은 과학자와 정책입론자만의 전유물이 아니다. 그러기 위해서는 과학자들의 인식 전환이 필요하다. 아인슈타인의 어록 중 "당신이 알고 있는 것을 할머니가 이해할 수 있도록 설명하지 못한다면 당신은 그것을 진정으로 이해하고 있는 것이 아니다"는 과학계와 대중과의 커뮤니케이션의 필요성을 다시금 깨닫게 해주는 명구가 아닐까 싶다.

2. 과학커뮤니케이션의 의미와 특성

1) 과학커뮤니케이션의 정의와 분류

현대에 와서 과학을 사회라는 시스템 속에서 관찰하고 연구하려는 노력들이 지속되고 있다. 이의 연장선상으로 과학커뮤니케이션 (science communication)에 대한 논의들도 매우 활발해지고 있다. 흔히 과학커뮤니케이션은 '과학을 매개로 하는 소통'이라고 할 수 있는바, 이를 더욱 구체화하면 'TV, 라디오, 신문 등 매스미디어와 인터넷 매체 등을 통해 과학관련 지식과 정보를 일반인들에게 효과적으로 전달하고 이슈화하는 기술, 방법, 그리고 그 효과를 연구 및 교육하는 과정'을 총칭한다고 하겠다. 여기서 과학커뮤니케이션의 채널은 앞서 이야기한 TV와 신문 등 전통적인 매스미디어, 인터넷 매체(포털사이트, 과학기관의 홈페이지, 블로그, SNS 등)뿐만 아니라, 대중강연, 박물관 등 전시시설, 과학자들과의 직접 만남 등도 모두 포함될 수 있다.

앞서 매체에 대한 이야기가 있지만, 꼭 이러한 채널들이 공식적인 성격(인터뷰나 공청회 등)을 지니는 것만 과학커뮤니케이션의 범주에 포함시킬 필요는 없다. 예컨대, 젊은 공학도가 권위 있는 학자에게 질문을 던진 이메일을 발송하여 답장을 받는다든지, 아니면 수업시간에 학생들이 질문한 내용에 대해서 과학담당 교수가 응답을 해준다든지 등의 일상생활 속에서의 비공식적인 채널 속에서도 과학커뮤니케이션이 이루어질 수 있다. 따라서 채널의 공식성과 비공식성을 포함하여 다시 과학커뮤니케이션을 다시 정의하면 '공식적 혹은 비공식적인 다양한 채널들을 활용하여 과학과 사회, 과학자와 일반 시민을 연결하고 소통하려는 의도와 기획 및 실천적인 과정과 그 결과'까지를 의미하게 되는 것이다. 중요한 것은 이들 개념들 속에서 모두 '소통'이라는 커뮤니케이션의 의미가 들어 있다는 것이다.

▶ 우리 일상 속의 다양한 과학커뮤니케이션 활동들

한편, 이러한 과학커뮤니케이션을 세부적으로 분류할 수 이는데 이덕환(2011)은 소통의 주체와 상대에 따라서 세 가지로 분류하고 있다. 첫째는 과학기술계의 전문적인 과학커뮤니케이션, 즉 과학계 내부의 커뮤니케이션이고, 둘째는 과학기술계와 사회와의 커뮤니케이션, 셋째는 사회에서의 과학커뮤니케이션이다. 이들의 특성과 유형을 살펴보면 다음과 같다.

우선, 과학기술계 내부의 소통으로서의 과학커뮤니케이션이다.

과학자라는 개념조차 분명치 않았던 과거에는 과학의 산물이 개인의 경험과 통찰력에 의존하였기 때문에 굳이 동료와의 소통도 필요 없었다. 즉 자신만이 알고 있는 비법을 일부에게만 전달해도 충분했던 것이다. 과학이라기보다는 주술 내지 비법 정도로만 과학지식의 산물이 취급되었던 것이다. 그러나 소위 현대과학이라는 개념이 나타난 17세기에서는 사정이 다소 달라졌다. 과학자가 산출해 낸 과학적 탐구의 결과는 개방되어 부단한 비판과 검증을 거쳐야 하게 된 것이다. 이러한 철저한 검증 속에서만 진정한 과학지식으로 인정(과학자 사회 속에서의 소통 중요)받게 된 것이다. 이론적 주장을 확실하게 제기하고 정정당당하게 경험적 심판을 받는 태도가 바로 과학이라는 패러다임이 일반화된 것이다.

과학기술계 내부에서의 소통은 크게 세 가지 방법으로 이루어지고 있다. 우선, 전문 학술 논문과 학술서를 통한 소통이다. 연구저작에 대한 윤리적인 잣대가 매우 중요하게 취급되는 바, 전문적인 학술지에 게재되는 학술 논문의 게재 여부를 평가하기 위한 '권위자 평가' 또는 '동료평가(peer review)' 제도에 대한 세계적 기준(global standard)도 마련되어 있다. 20세기 들어 학술 논문의 양이 크게 늘어나면서 초록(abstract), 검색(search), 인용, 색인(citation indexing)에 필요한 새로운 기술도 빠르게 발전하고 있다.

두 번째 소통의 양식은 전문가들이 참여하는 학술회의다. 학술논문과 달리 학술회의에 대한 세계적인 윤리 기준이 확실하게 마련되어 있는 것은 아니지만 전통적으로 확립된 글로벌 스탠더드는 존재한다고 볼 수 있다.

세 번째 소통의 양식은 바로 교육이다. 대학(혹은 대학원)이라는 대체로 정형화된 사회적 구조 속에서 학문 후속 세대 양성을 목표로 이루어지는 경우가 대부분이다. 세계화의 특성이 매우 강한 현대 과학기술에서는 전 세계의 거의 모든 대학이 대체로 공통된 교육과정을 통해 학문 후속 세대를 양성하고 있으며, 그런 과정에서 사용되는 소통의 내용과 방법도 대체로 공유하고 있다고 볼 수 있다.

과학기술계 내부에서의 소통은 무엇보다도 첨단과학 지식과 정보를 내부적으로 정제하고 이를 엄밀화하여 사회 혹은 대중에게 확산시키는 준비의 과정이라고 볼 수 있다. 따라서 이상적인 과학기술계의 소통은 일체의 정치적, 종교적, 사상적 영향력에서 자유로워야 하며, 순수한 과학의 가치가 중심이 되어야 한다. 하지만 현대과학이 빠른 속도로 발전한 19세기 그리고 20세기에는 외부의 영향 때문에 과학의 순수한 가치가 훼손되고 과학기술계의 소통도 왜곡된 경우가 있었다. 그 대표적인 사례가 바로 히틀러와 스탈린 시대의 '우생학'에 대한 논쟁이다. 물론 그 이전부터 관련된 논의가 지속되었지만 19세기 후반부터 유럽에서 확산되기 시작한 우생학(優生學·Eugenics)은 상대적으로 미약한 내적 논리에 기반하고 있었고, 이는 우생학이 이데올로기와 밀접한 연관을 갖는 이유가 되었다. 영국의 프란시스 골턴(Francis Galton)에 의해 구체화된 이 개념은 초기에는 우수 또는 건전한 소질을 가진 인구의 증가를 꾀하고 열악한 유전소질을 가진 인구의 증가를 방지하는 것이 목적이었다. 그는 '천재는 환경보다 유전이 만든다'라고 주장했으며, 20세기 초 다수의 엘리트들이 이에 대해 동조했다. 경제학자인 메이너즈 케인즈(Maynard Keynes),

『우주전쟁』의 작가인 허버트 조지 웰스(Herbert George Wells) 등이 대표적인 인물들이다. 이러한 골턴의 우생학은 과학적 담론의 경계를 넘어 구체적인 사회적 실천으로 이어졌고, 이는 서구 사회에 지우기 힘든 흔적을 남겼다. 그 대표적인 것이 앞서 이야기한 히틀러와 스탈린 시대의 인종청소와 대학살사건이다. 제2차 세계대전 이후로 우생학은 추악함의 단어로써 각국에서 논의가 소멸되거나, 거의 종적을 감추었고, 소위 '사이비 과학'의 잔재로까지 여겨지고 있다.

More information

"유전 장애를 겪는 이 사람은 생애 동안 **60,000 reichsmark**의 손실을 입힌다. 독일인들이여 그것은 또한 당신의 돈이다"

▶ 독일 T-4 안락사 프로그램의 선전 문구

우생학의 추악한 단면, 독일 나치의 인종위생 (Rassenhygiene)

19세기 말 독일의 급격한 산업화과정에서 파생된 우생학은 초기에는 생물학에 엄밀한 지적 기반을 두었고 인종적, 정치적 색깔은 두드러지지 않았다. 그러나 1933년에 나치의 집권 이후 인종위생운동은 흑인, 유태인, 동부 유럽인들을 인종적으로 구분하고 열등시하는 정치적 운동으로 급속히 변질되게 된다. 히틀러는 특히 선택적 영아살해 정책을 통해 강인한 전사들을 길러낸 고대 그리스의 국가인 스파르타를 찬미했는데, 이러한 논의를 나치 정부에 투영시키려고 하였다. 본격적인 안락사 프로그램은 소위 'T-4'프로그램이라고 불리며, 1930년대 말 신체 및 정신장애를 지니고 태어난 아동학살로 시작되었다. 초기에는 3살 미만의 아동을 대상으로 하였으나 1941년 17살, 그리고 1943년에는 유태인을 비롯한 이른바 바람직하지 않은 인종의 건강한 아동까지 포함시켰다. 독일 내의 불구아동을 대상으로 시작한 안락사 프로그램은 이렇게 그 대상 연령과 종족이 계속 확대되어 결국 타 종족의 건강한 성인을 대상으로 한 집단학살 프로그램으로까지 치닫게 되었다. 제2차 세계대전 당시 나치의 홀로코스트에 의해서 수백만 명의 무고한 희생자들이 수용소의 가스실에서 비참한 죽음을 맞이하였다.

우생학 사례뿐만 아니라 우리가 경험했던 황우석 사태에서도 과학적 판단보다는 정치적인 영향력으로 인해서 과학기술계 내부의 소통이 본연의 영역을 벗어나서 무리하게 확대된 과정에서 발생한 것이라고 볼 수 있다.

한편, 다음 커뮤니케이션 유형은 바로 과학기술계와 사회와의 소통의 형태이다.

20세기 초반까지만 해도 과학기술은 전문가의 전유물로 여겨졌다. 막강한 영향력을 지닌 과학에 대한 지식과 정보를 함부로 알려줄 이유도 없었고, 이를 알려준다고 해도 일반대중이 이를 이해하거나 활용할 가능성은 매우 희박했다. 그러나 20세기 중반 이후 과학기술계와 일반 사회화의 소통이 강조되기 시작하였다. 무엇보다도 이렇게 소통의 중요성이 강조된 이유 중 하나는 바로 과학기술의 발전이 가져온 결과를 둘러싸고 사회적인 논쟁들이 벌어졌기 때문이다. 역사적인 사례를 들면, 오늘날과 같은 대중화된 형태는 아니었지만 18세기 이전에도 인체 해부와 같은 연구 방법이나 백신 접종과 같은 의료기술상의 혁신을 둘러싸고 사회적인 논쟁이 벌어진 바 있으며, 19세기 초 산업혁명기의 영국에서는 기계의 도입이 가져오는 실업 문제를 놓고 논쟁이 끊이지 않았다. 우리가 목도하는 바와 같이 과학기술이 거의 전 영역에 걸쳐서 광범위한 논쟁의 불씨를 던진 것은 아마도 1960년 중·후반을 기점으로 볼 수 있을 것이다. 1960년대의 서구는 격랑의 시기였고 특히 미국에서는 베트남전을 계기로 해서 기성 체제에 대한 불신과 비판적인 사회 인식의 물결이 사회 속에서 널리 확산되었다. 베트남전에서 드러난 과학기술의 군사적인 이용은 원자폭탄의 개발이 몰고 왔던 과학기술의 가치중립성 논쟁을 재연시키면서 대학 내에서 군사 연구에 대한 반발을 불러일으켰고, 이는 사회적인 책임을 중시하는 비판적(종종 급진적) 과학자집단을 형성시키는 데 기여했다. 또한 전후 호황기를 지배하던 과학기술에 대한 낙관적인 자세가 과학자들의 과도한 약속이 실현되지 않으면서 대중적인 환멸로 이어졌다는 사실 역시 중요한 화두로 떠올랐다.

특히 1960년대에 본격화된 환경문제에 대한 관심은 '과학은 과학자만의 전유물이 아니다'라는 주장에 더욱 힘을 얻게 만들어 주었다. 이러한 관심은 환경보호 운동의 선구자로 일컬어지는 어류 해양생물학자인 레이첼 카슨(Rachel Carson, 1907~1964)의 저서 <침묵의 봄>이 1962년 출간되면서 더욱 증폭되었다. 이 책은 DDT를 비롯한 살충제의 무분별한 남용과 그것이 생태계에 미치는 영향에 대한 경종을 울리는 책이다. 20세기에 들어와서 인류는 농산물의 생산 증대를 위해 병충해 방제에 힘을 기울였고, 이에 따라서 농업 분야에서 수많은 종류의 농약들이 사용되기 시작했다. DDT도 그러한 살충제 중의 하나였다. DDT는 1939년 스위스의 화학자 뮐러(Paul Hermann Müller)에 의해서 놀라운 살충 효과가 처음으로 확인되었다. 이 물질은 이미 1873년 오트마 자이들러(Othmar Zeidler)에 의해서 처음으로 발견되었지만, 당시에는 이 물질이 지니고 있는 생리학적인 작용에 대해서는 거의 알지 못했다. DDT는 1942년 초에 처음으로 시장에 나타났는데, 곧 그 이상적인 살충제로서의 가치가 널리 인정되었다. 당시는 전시 중이었고, 곤충이 많이 서식하는 열대지방에서는 많은 전쟁이 벌어졌기 때문에, 질병을 옮기는 곤충들을 박멸하는 데 DDT는 아주 효과적인 살충제로 여겨졌다. 더구나 DDT를 사용한 초기에는 인간에는 어떠한 피해도 없는 것으로 나타났다. DDT의 사용량이 증대하면서 이 화학 물질은 몇몇 동물의 체내에서 분해되지 않고 아주 위험한 수준까지 축적된다는 것이 밝혀졌고, 이에 관련된 수많은 논쟁이 벌어지게 되었던 것이다. 더구나 화학 살충제를 남용하게 되면서 곤충들은 화학 살충제에 대해서 점차로 강한 내성이 생기는 현상도 나타났다. 이러한 DDT의 심각한 위험성을 처음으로 제기한 것이 바로 레이첼 카슨(Rachel Louise Carson)이었다. 카슨의 책은 대중들로부터 유례가 없는 커다란 반향을 일으켰고, 이에 따라 오늘날 미국에서 환경 운동으로 알려진 일련의 움직임이 시작되는 기폭제 역할을 했다. 또한 앞서도 논의했듯이 과학에 대한 사회적 관심을 이끌고 대중과의 소통의 중요성을 이끈 중요한 동인이 되기도 하였다.

※ 레이첼 카슨의 저서 『침묵의 봄』(좌측), 1960년대 당시 DDT를 홍보하는 광고(우측)

▶ 환경 등 대중의 과학에 대한 관심에 기폭제가 된 레이첼 카슨의 저서 『침묵의 봄』

More information

환경운동의 선구자가 된 여류생물학자
'레이첼 카슨(Rachel Louise Carson)'

1907년 펜실베이니아 주 스프링데일에서 태어난 레이첼 카슨은 유년기에는 작가가 되고 싶어 했다. 하지만 펜실베이니아 여자대학(오늘날의 채텀대학)에서 공부하던 중 전공을 문학에서 생물학으로 바꾸었다. 이는 매우 드문 경우로서 그녀의 다재다능함을 보여주는 사례이다. 한때 대학 강단에 서기도 했지만 글을 쓰는 데 전력하기 위해 이 일을 그만두었다. 시적인 산문과 정확한 과학적 지식이 독특하게 결합된 글을 쓰는 그녀는 1951년 『우리 주변의 바다』를 발표하면서 세계적으로 그 문학적 성과를 인정받았다. 그녀의 역작인 『침묵의 봄(Silent Spring)』은 1962년 발간되어 미국은 물론 세계적으로 큰 반향을 일으켰다. 이 책으로 인하여 1963년 미국의 케네디 대통령은 환경문제를 다룬 자문위원회를 구성하게 되었고, 1969년 미국의회는 DDT가 암을 유발할 수도 있다는 증거를 발표하였고, 1972년 미국 EPA(미 환경부)는 DDT의 사용을 금지하게 되었다.

　　과학기술계와 사회와의 소통을 논의할 때 무엇보다도 대중의 과학기술에 대한 이해의 정도를 빼놓을 수 없다. 1980년대 말부터 서구, 특히 영국을 중심으로 '대중의 과학이해(Public Understanding of Science, 줄여서 PUS)'라는 학문분야 내지 개념이 꾸준하게 제기되어 왔다. 이러한 PUS분야의 성립에 결정적인 계기가 된 것은 영국왕립학회(Royal Society)에서 1985년 발표한 보고서이다. 여기서 과학의 대중이해를 증진시켜야 하는 이유로 다음의 여섯 가지를 꼽고 있다.

　　첫째는 과학기술인력을 효과적으로 확보하는 데 있다. 튼튼한 경제는 과학기술에 기반한 제조업에 달려 있으며, 과학기술의 성공적인 활용은 적절히 숙련된 과학기술인력에 의존한다는 것이다. 둘째는 과학기술에 대한 지지를 강화하는 데 있다. 과학기술에 대한 무관심이나 반감은 국가의 경쟁력을 약화시킬 수도 있다. 셋째는 사회적 이슈에 대한 의사결정을 원활히 하는 데 있다. 많은 사회적 이슈가 과학기술적 요소를 포함하고 있으므로 대중에게 이와 관련된 지식과 정보를 제공할 필요가 있다는 것이다. 넷째는 일상생활에서 과학적 소양을 활용하는 데 있다. 과학기술이 일상생활에 매우 다양한 방식으로 영향을 미치고 있으므로 개인적인 삶에서 과학기술에 대한 이해가 필수적이라는 것이다. 다섯째는 과학기술의 부작용에 적절히 대처하는 데 있다. 오늘날 과학기술이 가진 불확실성과 위험성에 대한 이해는 공공정책이나 일상적 판단에서 매우 중요하다는 것이다. 여섯째는 과학기술을 문화로 향유하는 데 있다. 과학기술은 인간의 풍부한 탐구와 발견의 장이 되므로 그 자체가 향유해야 할 중요한 문화라는 것이다.

1985년 영국왕립학회의 보고서 출간 이전에 과학에 대한 대중의 인식 내지 수용에 대한 의미는 '과학 대중화(popularization)' 그리고 '결핍모형(deficit model)'에 초점이 맞추어져 있었다. 즉 과학대중화라는 것에는 과학이 단일하고 보편적이면서도 자명한 것이고 대중에게는 과학이 결핍되어 있으며, 대중이 과학을 알면 더욱 합리적으로 행동할 것이라는 것을 전제로 삼고 있다. 그것은 과학전문가가 무지한 대중을 계몽하여 과학을 이해시킨다는 일방적이며 엘리트주의적인 인식을 깔고 있다. 과학대중화 모형에 대한 옹호론자들은 과학지식과 과학적 방법의 폭넓은 보급, 즉 '대중화'를 통해서 사회 속에 존재하는 불합리한 요소가 사라질 것이고, 또한 과학에 대한 불필요한 오해가 없어질 것이라고 믿었다. 예컨대 핵발전소나 생명공학을 둘러싸고 벌어지는 사회적인 논쟁들은 그 문제들이 정말 심각한 것이어서라기보다는 일반인들이 과학적인 사실에 무지해서 빚어진 것이므로 과학의 대중화를 이룩하면 그러한 문제점들이 자연스럽게 사라질 것이라고 생각했다.

하지만 이후 '대중화'라는 것이 지식의 생산자(과학기술자, 언론인 등)와 취득자(일반대중)를 지나치게 이분화하여 다양한 계층과 층위의 행위자들이 존재함을 부정하고 단순하게 대중을 계몽하고 가르쳐야 할 대상으로 취급했다는 비판을 받게 되었다. 이러한 논의에 대한 반성으로써 '대중의 과학이해(PUS)'와 '맥락모형(context model)'이 새로운 대중과 과학기술에 대한 소통의 개념으로써 제기되었다. PUS는 대중은 획일화된 집단이 아니라 이질화된 집단으로써 과학을 매우 다양한 방식으로 이해하며, 과학은 단순한 결과물이 아니라 사회적인 맥락 속에서 이해해야 한다는 점, 그리고 대중이 과학을 단순하게 수용하는 것이 아니라 과학, 대중, 이해의 각 측면을 대중이 처한 상황과 대중의 능동성을 바탕으로 "대중이 무엇을 알고 싶어 하는가"에 일차적인 관심을 두고 있다는 것이다. 일방향적인 과학 만능적 사고방식에서 과학기술에 대해서 대중과 함께 고민하며 긍정적 결론을 내기 위한 양방향적인 소통으로 진화하게 된 것이다.

▶ 과학대중화 vs. 대중의 과학이해(PUS)

구분	과학대중화	대중의 과학이해
대중의 성격	· 단일한 집단으로서의 대중 · 대중의 인지적 결핍에 주목	· 이질적 집단으로서의 대중 · 대중은 특정한 지식을 보유
과학의 성격	· 과학의 보편성을 강조 · 공식적 지식으로서의 과학	· 사회적 과정으로서의 과학 · 암묵지, 민간지, 무지를 재평가
대중과 과학의 관계	· 과학의 일방향적 전달을 강조 · 과학자가 대중을 계몽	· 대중과 과학의 상호작용을 강조 · 대중이 과학을 재구성

※ 출처: 송성수 외(2004). 『과학기술문화의 진화와 특성에 관한 국제비교: 시스템적 접근』.

마지막 과학커뮤니케이션의 유형은 바로 사회 내부에서의 커뮤니케이션이다.

대중들이 최근 과학에 대해서 관심을 갖고 있으며, 준 전문자급의 식견을 지니고 있다고 해도 여전히 과학기술은 대중들에게 이해하기 어려운 대상이다. 그러나 꼭 전문가들과의 소통이 아니더라도 우리 삶 속에서 과학기술을 매개로 한 부단한 커뮤니케이션이 일어나고 있다. 우리 삶 속의 편리한 과학기술, 새로운 기술이 사회와 개인에게 미치는 영향력, 개인의 건강 및 안전한 삶과 관련된 대부분의 문제들이 과학과 기술에 대한 이해를 기반으로 非전문가인 개인들 사이에서도 다양한 층위에서의 소통이 발생하고 있다. 물론 이러한 지식과 정보는 개인의 경험과 전문가의 식견에 의거할 경우에는 정확할 수도 있지만, 만일 부정확한 지식과 정보를 기반으로 한다면 사회를 혼란스럽게 하고, 부작용을 낳을 수도 있다.

이러한 상황에서 신비주의와 진실을 일부 첨가하지만 대부분이 근거 없는 속설을 앞세운 소위 '유사과학(pseudo-science)'이 사회적인 문제점으로 제기될 수 있다. 아무 근거 없는 논의가 아니라, 일부의 진실이 담겨 있을 경우 사람들을 현혹하기는 더욱 쉽다. 독일의 선동가이자 히틀러의 참모였던 요제프 괴벨스는 "100%의 거짓말보다는 99%의 거짓말과 1%의 진실의 배합이 더욱 나은 효과를 보여준다"고 이야기한 바 있는데, 유사과학 또한 터무니없는 거짓말보다는 신빙성 있어 보이는 과학의 언어를 빌려 이야기하기 때문에 대부분이 그럴듯하게 들리게 된다.

쉽게 접할 수 있는 유사과학의 사례로서는 두개골의 구조를 파악하면서 인간이 지닌 성격, 정신 능력을 측정할 수 있다고 여기는 '골상학',

그리고 우리가 일상생활 속에서 가장 많이 접하는 A, B, O, AB형별로 성격과 특징이 다르다는 소위 '혈액형 유형학', 인체가 갖고 있는 신체와 감정과 지성이 일정기간 동안 리듬을 타고 변화한다는 '바이오리듬' 등이 대표적이다. 이들 유사과학들은 대부분 중요한 근거와 핵심 이론이 부재한 것이 공통점이다. 관련된 논문과 관련 학자들도 거의 찾을 수 없다. 하지만 무엇보다도 중요한 것은 이러한 유사과학이 오롯이 부정적 역할만 하는 것이 아니라는 것이다. 유사과학의 거짓을 증명해내는 과정 중에서 새로운 과학적 사실과 정보도 발견해낼 수 있는 것이다. 예컨대, 골상학의 진위 여부를 가려내는 노력 속에서 신경학이라는 새로운 과학 분야를 개척해 낼 수 있었다.

▶ 유사과학에 대한 대표적 사례: 혈액형별 공부 방법

혈액형	스타일	하루 중 공부하기 좋은 때	공부할 때 중점사항	공부방법
A	신중하고 책임감이 강하며 성실함.	오전 10시~ 오후 4시	실현 가능한 계획을 세워야	시각 학습법
B	형식에 구애받지 않는 감각파	새벽 또는 오후 3~10시	제일 싫은 과목부터	라이벌 학습법
O	신념이 강하고 이상이 큰 사람	오후 9시~ 오전 2시	공부 내용을 현실 생활에서 응용	응원 학습법
AB	주관을 갖고 정한 길을 가는 사람	자투리 시간 활용	잠자는 시간은 후하게	왁자지껄 학습법

※ 서울강남교육청 예비 중학생용 학습 안내서 中(논란에 의해 회수조치).

2) 과학커뮤니케이션의 지향점과 목표

현대사회에서 과학기술의 성과는 단순하게 과학자 각각의 개별적 연구 성과의 산술합으로만 이루어지는 것이 아니다. 특정 과학자 집단 내의 동료 간, 또는 상이한 전문분야 집단 간, 그리고 과학자 집단과 사회 그리고 대중 간의 신뢰를 기반으로 한 소통이 실질적으로 과학 연구의 주제를 창출하고 연구 활동에 추진력과 역동성을 부여하는 근거가 되고 있다. 바로 이러한 역할을 하는 것이 과학커뮤니케이션이라고 할 수 있다. 이러한 과학커뮤니케이션이 지향해야 할 지향점과 목표를 살펴보면 다음과 같다.

(1) 과학기술에 대한 대중의 이해 및 정책참여 제고

21세기의 지식기반사회가 되면서 과학기술의 중요성은 일부 전문가 집단에서부터 사회의 일반대중들에게 폭넓게 확산되었다. 이제 과학기술은 일부 전문가의 전유물이 아니라 일반대중의 주변에서 언제든지 발견하고 과학기술과 함께 생활하는 그야말로 과학기술의 일상화의 시대가 전개되고 있다. 여기에서 과학기술의 긍정적인 효과도 폭넓게 확산되고 있지만 과학기술의 환경, 사회, 삶의 질 등에 대해 미치는 부정적인 효과도 일반대중에게 충분하게 인식되기 시작하였다. 이제 일반인들도 과학기술이 사회에 미치는 긍정적, 부정적인 영향에 대하여 심각하게 고민하는 단계가 되었다.

과거의 과학은 매우 권위적이고 지배 계급의 전유물로 여겨졌다. 굳이 일반인들에게 과학적 지식과 정보를 알려줄 필요도 없었고, 그럴 필요성도 느끼지 못하였다. 이러한 전통은 원시사회, 중세사회,

그리고 근대사회를 거치면서 끊임없이 이어져 온 모습이었다. 하지만 현대사회에 접어들면서 과학지식은 이제 단순히 과학자나 소수 지배자의 전유물이 아니고 온 국민이 함께 나누어야 할 공동자산으로서의 가치가 더욱더 강해지고 있음이다. 과학지식을 독점하고 있던 과학자들의 인식변화와 대중의 인식변화가 맞물린 결과이다. 이러한 과학의 대중화라는 패러다임 변화에 직접 혹은 간접적인 형태의 다양한 과학 커뮤니케이션이 기여했다는 것은 의심할 여지가 없는 사실이다.

대중의 과학에 대한 관심과 이해는 과학자 집단(혹은 미디어를 매개로 하거나)과의 충분한 커뮤니케이션 과정을 통해서 충분히 높아질 수 있음이 다양한 연구결과를 통해서 입증되고 있다. 최근에는 특히 대중들의 미디어 사용 접점(전통적 매스미디어뿐만 아니라 인터넷과 모바일 매체를 포함)이 넓어짐으로써 과학커뮤니케이션이 과거에 비해서 더욱 활성화되고 있다는 평가이다. 실제로 과학창의재단이 2011년 발표한『2010년 과학기술에 대한 국민 이해도 조사 결과 보고서』에 따르면 지난 10년간 과학기술 분야에 대한 우리 국민의 관심은 전반적으로 상승세를 보이는 것으로 나타났다. 특히 2000년 37점 내외의 관심도가 2010년에는 50점 내외로 10년 사이에 13점가량 상승한 수치를 보였다. 또한 성인의 과학에 대한 이해도도 소폭 상승한 것으로 나타났다. 이에 반해 청소년의 과학에 대한 이해도는 상대적으로 더욱 높아진 것으로 나타났다. 물론 그 상관관계를 완전하게 단언할 수 없지만, 그동안 정부의 과학커뮤니케이션 증진을 위한 노력과 미디어매체를 통한 대중의 과학정보와 지식에 대한 접촉이 상당부분 과학에 대한 관심도와 이해도의 증가를 결과했다고 판단할 수 있겠다.

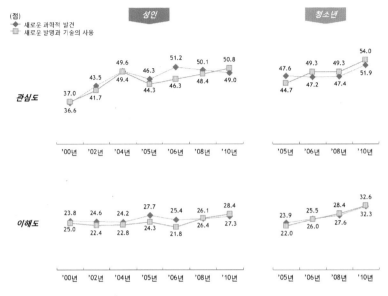

(점)
◆ 새로운 과학적 발견
□ 새로운 발명과 기술의 사용

성인 / 청소년

관심도

이해도

'00년 '02년 '04년 '05년 '06년 '08년 '10년   '05년 '06년 '08년 '10년

※ 출처: 과학창의재단(2011). 『2010년 과학기술에 대한 국민 이해도 조사 결과보고서』.

▶ 과학에 대한 국민의 관심도와 이해도 조사결과

　또한 과학기술이 전문가들의 독점적 소유물이 아니라는, 그리고 대중이 과학기술을 이해하여 그것의 형성과 선택, 그리고 정책결정 과정에 참여할 수 있다는 인식은 이를 실현할 수 있는 다양한 참여 프로그램들을 낳았다. 예컨대, 합의회의, 시민배심원제, 참여설계, 시민조사위원회 등이 이러한 목적을 위해 기획된 프로그램들이었다. 김명식(2001)은 이들 프로그램은 조금씩 그 성격을 달리하지만 두 가지 공통된 측면을 지니고 있다고 평가하고 있다. 하나는 "전문가도 대표도 아닌 실제 보통 시민들이 직접 참여해야 한다"는 '참여민주주의'의 측면이며, 다른 측면은 "대중의 선호를 그냥 취합해 결정해야 한다는 선호취합적(preference aggregating) 민주주의에 대항하여 시민들의 성찰에 기초한 토론에 의해 중요한 정책결정을 해야 한다"는 '숙의민주주의(deliberative democracy)'의 측면이다. 이러한 일반대중의 직접적인 과학기술정책에 대한 참여의 활성화에는 대중의 과학지식과 과학적 사고방식의 고취가 자리하고 있으며, 과학자와 대중 그리고 대중 간의 활발한 과학커뮤니케이션이 이러한 변화를 뒷받침한 것이다.

(2) 과학자에 대한 오해와 불신의 해소

수많은 대중매체를 통해서 과학자와 대중 사이의 관계를 풍자적으로 그린 모습을 발견할 수 있다. 이런 대중매체들에서 과학자들은 종종 제정신이 아닌[최근까지 많은 영화들에서 '미친 과학자(mad scientist)'로 그려지고 있기도 하다] 동시에 지구상에서 유일하게 올바른 정신과 이성을 소유한 사람들로 미화되기도 한다. 또는 대중들로부터 구세주로 사랑을 받는 동시에 핵무기나 화학무기 등의 대량 학살무기를 발명한 장본인으로서 증오의 대상이 되기도 한다. 제2차 세계대전 직후의 과학과 과학자들은 대중들에게 높은 지위를 부여받아 누리고 있다고 볼 수 있다. 그러나 그로부터 시일이 지난 이후 산업공해, 각종 기술로 인한 위험의 발현, 군사용 핵 문제 등이 사회적인 이슈가 되면서 과학에 대한 대중들의 태도는 부정적인 측면도 나타나는 등 과학과 과학자에 대해서 이중적인 모습을 지니게 되었다.

이렇게 과학 그리고 과학자에 대한 대중의 부정적 인식의 증폭은 물론 소수이겠지만 현대사회의 모든 문제를 과학기술로 해결 가능하다는 과학만능주의에 빠진 소수의 오만한 과학자들이 빌미를 제공했다고 볼 수도 있다. 실제적으로 과학과 기술이 모든 사회문제를 해결하는 완벽한 수단이 될 것이라는 주장은 대단히 위험함에도 불구하고 이를 적극적으로 신봉하는 일부 과학자가 여전히 존재한다. 일부 과학자들의 이러한 과학 만능주의적 주장은 과학에 대한 사회적인 관심을 끌기 위한 청사진에 불과하다는 비판이 높다.

이러한 오해와 불신을 깨는 데 있어 상호 신뢰를 바탕으로 한 커뮤니케이션이 중요한 역할을 할 수 있다. 대중의 과학에 대한 일방적인 지식 설파나 정보 제공에 그치는 것이 아니라 과학자가 지닌 과학에 대한 사명감 그리고 과학기술이 지니는 의미를 허심탄회하게 그리고 분명하게 대중이 인식하게 하는 계기를 마련할 필요가 있다. 과학자들은 영웅 신화에 빠지거나, '상아탑 속의 과학자'라는 부정적인 인식을 깨뜨리도록 대중과의 커뮤니케이션을 부단히 지속할 필요가 있다. 이것이 바로 대중의 과학자에 대한 그리고 과학에 대한 오해와 불신을 해소할 수 있는 중요한 동인으로 작용할 것이다.

(3) 과학기술의 위험성에 대한 불신해소

현대 과학기술은 경제성장을 지향하는 특성이 지배적이라고 해도 과언이 아니다. 그러나 지속적인 경제성장 및 생산성의 증가는 단순하게 과학기술만으로는 이루어지지 않는다는 문제점이 있다. 무엇보다도 이와 같은 경제지향적인 과학기술, 특히 과학기술정책의 추진은 사회적인 측면과 환경적인 측면에서 대부분 상당한 위험을 수반하며, 이들 위험들은 많은 경우 이미 달성한 생산성 증가의 효용을 초월하는 경향도 많다. 그 결과 과학기술의 위험성에 대한 불안감과 불신이 대중들에게 지속적인 논쟁점으로 부상하고 있음이다.

주지하다시피 현대사회에서도 과학기술은 대단히 중요한 지위를 점하고 있다. 특히 20세기에 들어와서 이루어진 과학기술의 엄청난 성공은 과거에 상상조차 하지 못했던 많은 일들을 가능하게 해 주었다. 그러나 과학기술의 발전은 이와 더불어 과거에는 전혀 존재하지 않았던 수많은 정치적·경제적·사회적·윤리적·법적인 문제들도 함께 가져왔다. 정보통신기술이 갖는 양면적인 성격, 생명공학이 내포하고 있는 치명적인 위험과 반윤리, 환경오염의 심각성, 원자력발전이 가져오는 위험 등으로 빚어지는 공포와 갈등은 그중에서 두드러져 보이는 사례라고 하겠다. 한편, 과학기술의 불안정성을 저감하기 위해서는 사회가 감당할 수 있는 범위 내에서 투자(비용, 인력, 진보된 기술 등)가 필요하다.

아무런 투자 없이 안전성을 100% 보장할 수 있는 기술은 없다. '우주에는 공짜 점심이 없다'는 노벨 물리학상 수상자 스티븐 와인버그(Steven Weinberg)의 명언처럼 모든 일에는 일정부분의 대가가 따를 수밖에 없는 것이다. 과학기술이 지닌 위험은 분명히 일정부분의 투자를 통해서 많은 부분을 줄일 수 있다. 따라서 과학기술이 근원적으로 위험하다는 인식보다는 충분한 수준의 안전을 확보하기 위한 투자에 대한 사회적 인식을 제고하는 것이 필요할 것이다.

과학기술이 내포하는 위험을 과장하는 것도 위험하지만 이를 덮으려는 시도도 위험하다. 현대사회에서 과학이 지니는 사회적 의미를 상기할 때, 과학기술이 지니는 사회적 수요를 인식하고, 위험성을 줄여가기 위해서는 무엇보다도 사회, 그리고 대중과의 커뮤니케이션이 활발하게 이루어져야 할 것이다. 과학커뮤니케이션이 이러한 역할을 수행할 수 있는바, 과학커뮤니케이션의 영역을 '리스크'라는 주제로 좁힌다면 최근 많은 관심을 받고 있는 위험커뮤니케이션(risk communication)

의 역할론이 중요해지는 시점이다. 과학기술의 위험성에 대한 논의에는 위험사회와 위험커뮤니케이션에 대한 논의를 빼놓을 수 없기에 이에 대해서는 다음과 같이 간략하게 정리하고자 한다.

① 위험(Risk)의 정의 및 특성

우리는 과학기술의 혜택이 주는 행복함을 느끼고 있기도 하지만 이에 반해서 과학기술이 초래하는 위험에 대해 걱정과 두려움을 갖고 있기도 하다. 그럼, 우리가 이렇게 논의하고 있는 위험이라는 것은 무엇일까.

사전적 의미로 위험(危險)이라 함은 '위태함, 손실·위해가 생길 우려가 있음, 안전하지 못함' 등의 의미를 갖는다(이희승 편저, 1994). 위험이라는 용어를 구체적으로 이해하기 위해서는 위험과 유사한 의미를 지닌 용어들을 정리할 필요가 있는데 다음과 같다.

- 재난: 재앙의 곤란. 뜻밖의 변고로 받는 곤란. 불행한 일. 액난(厄難). 곤액(困厄), 화사(禍事), 화해(禍害)
- 재해: 재앙으로 인해 받은 피해
- 재앙: 천변지이(天變地異)로 말미암은 불행한 사고. 구앙(咎殃), 화앙(禍殃), 앙재(殃災)
- 사건: 일거리. 뜻밖에 일어난 일. 사고. 시행(試行)의 결과 일어나는 일
- 사고: 평시에 있지 아니하는 뜻밖의 사건

한편, 웹스터 사전(1966)에서 설명하는 위험(risk)은, '손실·상해·불이익 혹은 파괴의 가능성(possibility)'을 의미한다. 위험은 유사용어들과 구분되는 동시에 위해(hazard)와도 다른 개념으로 정의된다. 일

부 학자들은 위험과 위해를 동일한 개념으로 간주하기도 하고 홍수, 지진, 태풍과 같은 대규모 재해에 관심을 갖는 자연과학자들은 위해란 용어를 보다 선호하는 경향이 있다. 하지만 사회과학에서 위해는 위험의 결과로 이해된다. 즉 위험은 위해가 발생할 확률적 잠재성과 불확실성을 의미하는 용어로 정의된다. 위험에 대한 기존의 정의들에서는 위험이 이러한 불확실성을 바탕으로 한 확률과 위해(hazard) 가능성을 언급하고 있다는 것을 알 수 있다.

최근 위험에 관한 관심이 높아지고 상당한 연구가 진행됨에도 불구하고 위험이란 용어가 구체적으로 무엇을 의미하는가에 대한 명확한 조작적 정의는 아직 존재하지 않는다. 위험을 어떻게 파악할 수 있는지는 단지 개념적인 논란에 그치는 것이 아니라 위험의 인과관계나 위험통제의 대상에 대한 상이한 시각으로 이어진다는 점에서 중요한 의미를 갖는다. 여러 학자들의 위험에 대한 다양한 정의는 다음과 같다.

▶ 학자들의 위험(risk)에 대한 다양한 정의

학자명	위험에 대한 정의
호엔엠저와 동료들 (Hohenemser. et. al., 1986)	·위해 가능물질로부터 육체적, 정신적, 경제적, 환경적 해를 입을 가능성(probability of suffering harm)
美 국가연구위원회 (National Research Council, 1989)	·위해(hazard) 또는 바람직하지 않은 결과가 현실화될 수 있는 확률
싱어와 앤드레니 (Singer & Endreny, 1993)	·피해, 상처, 병, 혹은 사망에 이르게 할 수 있는 개연성
레이스와 초시울코 (Leiss & Chociolko, 1994)	·손실 가능성에 노출(the exposure of the chance to loss)되는 것
로만(Rohrmann, 1997)	·특정행위와 현상의 결과로서 손실을 동반할 수 있는 가능성
헬렌 조페조페(Joffe, 1999)	·그것이 가져올 손실의 크기에 따르는 부정적 결과의 확률
송해룡과 페터스(2001)	·불확실성이 존재하는 피해의 가능성
디에츠와 동료들 (Dietz. et. al., 2002)	·어떤 사건이나 악영향(adverse effect)이 일어날 확률이나 규모 등을 복합적으로 측정한 것

이렇듯 학자마다 유사한 부분도 있지만 대체로는 상이한 개념으로 위험을 규정짓고 있는 것을 확인할 수 있다. 앞서 기술된 위험에 대한 많은 정의들을 보면 위험을 위험의 발생 가능성과 결과에 초점을 맞추어 여기서 비롯되는 예상결과(expected value)를 위험의 단위로 보고자 하는 시도가 많았다. 하지만 위험은 복잡한 사회적인 의미와 함께 다차원적인 정의를 가진다고 보아야 마땅하다.

위험은 위험을 야기하는 원인에 초점을 맞추어 자연적, 기술적, 사회적 위험의 세 가지 범주로 구분할 수 있다. 자연적 위험은 인간이나 인위적인 기술과는 무관한 자연현상의 급변, 천재지변, 혹은 신의 행위로 말미암은 재앙(disasters)으로 이해된다. 기술적 위험은 건물이나 교량의 붕괴, 공장폭발, 오염 등 인공적 산물이나 기술시스템의 문제로 인한 사고들(accidents)로 간주된다. 마지막으로 사회적 위험은 사기, 절도, 방화, 폭력 등 순수하게 인간 행동만으로 인해 비롯되는 사건들(incidents)과 관련된다.

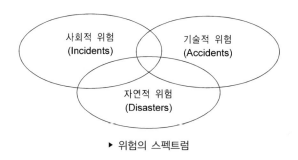

▶ 위험의 스펙트럼

그렇다면 인간은 왜 위험을 두려워하는가? 이는 바로 위험이 내포하고 있는 공포적인 요소 때문이다. 특히 다음과 같은 요소들이 인간으로 하여금 위험에 대해 걱정스러움을 갖도록 만들고 있다.

- 자발성(위험한 스포츠나 흡연 등)보다는 비자발성(환경오염에 대한 노출 등)
- 불균등한 분배(어떤 사람은 이익을 보고, 다른 사람들은 고통을 받을 수 있음)
- 개인으로서는 어쩔 수 없는 불가항력
- 잘 알지 못하거나 전혀 새로운 원천(source)으로부터의 발생
- 자연발생적이기보다는 인간에 의한 발생
- 잠복하여 치명적인 해를 야기. 예컨대, 노출 수년 후 질병 발발
- 어린아이나 임산부, 나아가 미래 세대에 특정 위험을 초래
- 특별한 질병을 만들어냄으로써 죽음의 공포 야기
- 익명의 희생자가 아닌 알고 있는 사람에 대한 위해
- 과학적으로 증명되기 어려운 경우 빈번
- 전문가들조차 의견일치를 보이지 못하는 불안정성

오늘날의 위험들은 본질적으로 기술-사회적 성격을 지닌다. 기술적 장치나 시스템의 실패만이 아니라 그런 기술의 사용을 규제하는 정치, 사회, 경제시스템의 실패로부터 발생하는 것이다. 위험은 실재하지만 동시에 사회문화적으로 구성된다. 위험의 실재성은 충격으로부터 온다. 즉 계속되는 산업적, 과학적 생산체제로부터 온다.

환경오염, 생태계파괴, 인간호르몬체계의 변동 등 과학기술 문명이 만들어 내는 위험의 종류는 무수하다. 그러나 동시에 위험에 대한 지식은 개별문화의 역사와 상징 그리고 사회적 지식의 그물망(grid)으로부터 나온다. 때문에 같은 위험에 대한 인지적 반응이 나라와 문화에 따라 매우 다르다.

② 기술진보와 위험사회의 도래

현대사회의 위험은 과학기술의 급속한 발전에 의해 태동되었다고
볼 수 있다. 이와 관련하여 독일의 사회학자 울리히 벡(Ulrich Beck,
1992)은 보다 근본적인 현대 위험사회 태동의 원인은 발달된 과학기
술 그 자체가 아니라 과학기술의 발전을 끊임없이 위험사회로 연결
시키는 의사결정 과정이라고 논의하고 있다. 시간적 흐름으로 보면
현대사회는 근대사회가 발전한 지금 현재 우리가 살고 있는 시대를
의미한다. 한편, 근대 산업사회가 가진 여러 모순들을 극복하지 못
해 위험사회로 이행되었다는 측면에서 본다면, 현대사회를 소위 위
험사회라고도 명명할 수 있을 것이다. 여기서 논의되는 위험사회
(Risk Society)는 산업사회가 가진 원리와 구조 자체가 이 세계의 파
멸적인 재앙의 사회적 근원으로 변화하며, 또 이를 인식하게 되는
사회를 의미한다. 벡은 위험사회를 기회와 위해가 동시에 존재하는
이중적이고 복합적인 사회라 규정한다. 산업화와 근대화가 과학기술
의 발전을 가져와 현대인들이 물질적 풍요를 누리고 있지만 새로운
위험을 동시에 몰고 왔다. 이러한 위험이 사회의 중심이 되는 사회
를 위험사회라고도 할 수 있다.

벡은 위험사회가 태동하게 된 과정을 3단계 사회 변동론으로 설
명하고 있다. 그에 따르면, 사회변동은 봉건사회로부터 19세기 산업
사회를 통해 20세기 말에는 위험사회의 단계를 거치는 것으로 이해
된다. 산업사회는 '좋은 것'을 더 많이 획득하는 것이 곧 미덕이라는
인식이 지배했다. 그런데 20세기 말에 형성되기 시작한 위험사회는
좋은 것뿐만 아니라 나쁜 것도 획득할 수밖에 없게 된다. 이에 따라
나쁜 것의 분배문제가 사회문제로 대두되는 것이다. 여기서 나쁜 것

에 해당하는 것이 위험이다. 실제로 벡은 "위험은 사회적 부메랑 효과를 보이면서 확산된다. 부자나 권력가들도 그로부터 안전하지 않다(=risk는 대단히 민주적이다)"는 말로 위험사회의 특징인 위험의 분배에 대해서 논의한 바 있다.

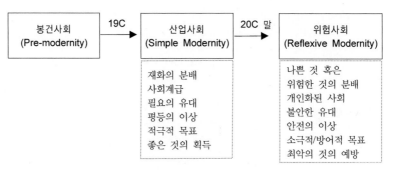

※ 출처: 정근모·이공래(2001). 『과학기술위험과 통제시스템』.

▶ 사회변동의 단계: 울리히 벡의 관점

다른 학자들도 현대사회의 위험에 대해 많은 주장을 펼치고 있지만, 기술진보로 인한 위험사회의 도래를 구체적으로 논의한 학자는 바로 울리히 벡이다. 벡은 저서 『위험사회』(Beck, 1986)에서 위험을 전통적인 안전관리연구로부터 떼어내어 현대사회의 기술적 위험과 연계된 사회정치적인 논의에 연결시킴으로써 현시대의 진단과 함께 사회이론의 구성에 도전했다. 그는 사회학자의 직감력에 의지하여 언뜻 보아 거의 관련이 없는 현상들의 발전경향으로부터 공통분모와 구조적인 요소를 찾아내어 연결시켰다. 신분적으로 각인된 사회환경과 계급문화적인 실천, 과학과 정치 간의 경계유지 대신에 상호침투하는 역사적으로 새로운 관계의 등장, 현대 첨단기술의 사회적

조건과 결과 등 이질적인 현상들을 모두 '위험사회'의 개념에 수렴시켰다. 과학기술이 추동하는 근대화는 급속한 경제성장을 가져다준 반면, 수많은 부작용을 초래했다. 이로 인한 위험은 무작위적이거나 우발적인 것이 아니며 고도로 구조화된 것이다. 그리고 그것은 근대화의 내재적 결함에 의한 것이다. 위험의 복합성에 따른 다양한 수준의 위험을 정리하면 다음과 같다.

▶ 위험의 복합성에 따른 유형분류

위험의 유형	세부내용
① 환경 및 생태계 문제	수질오염, 공기오염, 해양오염, 특히 수돗물 오염에 관한 문제. 동시에 국토개발과 원자력 발전에 관한 위험의 문제도 폭발력을 가짐.
② 정치·경제 문제	기업, 금융, 노동시장 등의 구조적 위험요소와 함께 대량실업으로 인한 총체적 위험에 직면. 사회 곳곳에 만연된 부패로 인해 정치는 물론 사회 모든 부문의 부실화 촉진
③ 사회·문화 문제	여성의 입장에서 증가하는 성폭력과 성희롱은 오래된 가부장주의 문화에 착근한 가공할 위험임. 사회적 신뢰의 붕괴는 우리 사회의 정신적 공황을 의미. 교육의 부실로 인해 교육이 위험을 생산해내는 측면도 간과할 수 없음.
④ 대규모 사고 문제	도시의 부실건축, 교통사고, 가스사고 등 빈발하는 대규모 안전사고는 위험사회의 극명한 예시임. 건강과 질병, 식품오염 등에 관한 대중의 불안도 증가일로에 있음.

한편, 현대사회의 위험분류에서도 확인한 바 있지만, 현대 우리가 직면하고 있는 위험들은 대부분 '과학-기술-경제'적인 요소가 복합적으로 혼합되어 현시되고 있다. 럽톤(Lupton, 1999)의 위험분류를 보더라도 ㉠ 환경위험(오염, 방사능 등), ㉡ 라이프스타일 위험(식품 소비, 성행위 등), ㉢ 의료 위험(약물치료, 수술 등), ㉣ 사회관계의 위험(결혼, 부모역할 등), ㉤ 경제적 위험(실업, 파산 등), ㉥ 범죄 위험(성폭력, 폭행 등)으로 구분될 수 있다. 이러한 현대사회의 위험들은 일반적으로 자연적 위해와 구별된다. 일반적으로 전(前)산업사회에서 사람에게 위협을 가하는 것은 주로 자연적인 위해였지만, 현대사회에서는 자연적 위해에 기술적 위험이 추가되었으며, 더욱 다양한 양상으로 증가하고 있음이다. 우리가 연례행사처럼 매년 겪고 있는 장마, 태풍, 홍수, 폭설처럼 자연적 위해도 우리의 안전을 위협하고 생명을 앗아가고 있다. 그렇지만 이러한 자연적 위해가 비교적 규칙적으로 그리고 예측 가능한 범위 내에서 발생함에 반해서 기술적 위험은 비예측적이며 우리의 경험을 역전시키면서 갑자기 등장하는 사례가 매우 빈번하다.

광우병은 '과학적' 육골분 목축이 낳은 부작용이었는데 아무도 예측하지 못한 방식으로 갑자기 등장하여 사회적인 공포를 낳았다. 미국에서는 원자로가 전혀 위험하지 않다는 예측이 나오자마자 스리마일 섬(TMI) 원자력 발전소 사고가 발생하였다. 이러한 복합적 특성을 지니는 현대 과학기술의 경우에는 위험이 발생할 경우 그 기술이 위험을 어떻게 배태하게 되었는지를 평가하는 것조차 쉽지 않은 상황이다.

독일의 사회이론가인 니클라스 루만(Luhmann, Niklas, 1981)이 논의했듯이 이제 우리 사회는 하나의 중심을 가진 사회를 이야기하는 것이 가능하지 않을 정도로 분화수준에 도달하였고, 이로 인해 그 복잡성은 더욱 배가되고 있다. 복잡성은 사회 일반의 양상일 뿐만 아니라 사회를 이루는 하위 체계들에도 역시 침투해왔다. 예컨대, 과학기술은 특정한 분야에서 가장 고도로 숙련된 전문가들(과학자나 기술자들)조차도 다른 분야에 대해서는 기본 지식 이상을 갖고 있지 못할 정도로 극도의 복잡성에 도달하였다. 이는 담당 과목에 따라서 수많은 의사들이 존재하는 의학을 살펴봐도 쉽게 알 수 있는 부분이다. 이러한 극도의 복잡성 속에서 발생하는 과학기술의 위험은 예상하지 못한 파국의 결과를 초래할 수 있다는 점에서 예방되고, 보상되고, 사전예방의 원칙이 적용되는 과거의 위험들과는 다른 평가를 받고 있다.

또한 오늘날 과학기술의 발전이 사회와 맺는 관계 속에서 중요하게 부각되는 요소에는 단연, 이전 시기에 비해서 과학기술적인 산물이 일반대중들의 일상생활에 엄청난 영향을 주게 되었다는 점이 반드시 포함되어야 할 것이다. 현대사회를 기능케 하는 거대기술시스템들은 사람들의 일상생활 속으로 파고들어 그것이 존재하지 않는 현대사회를 상상하기 힘든 상황을 빚어내고 있다. 최근 증가하고 있는 대형 기술사고들은 이러한 '과학기술의 일상화'가 일반인들에게 미치는 영향이 가장 극적인 형태로서 표출되는 경우라고 볼 수 있다. 실제로 우리가 살아가고 있는 오늘날의 '기술사회' 속에서 기술시스템에 포괄된 특정 구성요소에 내재한 '사소한' 문제들이 기술시스템 전체의 순간적 붕괴로 이어지는 대형 기술사고를 종종 목도할 수 있다.

현대사회를 『위험사회』로 진단한 올리히 벡
(Ulrich Beck)

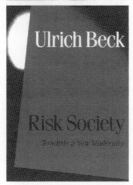

1944년 독일 슈톨프에서 태어난 올리히 벡은 프라이부르크대학과 뮌헨대학에서 사회학·철학·정치학을 수학하였으며 뮌헨대학에서 사회학 박사 학위를 받았다. 이후 뮌스터대학과 밤베르크대학 교수를 거쳐서 현재는 뮌헨대학의 사회학연구소장을 맡고 있다. 올리히 벡은 1986년 저서 『위험사회(Risk Society)』를 내놓으며 주목을 받았다. 20세기 후반의 사회과학계에서 가장 영향력 있는 사회분석서로 꼽히고 있으며, 사회과학서의 특성에도 불구하고 출판한 지 5년 동안에만 약 6만 권이 팔리는 등 큰 사회적 반향을 일으켰다. 『위험사회』가 출간된 1986년은 선진국을 중심으로 근대화의 폐해가 본격적으로 드러나던 시점이었다. 우리나라에서는 1990년대 중반 이후부터 그의 이론이 주목을 받았다. 성수대교와 삼풍백화점 붕괴 등의 대형사고를 경험한 한국 사회학계가 그의 비판 이론을 탈이념 시대의 대안으로 받아들이면서부터다. 2008년에는 한국을 방문하기도 했는데, 한국 사회를 위험사회로 평가하면서 "한국은 '아주 특별한' 위험사회다. 내가 지금까지 말해온 위험사회보다 더 심화된 위험사회다. 전통과 제1차 근대화 결과들, 최첨단 정보사회의 영향들, 제2차 근대화가 중첩된 사회이기 때문에, 특별한 위험사회인 것이다"라고 평가하기도 하였다.

③ 위험커뮤니케이션의 개념과 중요성

위험에 대한 개념규정 자체가 다양한 측면에서 논의되기에, 위험커뮤니케이션에 대한 개념 역시 합의된 개념을 도출하기가 쉽지 않다. 따라서 개념규정에 앞서, 위험을 커뮤니케이션이라는 관점에서 논의하게 된 과정을 추적해 봄으로써 위험커뮤니케이션 개념규정의 단초를 마련할 수 있는바, 다음과 같이 세 단계로 정리될 수 있다(물론 여기서 제기된 시기의 구분이 절대적인 것은 아니다).

우선 제1단계는 1980년대 중반까지의 시기로서 주로 과학자들의 객관적인 방법에 의해 평가된 위험성이 '진짜 위험'이고, 대중들의 위험평가는 '비합리적이거나 그릇된 것'이라는 가정이 지배하고 있었다. 따라서 일반대중들의 의견은 무시되었고 과학자들은 위험관리를 위한 과학기술적 방법의 개선에만 몰두할 뿐, 대중들을 설득하거나 이해시키기 위한 노력에는 별 관심을 기울이지 않았다. 그러나 이 시기에도 원자력 시설과 관련해 대중적 저항이 발생하고, 과학자들 간에도 의견불일치나 과학자들의 주장이 잘못됨이 드러나는 경우가 자주 발생하면서 이러한 지배적 견해에 대한 의구심이 나타나기도 했다.

다음으로 제2단계는 1980년대 중반부터 1990년대 중반까지의 시기로 위험커뮤니케이션의 필요성에 대한 인식이 높아지면서 그에 관한 연구도 활발히 일어나기 시작한 시기이다. 전문가와 대중 간에 위험인식의 괴리가 존재한다는 사실이 인식되었고, 대중들은 전문가의 의견에 따르기보다 나름대로의 위험평가에 따라 행동하므로 대중을 설득하고 이해시키며 신뢰를 얻을 필요가 부각되었다. 이에 대중의 인식을 변화시키기 위한 각종 설득기법들이 연구되었으며, 그 과정에서 커뮤니케이션 이론이 많이 원용되었다.

제3단계는 1990년대 중반 이후의 시기로 위험커뮤니케이션에 있어서 새로운 접근법이 제기되었다. 설득적 커뮤니케이션은 아직도 위험평가에 있어 전문가의 의견이 대중의 의견보다 우월하다고 하는 가정에 기반해 있으며, 전문가 의견이 대중을 동조시키기 위한 도구적 성격을 지닌다는 점이 문제로 지적되었다. 이에 설득보다는 커뮤니케이션이 이루어지는 사회적 맥락과 상호작용에 초점을 맞추자는 주장이 제기된 것이다.

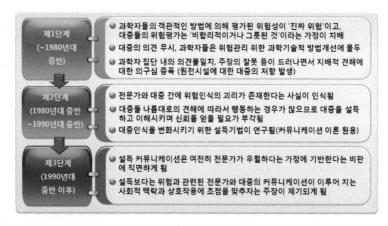

▶ 위험을 커뮤니케이션 차원에서 논의하게 된 과정

이러한 배경 속에서 위험관리에 있어 안전을 위한 기술적 접근뿐만 아니라 원활한 위험커뮤니케이션을 위한 사회적 접근의 중요성이 점차 강조되어 온 것이다. 또한 커뮤니케이션에 있어 송신자와 수신자라는 두 주체 간에 의사나 정보를 단지 '주고받는' 전통적 개념에 덧붙여, 어떠한 제도적 틀이나 사회적 맥락 안에서 이러한 주고받음이 일어나고 있으며, 커뮤니케이션을 저해하거나 원활히 해주는 환경적 요인이 무엇인지가 중요한 연구과제로 떠오르게 된 것이다.

앞서 위험에 대한 개념정의도 매우 복잡다단하고 다양함을 확인할 수 있었다. 위험커뮤니케이션의 경우에도 위험의 요소 및 요소 간 편익과 비용의 관계, 위험발생원에 대한 평가와 이를 토대로 한 위험관리라는 총체적인 구도 속에서 매우 다양하게 개념화되는데, 학자들마다 개념정의가 매우 다양함을 알 수 있다. 이에 대한 정리는 다음과 같다.

▶ 학자들의 위험커뮤니케이션(risk communication)에 대한 다양한 정의

학자명	위험커뮤니케이션에 대한 정의
코벨로 등 (Covello, Winterfeldt & Slovic, 1986)	• 이해관련 집단 간에 신체적·환경적 위험의 수준, 위험의 중요성이나 의미, 위험을 통제·관리하기 위한 결정·행동 또는 정책 등에 관한 정보를 주고받는 행위
미국조사평가위원회 (National Research Council, 1989)	• 위험과 관련된 개인, 집단, 조직 간의 정보와 의견을 교환하는 반복적인 과정
밀레티와 피츠패트릭 (Mileti & Fitzpatrick, 1991)	• 위험에 대한 교육 또는 정보제공, 예방행위를 촉구하기 위해 경고(위험커뮤니케이션의 목적)
그래빌과 시몬스 (Grabill & Simmons, 1998)	• 전문가들로부터 전달되는 일방적인 정보가 아니라 모든 커뮤니케이션 참가자들의 지식과 가치, 신념, 감정 등을 상호 교환하는 과정

요컨대, 여러 학자들의 정의들을 종합할 때 위험커뮤니케이션은 단순히 위험과 관련한 정보를 주고받는 차원이 아니라, 울리히 벡이 제시한 '위험사회(risk society)'의 본질 중 하나인 '안전(safety)'과 '위험(risk)'의 충돌을 완충시켜 이해관계자들의 갈등을 최소화하는 것을 목표로 한다. 이러한 위험커뮤니케이션의 중요성이 부각되면서 1980년대 중반 미국과 독일 등지에서는 위험커뮤니케이션 관련 연구들이 활발하게 진행되었고, 특히 원자력 시설 입지와 같이 불가피하게 채택되어야 하는 위험정책 수립의 원만한 해결과정으로 위험커뮤니케이션적인 시각은 폭넓게 적용되어 왔다.

과거 전통적 의미에서의 위험커뮤니케이션은 위험관리(risk management)와 같은 의미로 사용되었다. 즉 전통적 견해에서의 위험커뮤니케이션은 문화적 측면, 상징적 측면들을 고려하지 않고 과학적인 측면에만 집중하여 전문가나 기술자들에 의해 도출된 객관적 위험 평가 정보가 일반 공중에게 일방적으로 전달되는 것이라고 정의하고

있다. 하지만 전통적 정의에 의한 위험커뮤니케이션 이후 지속적인 연구가 진행되면서 위험커뮤니케이션의 기능이 정보의 일방향적 제공만을 의미하는 것이 아닌 갈등 해소를 위한 상호작용을 해야 한다는 시각으로 발전했다.

오늘의 사회는 불확실성이 증가하면서 여론형성 과정을 변화시키고 있다. 예컨대, 시민단체들이 성장하면서 다양한 반전문가 문화가 급성장하고 있다. 전문가로 칭해지는 집단의 의견과 주장이 일방적으로 통용되지 않는다. 정치, 경제, 과학 분야에서 통용되던 전통적인 커뮤니케이션 채널 외에 새로운 사회적 환경, 공론장이 형성되고 있다. 이로써 지금껏 공적인 여론의 장에서 소홀히 하거나 거부되었던 주제들이 독자적인 담론의 구조 속으로 편입되고 있는 것이다. 특히 과학기술에 대한 논의가 주요한 공론주제로 등장하고 있다. 최근의 사회변동은 기술과 문화적 합리성을 중재하는 것이 매우 어렵고 여론과 과학 사이의 대화가 대안적이지 못함을 보여주고 있다. 다양한 위험요인이 지배하는 21세기 복합사회는 위험커뮤니케이션이라는 연구과제를 적극적으로 유인하고 있다. 따라서 위험커뮤니케이션에 대한 연구는 대중(여론)과 과학기술적 주제 사이의 커뮤니케이션을 재정립하는 가교 역할이라는 임무를 부여받고 있음이다.

위험커뮤니케이션에는 수많은 유형, 목적, 그리고 외적인 동기가 있지만, 이를 보다 구체화시켜 위험커뮤니케이션과 관련된 영역을 구체화시킬 필요성이 있다. 이에 대해 송해룡과 페터스(2001)는 다음과 같이 4개의 영역으로 분류하고 있다.

㉠ 위험에 관한 경고, 정보, 그리고 계몽

각 개인이 자신의 행위를 통해 스스로 위험을 발생시키거나 타인에게 위험을 주는 곳에서는 정보 캠페인과 계몽적 조치를 통해 이 행위에 영향을 미치려는 시도가 항상 이루어진다. 이러한 정보와 계몽의 영역에서 위험커뮤니케이션은 세 가지 중요한 업적을 제시하는데, 첫째로 관심을 변화시켜서 습관적, 위협적인 행위를 의식적으로 숙고하고 다시 고려하는 대상체로 만들며, 둘째로 이러한 과정을 통해 생성된 인식은 위험에 대한 계몽을 통해 영향을 받으며, 셋째로 동기 부여가 된 자극을 통해 안전한 행위를 모색하도록 해 준다는 것이다.

㉡ 경고 해제/안정시키기/객관화시키기

이 부분은 과장된 위험묘사나 근거 없는 공포를 없애주어 수용자나 관련 당사자들을 안심시켜주는 영역이라고 볼 수 있다. 예를 들어서 화학 공장이나 원자력 발전소에서 사고가 발생하였을 경우 관련 지역 주민들과의 커뮤니케이션과 관련된 부분이라고 할 수 있다.

㉢ 부당한 기업 행위의 억제

정치, 경제, 행정을 좌우하는 결정 기관 또는 기업 등의 결정권자가 부당한 위험 행위를 행사할 경우 해당 시민단체 혹은 시민들 자체가 압력을 행사하거나 결정행위를 억제하려는 위험커뮤니케이션의 영역이 이에 해당된다. 핵폐기물장이나 쓰레기 처리장의 건립, 골프장 건설로 인한 환경파괴 등에 반대하는 주민들이나 환경단체가 시위나 서명운동 등의 단체행위를 통해 반대의사를 피력하고 거부행위까지 이끌어내는 것을 말한다.

ㄹ 부당한 위험행위의 합법화

이 영역은 위험의 원인제공자(위험을 허가하는 위험규제자, 즉 허가기관도 이에 해당)가 부당한 위험행위를 잠재적인 당사자들에게 합법화하려는 노력에서 기인하였다고 볼 수 있다. 이러한 위험커뮤니케이션의 유형은 관청, 병원, 그리고 기업들이 응용할 필요가 있으며, 이들에게 있어서의 위험커뮤니케이션은 위험행위에 있어서 합법성을 획득하는 것이라고 볼 수 있다. 결국 좋은 위험커뮤니케이션은 위험의 수용성을 보장하는 것이 아니라, 그와 관련한 기회를 크게 만드는 것이라고 할 수 있다.

위험커뮤니케이션이 비교적 활성화되고 있음에도 불구하고, 현대사회에서 위험커뮤니케이션에는 많은 문제점들이 노정되고 있다. 이를 분석하면 다음과 같다. 우선 전문가(과학자)집단은 위험커뮤니케이션 과정에서 대중의 불신을 '오해의 소지'로 일축하는 경향이 크다. 그러나 그동안 전문가들은 시종일관 대중에 대해 도구적인 관점으로 접근하고, 공청회나 대표자 합의 등 대중들과의 만남이나 대중참여도 전문가집단의 결정을 정당화하기 위한 수단이거나 위험 수용을 얻어내기 위한 '필요악' 정도로만 여기는 경향이 컸다. 그러나 원활한 위험커뮤니케이션을 위해서는 무엇보다도 대중을 도구적인 관점에서 접근하려 하지 말고, 함께 문제를 해결하는 파트너로서 인정해야 할 필요성이 있다. 그러나 그동안 적극적으로 대중을 만나고 정보를 공개하려는 노력이 제대로 이루어지지 않았던 것이 현실이다.

전문가와 일반대중의 두 집단 간의 인식 차이에 대한 논의도 활발하게 이루어지지 못했다. 위험커뮤니케이션에 관한 연구는 바로 전문가 집단과 일반대중들 간에 위험에 대한 인식의 차이가 존재한다는 데에서 출발한다. 초기에는 전문가들의 인식은 옳거나(true) 사실적(real)인 데 반해 일반대중들의 인식은 그르거나(false) 비합리적(irrational)이라고 가정되었다. '위험관리'라 하면 기술적 통제를 의미하는 것으로 받아들여져 왔고, 그에 따라 기술적 전문지식을 갖추지 못한 일반인들은 위험관리 업무에서 배제되어 왔다.

그러나 이러한 가정들은 곧 많은 비판을 받게 되었고, 전문가들이 위험을 인식하는 틀과 대중들의 그것이 근본적으로 상이하며, 각각의 인식 틀은 나름대로의 합리성과 정당성을 갖고 있다는 것이 제기되었다. 실제로 웨인(Waynne, 1983)은 대중들의 위험인식은 주관적이고 상호 의존적이며, 정치적 과정에 좌우되는 사회문화적인 현상이라고 지적하였고, 포웰과 레이스(Powell & Leiss, 1997)는 '상이한 언어(different language)'라고 표현하면서 양자를 다음과 같이 대비하였다.

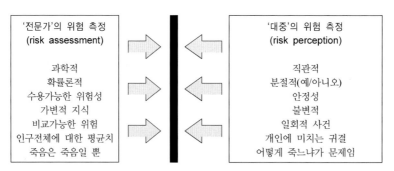

'전문가'의 위험 측정 (risk assessment)	'대중'의 위험 측정 (risk perception)
과학적	직관적
확률론적	분절적(예/아니오)
수용가능한 위험성	안정성
가변적 지식	불변적
비교가능한 위험	일회적 사건
인구전체에 대한 평균치	개인에 미치는 귀결
죽음은 죽음일 뿐	어떻게 죽느냐가 문제임

※ 출처: Powell. D. and Leiss. W.(1997). Mad Cows and Mother's Milk: The Perils of Poor Risk Communication.

▶ 위험커뮤니케이션에 사용되는 두 가지 언어

신뢰와 위험커뮤니케이션은 상호보완적 관계를 가지고 있다. 즉 위험커뮤니케이션 소통 주체 간의 신뢰가 없으면 위험커뮤니케이션이 원활하게 이루어지기 어렵고, 반대로 원활한 위험커뮤니케이션이 없이는 집단 간의 신뢰의 기반을 쌓아가기 어렵다. 대개의 경우 위험수용을 둘러싼 논란은 많은 사람들이 생각하듯 위험에 관한 지식의 차이(knowledge gap)라기보다는 신뢰의 차이(trust gap)에서 오는 것이다. 위험 주체들 사이에 신뢰감이 형성되어 있으면 불필요한 오해가 불식되고, 전달되는 정보와 내용이 쉽게 이해될 수 있다는 점에서 신뢰는 위험커뮤니케이션에 있어 매우 중요한 역할을 한다. 현대사회의 위험커뮤니케이션은 신뢰의 부재 문제와 더불어 대중들의 의견과 요구가 반영되어야 한다는 양방향성과 능동적인 정보획득과 의견개진을 의미하는 참여(public participation)의 측면에서도 문제점을 노정하고 있다.

▶ 대중의 참여부족이 불거진 국내현상: 원자력 & 광우병 관련 시민과 정부의 갈등

제2장

과학과 대중의 매개체로서
미디어의 역할

1. 과학과 대중의 매개체로서 미디어의 중요성

대중들은 그동안 과학기술이 가져오는 사회구조 변화의 정당성과 그 변화를 어떻게 수용할 것인지에 대해서 의사결정을 내릴 기회를 얻지 못하는 것이 다반사였다. 일반적으로 과학기술적 영역은 소수의 전문가와 기술 관료들에 의해 독점되다시피 해 왔다. 실제로 제2차 세계대전 이후의 고도 경제성장 시기에는 과학기술의 발전에 대해 대체로 별다른 의문이 제기되지 않았다. 오히려 대다수의 사람들에게 있어 기술의 발전은 인류에게 물질적 풍요와 건강, 그리고 미지세계의 정복을 가져다주는 진보의 상징이었다. 하지만 1970년대에 늘어와 과학기술의 잠재적 위험성에 대한 사회적 인식이 확신되면서 과학기술은 사회진보를 가져온다고 보았던 전통적인 진보에 대한 신념이 약화되기 시작하였다. 이미 1962년에 레이첼 카슨(Rachel Carson)이 당시 첨단 과학기술의 산물로 여겨지던 '꿈의 살충제' DDT가 사실은 자연생태계의 먹이 사슬을 파괴해서 자연에 치명적인 해악을 가져온다는 점을 지적한 저서『침묵의 봄』이 사람들 사이에서 널리 읽히게 되면서 과학기술이 초래할 수 있는 부정적인 효과들에 대한 사회적 인식이 확산되기 시작하였다. 아울러 1960년대 후반부터 시작된 베트남 전쟁에서 첨단 과학기술을 활용한 대량살상무기들이 사용되는 것이 알려지면서 진보의 상징으로서의 과학기술(자)에 대한 지금까지의 대중적 신뢰는 급격하게 하락하기 시작하였다. 이러한 과학기술(자)에 대한 대중적 신뢰의 하락은 특정한 기술개발 계획들의 진행을 저지하고 과학기술정책 결정에 시민대중의 참여를 증가시키려는 정치적 노력들을 가져왔다. 직접행동을 통한 저지 및 봉쇄의 대표적인 예로는 낙태반대운동과 동물권리운동을 들 수 있다. 1970년대에 미국에서는 낙태반대론자들이 태아연구에 대한 연방정부의 자금지원을 봉쇄했고, 빠른 속도로 성장한 동물권리운동은 생의학연구의 관행에 규제와 제약을 가져왔다. 이와 아울러 과학기술 문제에 대한 의사결정과정, 즉 과학기술정책 결정과정을 과학기술 전문가들의 손에만 맡겨둘 수 없다는 인식이 확산되면서 과학기술정책 결정과정에의 시민참여가 활발히 추구되기 시작하였다(이영희, 2006).

이제 과학기술 전문가들이 배타적이고 독점적으로 전유하던 과학기술정책에 대한 시민참여의 필요성이 증대하고 있다. 즉 시대변화에 따른 민주적 이상과 함께 시민참여를 증대해야 한다는 현실적 요구에 부응하여 시민의 의견수렴 및 시민참여의 방안이 필요해진 것이다. 이미 공청회에서 합의회의에 이르기까지 다양한 시민참여제도가 제안되고 있다(Renn, 1992; Vaughan, 1993; 정복철・손혁상, 2008). 이렇게 시민들의 과학기술에 대한 참여도와 관심이 높아진 이유에는 물론 다양한 분석이 가능하지만 무엇보다도 신문, 잡지, TV, 인터넷 등의 매체 발전으로 인해 정보에 대한 취득 용이성이 높아진 부분을 빼놓을 수 없다. 대중은 자신들이 필요한 것이나 궁금한 것에 대해 과학이 답을 주길 바라고, 과학은 사회가 자신의 존재 의의를 인정해 주길 바란다. 이러한 상호 간의 기대에 있어서 중요한 매개체 역할을 수행하는 것이 바로 미디어이다.

일반적으로 대다수의 사람들에게는 과학의 실상은 그들이 언론에서 읽은 내용 그대로이다. 그들은 직접적으로 경험했거나 과거에 받은 교육에 의해서가 아니라 저널리즘 특유의 언어와 이미지라는 여과망을 통해 과학을 이해한다. 언론매체는 빠른 속도로 변모하는 과학기술분야에서 일어나는 일을 알려주는 유일한 통로일 뿐 아니라, 이러한 변화들이 삶에 미치는 영향에 관한 정보를 얻을 수 있는 주요 원천이기도 하다. 좋은 보도는 일반대중이 과학정책의 쟁점들을 평가하는 능력과 개인적으로 합리적인 선택을 내리는 능력을 향상시켜 줄 수 있다. 반면 나쁜 보도는 과학기술에 의해, 또 기술전문가들이 내린 결정에 점점 더 크게 영향을 받는 대중을 오도(誤導)하거나 무기력하게 만들 수 있다(Nelkin, 1995). 이렇듯 긍정적인 결과를 초래하거나 혹은 부정적 결과를 초래하거나 실제로 대중의 과학이해에 있어서 미디어의 중요성과 파급력을 간과할 수는 없다.

실제로 과학창의재단의 2012년 『과학기술에 대한 국민이해도 조사결과 보고서』에 따르면 한·중·일 3국의 과학기술 습득 정보채널에 대한 분석결과, 한국에서는 과학기술과 관련된 가장 주된 정보습득 채널로 'TV'를 꼽았으며, '인터넷', '신문/잡지' 등이 뒤를 잇고 있었다. 해당되는 채널은 모두 미디어이다. 이러한 채널 활용 이유는 대부분 '쉽고 간편하기' 때문이나, 서적/책의 경우는 가장 신뢰할 수 있기 때문인 것으로 확인되었다. 이에 비해서 '가족/친구/동료' 혹은 '과학관/과학행사' 등의 직접적인 과학기술에 대한 정보 습득의 비중은 상대적으로 미미한 것으로 나타났다. 다음으로 중국의 응답자들은 뉴스와 오락 목적이 강한 TV보다는 '인터넷'의 비중이 높고, 다음은 '신문/잡지' 순이었고, 일본의 응답자들도 'TV'를 통해 정보를 습득하는 비중이 가장 높으나, '인터넷'과 '신문/잡지' 등을 통해서 얻는 경우도 많아 한 매체에 크게 치우치지 않는 경향을 보였다.

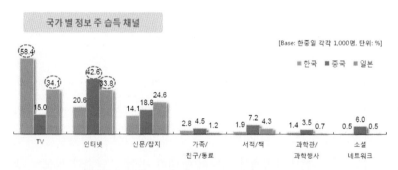

국가별 정보 주 습득 채널

[Base: 한중일 각각 1,000명, 단위: %]

■한국 ■중국 ■일본

※ 출처: 과학창의재단(2012). 『과학기술에 대한 국민이해도 조사결과 보고서』.

▶ 과학기술에 대한 정보의 주 습득채널(한·중·일)

한편, 동 보고서에 따르면 과학기술 관련 정보를 획득하는 빈도로 '일주일에 1번 이상' 이용하고 있는 채널의 비중은 '인터넷'(성인 31.3%, 청소년 29.0%), 'TV'(성인 31.3%, 청소년 24.6%), '신문'(성인 12.6%, 청소년 4.0%)으로 나타났다. 이는 일반적으로 과학기술 관련 정보 획득에 많이 활용되던 전통적 개념의 매스미디어인 TV와 신문/잡지를 제치고 새로운 뉴미디어로서 인터넷의 사용량이 증가하고 있다는 반증이다.

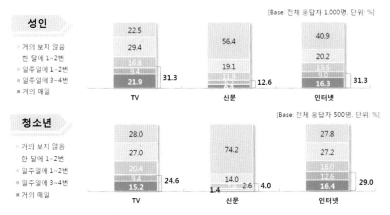

※ 출처: 과학창의재단(2012). 『과학기술에 대한 국민이해도 조사결과 보고서』

▶ 과학기술 관련 정보 획득 빈도

　현대사회에서 신문, 방송, 그리고 인터넷과 같은 미디어는 권력의 중재자, 창출자, 매개자로서, 주요 사건들의 공개장으로서, 관련된 문화의 산실로서, 그리고 사회현실의 정의자로서 광범위한 영향을 미치고 있다. 현대사회에서 미디어에 대한 관심이 단순한 정보의 생산, 유통과정에 국한되지 않고, 문화·이념적 측면에 이르기까지 확대되는 이유도 바로 여기에 있다. 이러한 의미에서 과학의 대중화를 위한 통로로서 미디어를 올바르게 활용하는 것은 매우 중요하다고 할 수 있다. 이러한 의미에서 김학수(1993)는 정치나 사회를 주로 담당하는 미디어의 일반적인 언론기능도 중요하지만 한 단계 나아가 과학기술을 중점적으로 다루는 과학언론의 육성을 주장하고 있다. 그의 주장에 따르면 과학언론인은 과학기술인과 일반대중의 중간 위치에 있으면서 양 집단 간의 교량 역할을 수행한다. 그러나 과학 언론인은 일반 정치나 사회를 담당하는 언론인과는 다른 어려움을 갖고 있다. 왜냐하면 과학언론인의 취재대상인 과학기술인은 일반대중의 언어 상징체계와는 다른 고유의 전문 상징체계를 갖기 때문이다. 그런 의미에서 과학언론인(혹은 과학을 다루는 미디어)의 역할은 다른 어떤 분야의 언론인들보다 매개역할의 중요성이 부각된다. 바로 그 매개적 활동의 진작이 과학언론과 과학미디어의 활성화이고, 이를 통해 일반대중과 과학기술인과의 간격이 좁아지는 과학대중화가 가능하다는 것이다(오충수, 2002).

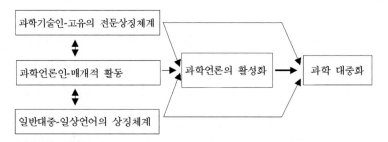

※ 출처: 오충수(2002). 『과학기술의 대중화를 위한 효율적인 홍보방안 연구: 대중매체 활용방안을 중심으로』, 한국과학기술평가원.

▶ 과학언론의 활성화와 과학대중화의 관계

2. 과학과 대중을 잇는 중요 매개체로서의 과학 전문채널: 국내 과학전문채널 활성화를 위한 콘텐츠 개발 및 홍보전략[2]

1) 과학대중화의 첨병으로서 과학채널의 중요성

오늘날 과학은 더 이상 과학자의 전유물이 아니다. 민주화와 사회적 인식의 성장으로 과학기술에 대한 대중의 관심이 과거 어느 때보다 높아지고 있기 때문이다. 이에 대중의 관심을 반영하여 과학기술에 대한 정보와 지식이 과학자 집단에서 대중에게 일방향으로 전파되는 과학계의 우월주의에 기반한 '과학 대중화(popularization)'의 개념에서 최근 상호 커뮤니케이션의 양방향성을 강조하는 '대중의 과학이해(Public Understanding of Science, 줄여서 PUS)'라는 개념으로 과학계와 대중 간의 커뮤니케이션에 대한 개념이 변화되고 있다. 이러한 과학대중화의 패러다임 변화에 있어서 미디어의 영향력을 빼놓을 수 없다. '과학기술에 대한 대중의 믿음은 미디어를 통해 전달되는 메시지와 부합하는 경향을 보인다'는 넬킨(Nelkin)의 테제는 이를 잘 설명해 준다.

과학의 대중화에 있어 가장 중요한 역할을 하는 것은 미디어이다. 같은 맥락에서 대중의 과학적 이해를 증진시키는 가장 중요한 매체는 바로 과학전문프로그램 또는 과학전문채널이라고 할 수 있다. 과학의 대중화에 있어서 과학의 특정한 발견이나 결론보다는 콘텐츠화 과정이 중요함을 상기(안선영·김산하·장이권, 2011)할 때 과학

---

2) 송해룡·김원제·조항민(2012).『국내 과학전문채널 활성화를 위한 콘텐츠 개발 및 홍보전략 연구』의 내용에 기초함.

전문프로그램과 전문채널의 필요성은 지대하다고 하겠다. 우리나라의 경우 지상파를 중심으로 과학전문프로그램을 제작하고는 있으나 제작환경과 제작비의 문제로 일시적이고 단편적인 편성만이 존재할 뿐이고, 이와 같은 상황에서 과학전문방송은 2007년 개국 후 24시간 과학관련 프로그램을 송출하는 'YTN사이언스'가 유일하다고 하겠다.

'YTN사이언스'는 일반 국민이 과학을 좀 더 쉽게 이해하고 생활에 적용할 수 있도록 재미와 정보를 동시에 제공하는 것을 목적으로 하고 있다. 또한 한국과학창의재단은 'YTN사이언스'가 이공계 기피현상의 해소 및 유능한 인재양성에 기여할 것이라고 기대했고, 교육과학기술부 역시 전체 국민에 대한 과학의 대중화를 이루는 데 도움이 될 것이라고 예측했다. 그러나 이러한 기대와는 달리 'YTN사이언스'는 채널 인지도, 시청률, 콘텐츠, 제작비의 부족을 드러내며 그 한계를 보이고 있다. 'YTN사이언스'는 교과부가 한국과학창의재단에 기금을 위탁하면 창의재단이 'YTN사이언스'에 예산을 지원하는 방식으로 운영되고 있다. 문제는 교과부의 지원 수준이 기대에 미치지 못하는 열악한 수준이기 때문에, 안정된 제작환경이 유지되지 못하고 있다는 것이다. 게다가 김영석(2009)의 포커스 그룹을 활용한 연구에 따르면 일반 시청자들의 'YTN사이언스' 인지도가 거의 없어, 채널에 대해 들어보지 못했다는 의견이 대다수로 나타났다.

미국의 경우 주요 과학전문채널로 '디스커버리 사이언스 채널'과 '내셔널지오그래픽 채널'이 있다. 이 두 채널은 모두 미디어그룹이 운영하는 채널로 높은 상업성을 가지는 프로그램을 제작, 높은 수익성을 보이고 있다.

영국의 경우 BBC는 전체 프로그램의 10%를 과학프로그램에 할애해, 공식적 또는 비공식적인 교육을 제공하려는 목적을 달성하고 있다. BBC의 상업적 회사인 'BBC Worldwide'가 운영하고 있는 'BBC Knowledge'는 전 세계 시청자를 타깃으로 프로그램을 제작하고 판매해 수익성을 높이고 있다. 가까운 중국과 일본의 경우에도 정부 차원의 관심과 투자를 전개하고 있다. 중국은 전 세계에서 과학잡지, 과학신문의 부수가 가장 많으며, 정부 주도 아래 과학방송에도 전폭적인 지원을 하고 있다.

특히, 중국의 국영방송인 CCTV는 열 번째 채널인 CCTV 10 전체를 과학(교육)분야의 전문채널로 지정하고 방대한 과학콘텐츠를 양산하고 있다. 일본의 경우에도 과학분야가 국가 발전의 핵심인 만큼 일본 정부는 정책적인 차원에서 과학기술의 중요성을 대중에게 알리고 과학 문화를 확산하기 위해서 다각적인 노력을 기울여 왔다. 특히, 일본과학기술진흥기구(JST)는 과학을 알리는 효과적 매체로 방송에 주목해 왔는데, 1998년 사이언스 채널을 개국해 과학 관련 콘텐츠만을 24시간 방송하고 있고, 최근에는 RIKKA 네트워크라는 온라인 기반의 콘텐츠 공유 시스템을 구축해 학교, 과학기관, 연구소, 방송국 등이 보유한 각종 디지털콘텐츠를 언제 어디서나 이용할 수 있도록 서비스하고 있다.

신진 과학기술강국으로의 변화를 꾀하는 우리나라에서 2007년 'YTN사이언스'의 개국은 대단히 다행스러운 일이며, 과학 입국으로 가는 중요한 초석이 될 것으로 큰 기대를 모았다. 하지만 모두에서 언급했듯이 채널 인지도, 시청률, 콘텐츠, 제작비의 부족에 대한 문제점이 노정되고 있다. '대중의 과학이해(PUS)'의 측면에 있어서도 매스미디어 특히 과학전문채널이 지니는 사회적 영향력이 지대함을 상기할 때, 과학기술에 대해서 대중과 함께 고민하며 사회적 논의를 확장시켜 줄 'YTN사이언스'의 미래 콘텐츠 개발 및 홍보 전략을 새롭게 제시하는 것은 매우 중요한 의의가 있다고 하겠다.

2) 현실진단

(1) 'YTN 사이언스'의 채널운영 현황

'YTN사이언스'는 2007년 1월 교육과학기술부(구 과학기술부, 이하 교과부)가 우선 협상자로 YTN을 선정하면서 본격적인 개국 준비를 하였고, 교과부와 YTN의 공식적인 사업협약체결을 거쳐 2007년 9월 개국했다. 방송분야는 기초과학, 기상 및 재해정보, 기계전자, 생명과학, 우주항공기술, 정보통신기술 등이며, 편성의 원칙은 ① 쉽고(Easy), 재미있고(Fun), 유익한(Useful) 과학채널, ② 국내외 첨단 과학기술 동향을 신속하게 전달하는 생생한 정보채널, ③ 과학문화 확산 운동의 첨병 역할을 담당하는 과학문화 전문채널, ④ 국민소득 3만 달러 시대를 앞당기는 국가경쟁력 강화채널을 모토로 하고 있다(김희경, 2012). 2012년 현재 국내에 방영되고 있는 과학채널은 순수 국내 채널인 'YTN사이언스'와 해외 과학 전문채널인 '내셔널지오그래픽', '디스커버리 채널'이 있는데, 이들 과학전문 채널들의 시청률 추이와 순위를 비교한 심미선의 논의에 따르면, 3개 과학채널 중에서는 'YTN사이언스'의 순위가 가장 낮은 것으로 나타났다. 즉 채널 브랜드와 흥미성 면에서 앞서는 해외 과학 전문채널들이 상대적 우위를 점하고 있는 상황이다(심미선, 2012).

		내셔널 지오그래픽		디스커버리		YTN사이언스	
		시청률	순위	시청률	순위	시청률	순위
2010년	1월	0.134	27위	0.026	66위	0.036	58위
	3월	0.116	28위	0.025	64위	0.039	52위
	5월	0.103	31위	0.023	67위	0.036	56위
	7월	0.094	38위	0.051	49위	0.029	60위
	9월	0.116	27위	0.04	58위	0.016	70위
	11월	0.112	29위	0.043	53위	0.016	70위
2011년	1월	0.151	25위	0.046	55위	0.023	66위
	3월	0.099	36위	0.029	60위	0.017	69위
	5월	0.109	33위	0.043	54위	0.018	69위
	7월	0.105	36위	0.052	51위	0.022	69위
	9월	0.086	39위	0.055	45위	0.017	71위
	11월	0.075	41위	0.052	47위	0.017	70위

(2) 자체 제작 프로그램의 현황분석 및 문제점

실제로 'YTN 사이언스'의 프로그램들에 대한 분석 결과, 다음과 같은 문제점들이 노정되고 있었다.

첫째, 자체 제작 프로그램 편수가 많지 않다 보니 재방송의 비율이 상당히 높다. 24시간 과학방송의 특성상 매 시간 프로그램 편성이 달라져야 하는바, 한 주에 제작되는 하나의 프로그램을 재방송, 혹은 재방송 이상 편성하는 비율이 매우 높다.

둘째, 소위 프라임타임 시간대, 타깃 시청 시간대에 적합한 편성 전략과 콘텐츠 배치가 미흡하다. 물론 전문과학채널인 만큼 일반 지상파방송과 동일한 편성 패턴을 유지하기는 어려운 것이 현실이다. 하지만 타 전문채널의 경우에도 소위 프라임타임 시간대나 타깃 시청자 시간대에는 가장 강점을 보일 수 있는 프로그램을 배치하는 것이 원칙이다. 이러한 측면에서 현재 'YTN사이언스'의 주요 프로그램들은 대부분 오전 시간대(10~12시)나 오후(18시) 시간대에 편성되어 있다.

셋째, 과학교양 프로그램으로서 일반대중의 흥미도를 높일 수 있는 콘텐츠가 부족한 것으로 판단된다. 방영되고 있는 다수 프로그램들은 MC나 리포터들이 스튜디오에서 단독 리포트, 혹은 대담형태로 과학정보를 제공하거나 다큐멘터리 형태의 전형적 교양프로그램들이다.

넷째, 현행 MC진의 구성이 전문성 및 대중적 인지도 면에서 대단히 미흡한 것으로 판단된다. 물론 전문성을 지닌 내부 진행자가 진행하는 프로그램도 중요하지만 스타과학자, 연예인 등을 섭외하여 전문성과 흥미도를 높일 필요가 있다.

다섯째, 프로그램 소재의 다양성도 부족한 것으로 판단된다. 현재 프로그램들은 의학, 우주, 범죄, 음식 분야 등의 과학 세부분야와 함께 첨단과학기술, 일반과학계 소식 등 기존 방송사에서도 충분히 다루었던 분야와 크게 다르지 않은 소재들을 다루고 있다.

(3) 홍보활동의 현실과 과제

방송채널의 인지도와 시청률을 높이기 위한 홍보 전략은 자체적인 채널 활용, 그리고 다양한 온·오프라인을 활용한 홍보 전략을 통해서 수행될 수 있다. 그러한 점에서 현재까지 이루어진 'YTN사이언스'의 홍보 전략을 외부에서 가시적으로 확인할 수 있는 부분은 매우 미흡하다고 판단된다. 실제로 개국 초기 화제성을 충분히 대중들에게 각인할 수 있었음에도 다양한 매체를 통한 홍보 전략의 미흡

이 드러났고, 전문 홍보회사를 통한 시도가 실패로 돌아가는 등 총
체적으로 홍보의 난항을 겪어 왔다. 물론 최근에는 홍보에 있어서
긍정적 움직임도 일부 감지되고 있다. 예컨대, 프로그램 모니터링과
온라인 홍보활동을 겸하는 '대학생 서포터즈'를 모집한다든지, 교과
부와 과학창의재단과 함께하는 캠페인 등을 통해 채널의 간접홍보효
과를 노린다든지, 'YTN사이언스 트위터(http://twitter.com/#!/YTN_
CIENCE)', 'YTN사이언스 페이스북(http://www.facebook.com/ytnscience)'
등의 SNS를 활용한 홍보 전략의 시행, 스마트폰 등 스마트미디어를
통해 본방송과 VOD 등을 시청할 수 있는 애플리케이션 개발 등이
대표적인 성과이다. 하지만 대부분의 홍보활동들이 단발성에 그치고
있으며, SNS와 스마트미디어용 애플리케이션의 경우에도 타 방송채
널들에 비해서는 대중들의 관심이 크지 않은 것으로 확인되고 있다.
현재 'YTN사이언스'는 국내 유일의 과학전문 채널로서의 충분한
장점을 갖고 있음에도 불구하고, 홍보활동에 있어서는 매우 소극적
으로 일관해 왔다고 판단된다. 다양한 과학이벤트와의 연계와 온라
인·모바일 서비스의 활성화 등을 통해 현행 홍보활동을 대폭 개선
해야 할 것이다.

▶ YTN사이언스의 트위터(좌)와 페이스북(우)

3) 해외 과학방송채널의 사례분석과 시사점

(1) 미국의 사례

① 디스커버리 채널(Discovery Channel)

미국의 대표적인 과학채널인 '디스커버리 채널'은 1985년 첫 방송을 내보냈으며, 디스커버리 커뮤니케이션즈가 소유한 케이블, 위성TV 채널이다. 과학, 역사, 자연 분야에 관련된 다큐멘터리, 논픽션 프로그램들을 중심으로 방영하고 있으며, 우리나라를 포함한 세계 총 180여 개국에서 방영(2012년 현재 15억 명의 시청자 보유)되고 있는 글로벌한 채널이다. 대표적인 과학프로그램을 살펴보면 다음과 같다.

▶ '디스커버리 채널 코리아'의 주요 과학관련 프로그램

제목	주요 내용
Factory Made (공장에서 소비자 손까지)	다양한 제품(신호등, 포춘쿠키 등)들이 어떻게 제작되어 소비자의 손으로 넘어가는지를 구체적으로 보여주는 교양 프로그램
Ghost Lab (유령 연구실)	초자연적인 현상을 검증하기 위한 전문가들의 집념 어린 모습들과 관련된 첨단장비들을 보여주는 리얼리티 프로그램
Time Warp (시간 왜곡)	초당 2만 프레임의 카메라로 찍는 슈퍼 슬로모션 카메라의 세계를 영상으로 담아낸 프로그램
How Do They Do it (어떻게 그렇게 될까)	생활 속에서 쉽게 지나칠 수 있는 기술들의 원리와 특징을 살펴보는 교양 프로그램
Myth busters (호기심 해결사)	과학적인 궁금증을 해결하는 프로그램. 화약과 차량 폭발 등 스케일이 큰 궁금증이 주로 소재로 다루어지고 있음.
최고의 법의학 (Extreme Forensics)	오래된 핏자국, 머리카락 한 올 등의 범죄의 단서를 통해서 난제로 빠진 범죄를 해결하는 과학범죄 다큐멘터리
인간과 자연의 대결 (Man VS Wild)	생존전문가이자 극한전문가가 세계 각국의 오지를 탐험하면서 겪는 에피소드를 그린 여행 프로그램

디스커버리 채널은 정통 과학채널은 아니지만, 다양한 과학관련 소재를 다루고 있다. 법의학부터, 건축, 일반 과학상식(특히 화약폭발이나 충돌사고 등 규모가 큰 실험), 심령현상, 소비제품의 제작 원리(공장에서 소비자에게 이르는 제조과정) 등 흥미를 끌 수 있는 다양한 과학관련 소재가 다루어져 콘텐츠의 풍부성 면에서 매우 뛰어나다고 볼 수 있다. 시청자 참여나 양방향 소통이 다소 미흡하다는 부분은 아쉽지만, 독창적 프로그램의 양과 질이 풍부하다는 장점이 이를 충분히 상쇄한다는 평가이다.

▶ '디스커버리 채널 코리아' 프로그램들
(차례대로: '호기심 해결사', '인간과 자연의 대결')

② 내셔널지오그래픽(National Geographic) 채널

'내셔널지오그래픽 채널'은 디스커버리 채널과 함께 과학분야를 다루는 세계적인 채널로, 미국 국립지리학회가 1888년 창간한 잡지인 '내셔널지오그래픽(National Geographic)'이 모태가 된다. 방송채널은 1997년 개국하였으며 과학기술 등에 대한 딱딱한 정보나 지식만을 전달하는 것이 아니라 대중이 프로그램에 대해서 충분히 이해하고 흥미로움을 느낄 수 있는 다양한 다큐멘터리, 사실에 기반한 엔터테인먼트 프로그램을 의미하는 '팩추얼 엔터테인먼트(Factual Entertainment)'를 지향하여 대중성도 비교적 높은 편이다. 자매 채널로는 냇 지오 뮤직, 냇 지오 쥬니어, 냇 지오 와일드 등이 있다. 시청률 면에서도 디스커버리채널과 유사한 수치를 보이고 있다. 프로그램의 카테고리는 크게 '야생/자연', '탐험/모험', '역사/사건', '과학/기술', '군사/무기', '환경' 등으로 분류된다. 실제로 내셔널지오그래픽 채널의 경우에는 단순한 정보지식 전달용의 다큐멘터리나 오락물이 아닌 '팩추얼 엔터테인먼트'를 지향하는 프로그램이 많아서 '지식+오락'을 적절히 충족시킬 수 있다는 특징을 지니고 있지만, 반면에 시청자들이 참여할 수 있는 프로그램은 거의 제작되고 있지 못하다는 특징을 갖고 있다.

▶ '내셔널지오그래픽 채널'의 프로그램 유형 분류

분류	주요 프로그램	
야생/자연	'고릴라 왕, 마쿰바', '위기의 악어거북', '와일드 아메리카', '초대형 쓰나미', '이스터 섬의 잃어버린 상어' 등	
탐험/모험	'파나마 정글', '이스터 섬의 비밀', '아프리카의 지붕', '히말라야', '북극', '맨헌트: 식인늑대를 추적하다' 등	
역사/사건	'히틀러의 장군들을 암살하라', '연합군의 위기', '대재앙: 일본 대지진', '대성당에 묻힌 200년의 비밀' 등	
과학/기술	'지구가 잠기고 있다', '초고층 빌딩', '외계 생명체를 찾아서', '기상이변, 대자연의 경고', '프랑스 초고속열차 테제베' 등	

| 군사/무기 | '막강 유보트', '연합군의 위기', '인사이드: 필리핀 버스 인질 참극', '진화하는 전투병기' 등 | |
| 환경 | '도시를 점령한 빈대', '위험에 빠진 푸에르토리코', '대재앙: 일본 대지진', '광분한 말코손바닥사슴' 등 | |

(2) 영국의 사례: BBC Knowledge 채널

영국 BBC의 유일한 상업적 그룹인 'BBC Worldwide'가 운영하고 있는 다양한 채널 중에서 'BBC Knowledge' 채널은 과학기술을 중요한 파트로 다루고 있는 채널이다. 'BBC Knowledge'는 논픽션 교양 프로그램을 제공하고 있다. 5개의 주요 분야로 구성되어 있는데, 전 세계의 새로운 문화와 장소를 소개하는 월드(The World), 그리고 과학기술(Science & Technology), 인간의 몸과 마음을 탐구하는 피플(People), 역사적인 사건과 장소, 인물들을 다루는 역사(The Past), 경쟁사회를 사는 현대인을 위한 비즈니스(Business)가 그 분야들이다. 'BBC Worldwide'의 매출에 가장 많은 영향을 미치고 있는 'BBC Knowledge' 채널의 과학소재의 대표적인 프로그램은 다음의 표와 같다.

▶ 'BBC Knowledge 채널'의 주요 프로그램

프로그램명	세부 내용
Arctic Exposure with Nigel Marven	영국의 야생전문가 Nigel Marven이 진행하는 북극지방 야생동물들의 생태를 다룬 프로그램
Bang Goes The Theory	4명의 젊은 MC가 진행하는 생활 속 과학실험 프로그램. 커피로 달리는 자동차 실험, 게임과 두뇌 발달과의 상관관계 등을 흥미롭게 규명
Bionic Vet	영국의 수많은 애완동물들의 생명을 구하고 있는 새로운 외과 기술을 소개하는 프로그램

Frontline Medicine	이라크, 아프가니스탄의 전장 등에서 손상당한 신체를 복구하고 회복시키기 위한 의료진의 노력을 다룬 프로그램
Genius with Dave Gorman	이상하고 특이한 발명계획을 참가자들이 제출하여 스튜디오에서 판정단과 청중들에 의해서 'Genius'인지를 판정하는 프로그램. 영국의 인기 코미디언인 Dave Gorman가 진행
Top Gear	1977년부터 영국 BBC에서 방영되고 있는 자동차 버라이어티 프로그램. 전 세계 20억 시청자들의 사랑을 받고 있음. 슈퍼카, 일반 양산형 자동차, 골동품 자동차, 트레일러 등을 이용하여 다양한 경주와 실험을 하는 것으로 유명함.
Deadly 60	어린이와 청소년을 위한 야생 다큐멘터리. 멸종위기 동물들을 찾아 서식지에서 그들의 생태를 관찰하는 프로그램. 스핀 오프(spin off) 프로그램들도 다수 제작됨.

앞서의 소개와 같이 'BBC Knowledge'의 프로그램들은 그 면면이 매우 다양한 것을 알 수 있다. 소재(자동차, 야생동물, 발명, 과학실험 등)는 물론 장르(버라이어티, 다큐멘터리, 인포테인먼트 형식 등) 또한 다양하며 타깃 시청자도 어린이부터 성인에 이르기까지 골고루 포진되어 있다. 오랜 권위와 교양 지식채널로서 브랜드 가치를 가진 'BBC Knowledge'는 세계 각국에 직접 채널을 공급하거나, 특정 포맷을 수출(예컨대, 'Top Gear'는 각국에 포맷을 수출. 한국에서도 '탑 기어 코리아'가 제작되어 방영되고 있음)하는 등의 다양한 비즈니스 전략을 수행하고 있다.

이 중 특별히 눈여겨볼 만한 프로그램은 바로 문화콘텐츠산업에서 가장 활발하게 적용되는 전략인 OSMU(One Source Multi use)를 충실히 수행하는 'Top Gear'를 들 수 있다. 분야별 최고의 TV 프로그램을 시상하는 인터내셔널 에미 어워즈 수상은 물론 2011년을 포함해 영국 내셔널 텔레비전 어워드에서 가장 인기 있는 리얼리티 프로그램(Factual Programme)상을 네 차례나 수상하는 등 최고의 쇼로 인정받고 있는 'Top Gear'의 경우 단순히 프로그램 방영에만 그치는 것이 아니라, 잡지(Top gear magazine), 게임(Top gear on-line game), 머천다이즈(티셔츠, 모형 자동차, 시계 등), DVD 판매, 오프라인 이벤트(Top gear live) 등 하나의 영상콘텐츠로 다양한 가치를 창출해 내는 OSMU(One Source Multi use)전략을 충실히 수행하고 있다.

▶ 'Top gear'의 OSMU(One Source Multi Use)전략

(3) 일본의 사례: 사이언스채널(サイエンス チャンネル)

1998년 개국한 일본의 과학채널인 '사이언스채널'은 일본 과학기술진흥사업단(JST)이 과학기술이해증진사업의 일환으로 과학채널 시험방송을 시작하여 현재에 이르고 있다. 방영되고 있는 주요 프로그램들은 관측영상을 사용한 방송, 청소년을 대상으로 한 실험교실 등의 방송, 생활과 밀접한 과학기술 및 환경·에너지 문제에 대한 방송, 과학기술의 정보나 화제를 제공하는 방송, 다른 기관 및 국가의 우수 프로그램에 대한 방송 등으로 구성되어 있다. '사이언스 채널'은 24시간 방송을 표방한 만큼, 자체 제작 혹은 외주에서 제작한

프로그램들이 종일 편성되어 있다. 또한 주말 등을 제외하고는 동일한 시간대에는 동일한 프로그램이 배치되어 편성표를 굳이 보지 않더라도, 시청자들의 동일 시간대에 대한 편성의 사전인지가 가능하다. 일본 사이언스채널의 대표 프로그램과 세부 내용을 살펴보면 다음과 같다.

▶ 일본 '사이언스채널'의 대표 프로그램들'의 주요 프로그램

프로그램명	세부 내용
The making (더 메이킹)	우리 주변에 있는 물건들(마요네즈, 통조림, 연필, 렌즈, 편의점 도시락, 볼펜, 접착제 등)이 소재에서 완제품으로 태어나는 모습을 비디오로 추적한 소위 '메이킹 동영상'을 표방한 프로그램으로 15분 정도의 짧은 분량을 갖고 있음.
과학자가 남긴 말	애니메이션 형태로 제작되어 인류문명에 지대한 공헌을 한 과학자들이 남긴 명언, 명구들을 살펴볼 수 있는 프로그램
과학의 정원: 재미있는 과학토막상식	동식물에 대한 소개와 상식, 생활 속 과학상식 등을 짤막하게 보여주는 상식 프로그램
지구와 공존한다: 가이아 네틱스의 시대	일본 및 세계 각지에서 연구되는 최신의 환경 보전을 위한 과학기술을 가이아 네틱스(Gaea netics, 친환경 기술체계)라고 정의하고 이에 대한 최신사례들을 보고하는 프로그램
과학 프런티어 21	독립행정법인인 과학기술진흥기구(JST)가 담당하는 기초연구를 주체로 한 사업성과 및 연구활동에 대한 소개 프로그램
나의 미래 카탈로그	이공계 분야의 직업을 가진 각 분야 전문가들을 소개(현재까지 로봇 크리에이터, 프로그래머, 수의사, 과학 저술가 등의 직업을 소개)하고, 직업 탐방의 기회를 갖는 프로그램

다양한 오락프로그램이 제작되어 방영되는 일본 방송채널의 특성을 감안할 때, 일본의 '사이언스 채널'은 오락적인 요소는 많지 않다. 퀴즈 프로그램이나 버라이어티 형태의 프로그램은 전무하며, 정보제공 프로그램이나 다큐멘터리 형태의 프로그램이 대다수이다. 이는 '사이언스 채널'을 운영하는 주체가 민영방송사가 아닌 일본 과학기술진흥사업단(JST)이므로 과학기술에 대한 대중의 이해에 있어

서 오락적인 측면보다는 정보와 지식적인 측면을 더욱 강조하기 때문인 것으로 사료된다. 또한 '사이언스 채널'은 프로그램 편성과 콘텐츠의 적절성을 평가하기 위해 제3자로 구성된 '방송 프로그램 위원회'를 운영(총 9명으로 과학커뮤니케이션 분야 교수, 케이블TV 연맹이사, 과학영상학회 이사, 시립박물관 연구원 등)하고 있으며, 상시적으로 시청자들의 의견을 수렴하도록 인터넷 웹사이트의 메뉴에 '앙케트'를 운영하고 있는 점도 주목해 볼 만한 부분이다.

(4) 중국의 사례: CCTV 10

중국 CCTV의 과학교육채널인 'CCTV 10'은 2001년 7월 방송을 시작한 이래 사회 대중서비스의 이념을 가지고 교육품격과 과학품질, 문화 품위라는 위상을 추구하는 채널로 다양한 과학기술 관련 프로그램을 방송해 왔다. 'CCTV 10'의 과학콘텐츠들은 위성을 통해 전 중국에 매일 20시간 방영된다. CCTV가 보유하고 있는 전체 채널 50개 중 채널 만족도가 10위권일 정도로 중국 내에서 비교적 많은 사랑을 받고 있다. 2012년에도 비교적 다양한 프로그램들(과학교양, 발명, 의학, 환경 프로그램 등)이 제작되어 방영되고 있는데, 대표적인 프로그램들을 살펴보면 다음의 표와 같다.

▶ 중국 'CCTV 10의 대표 프로그램

프로그램명	세부내용
走近科学 (과학으로 가다)	단독 과학채널 설립 이전인 1989년부터 제작된 과학교양 프로그램으로 해외의 다양한 프로그램상을 수상한 바 있는 'CCTV 10'의 대표 프로그램
我爱发明 (나는 발명을 사랑해)	새로운 기술을 발명한 일반인, 단체들을 인터뷰하고 이들의 발명품을 함께 확인해 보는 프로그램으로 스튜디오 촬영과 현장에서의 발명품 시연 등을 종합적으로 구성함.

健康之路 (건강의 길)	다양한 질환, 질병 등에 대해 사례자가 직접 출연하여 의사들의 진단과 소견을 듣는 의학정보 프로그램. 진행자와 사례자가 이야기를 나눈 뒤 스튜디오 내에 전문의들이 출연하여 사례자의 이야기를 듣고, 상호 논의를 통해서 처방을 내림.
绿色空间 (녹색공간)	중국 내에서도 환경의 중요성이 부상하고 있는 상황에서 중국과 해외의 환경보호 과정에서 배운 교훈과 현실을 다루는 교양 프로그램
科技人生 (기술수명)	뛰어난 능력과 재능을 가진 과학자와 기술자들을 소개하여 사회의 과학기술에 대한 관심을 촉진하고, 새로운 과학문화를 창달하기 위한 프로그램

앞서 미국(Discovery Channel, National Geographic Channel), 영국(BBC Knowledge), 일본(사이언스 채널), 중국(CCTV 10)의 대표 프로그램들을 상세하게 분석한 바 있는데, 이러한 논의들을 종합하여 'YTN 사이언스'에서 향후 콘텐츠전략(편성, 콘텐츠 제작 전략 포괄) 및 홍보전략 수립에 참조가 될 만한 부분들을 정리하면 다음과 같다.

▶ 해외사례 분석을 통한 전략적 시사점 도출

분류		세부내용
콘텐츠	편성	• 타깃 시청자 집단과 라이프스타일을 고려한 편성 필요 • 자체 제작 프로그램 증대, 규칙 없는 무분별한 재방송 비율의 저감
	콘텐츠 소재 선택 & 제작 & 활용	• 다큐멘터리, 지나친 오락물이 아닌 팩추얼 엔터테인먼트형 프로그램의 제작비율을 높일 필요 • 일반적 소재를 지향하는 프로그램과 독특한 소재를 지향하는 프로그램으로 제작역량 이분화 • 포맷 수출 등을 고려한 글로벌 지향적 콘텐츠 제작 • 콘텐츠를 대표하는 캐릭터 구축(MC & 프로그램을 상징하는 캐릭터) • 성공한 콘텐츠에 대한 스핀오프 제작 등 콘텐츠 가치를 배가할 수 있는 전략적 노력 필요 • 게임, 머천다이즈, 오프라인 이벤트 등으로 연계 발전시킬 수 있는 OSMU전략 필요 • 제작 초기부터 상품화 가능성이 있는 프로그램에 대한 비즈니스 전략 수립(고품격 프로그램으로 수출, OSMU에 용이한 콘텐츠 기획) • 비즈니스를 담당하는 부서, 비즈니스 전문 웹사이트 구축
홍보		• 국내외 다양한 행사와 연계(경진대회, 과학자 회의 등의 주최 및 중계방송) • 비용이 비교적 적게 드는 온라인, 모바일 홍보에 집중(관련 콘텐츠 집중 개발) • 채널 브랜드를 제고할 수 있는 홍보대사 임명, 대표 캐릭터 등 대중에게 친근한 홍보전략 적극 수립

4) 국내 과학전문채널의 미래발전을 위한 제언과 전략

앞서, 해외 각국의 과학전문채널들의 분석을 통해서 국내에 적용할 수 있는 다양한 시사점과 전략들을 정리하였다. 향후 국내 과학전문채널의 발전을 위해서 콘텐츠전략과 홍보전략으로 이원화하여 적용이 가능한데, 우선 콘텐츠 전략을 살펴보면 다음과 같다.

콘텐츠전략 중 첫 번째는 바로 콘텐츠 가치 제고를 위한 편성전략의 변화이다. 향후 과학전문채널(YTN사이언스)의 콘텐츠 가치 제고를 위해서는 현행 편성전략의 수정이 필요한바, 다음과 같은 세 가지 편성전략을 제언할 수 있다.

첫째, 타깃 시청 집단과 시청자 라이프스타일을 고려한 편성 재조정이 필요하다. 과거와는 달리 채널 편성에 있어서 타깃 시청자를 고려하는 경우가 많이 줄어들고 있지만, 그래도 여전히 프로그램의 기획과 제작에 있어서 타깃 시청자를 고려하는 것은 매우 중요한 부분이다. 이에 따라서 프로그램 제작의 기본 계획, 투입되는 인력의 역량, 제작비 등이 달라질 수 있기 때문이다. 우선 시청자 집단을 크게 연령별로 세 트랙으로 구분하고 이에 따라서 각 집단별 세부연령, 라이프스타일, 흥미도, 시청행태 등을 면밀히 조사하여 다시 세부 분류를 할 수 있을 것이다.

▶ 시청자 집단의 대분류: 3-Track

대분류		소분류		
1 Track 어린이		미취학 아동	과학에 흥미가 없는 초등학생 재학생	과학에 흥미가 높은 초등학생 재학생
2 Track 청소년		과학에 흥미가 없는 일반 청소년	이공계 계열로 진학을 희망하는 청소년	과학영재
3 Track 성인		과학에 흥미가 없는 일반인들	특정 과학 분야에 흥미도가 높은 마니아 집단	과학자나 엔지니어 등 과학계 종사자+과학교사

둘째, 3~4일 혹은 일주일 동안 동일한 시간대에 같은 프로그램을 편성하는 전략을 의미하는 소위 줄띠편성(stripping)을 통한 시청습관화 전략이 필요하다.

셋째, 프라임타임(prime time)대의 전략 프로그램 배치가 필요하다. 가족들이 함께 교육 및 교양적인 목적으로 시청할 수 있는 희소성 있는 채널이기 때문에, 프라임타임(20~24시 정도)에 어떠한 프로그램을 배치하느냐에 따라서 시청자들의 채널에 대한 관심도가 높아지거나 낮아질 수 있다. 향후 제작될 프로그램은 특히 프라임타임대에 배치하여 많은 시청자들이 볼 수 있도록 할 필요성이 있다.

다음으로는 콘텐츠 제작 및 활용 전략이다. 콘텐츠를 직접 제작하고 이를 활용하여 비즈니스 전략을 펼칠 필요가 있는바, 다음과 같은 여섯 가지 전략적 제언을 할 수 있겠다.

첫째, 콘텐츠 제작에 있어서의 이중적 전략이 필요하다. 즉 프로그램 제작전략을 크게 '지식전달'과 '흥미전달'의 두 분야로 나누고, 이에 따라서 해당 프로그램 군(群)을 재조정하는 콘텐츠 제작에 있어서의 이중전략이 필요하다고 사료된다.

둘째, 프로그램을 대표하는 캐릭터의 기획과 활용이 요구된다. 해외의 과학 프로그램들은 MC 자체가 캐릭터로서의 인기를 누리고, 'MC=프로그램의 브랜드'라는 공식이 일반화되면서 프로그램 인지도를 높이는 데 매우 큰 기여를 했다. 따라서 향후 프로그램을 기획할 때에는 MC의 캐릭터적인 특징이 프로그램에 녹아들 수 있도록 하는 전략이 필요하다. 출연료가 높은 유명 인사나 연예인이 아니더라도 프로그램의 기획취지와 맞아떨어진다면 충분히 화제성을 가질 수 있다.

셋째, 한국적 과학기술소재의 선택이 필요하다. 최근 한류열풍으로 한국 대중문화에 대한 해외 각국의 관심이 많아지고 있다. 이미 아이돌 그룹을 위시한 K-POP 등 한국 대중문화는 유튜브 등의 동영상 사이트를 통해서 세계적 인기와 이슈를 만들어내고 있다. 이러한 문화한류 열풍에 이어서 향후 한국의 문화예술뿐만 아니라 정치, 경제, 사회, 과학기술 등의 타 분야에 대한 관심도 많아질 것으로 예견되는바, 특히 한국의 뛰어난 과학기술(그 대표적인 부분이 바로 스마트기술을 포함한 IT분야)에 대한 세계의 관심도 높아질 것으로 예측된다. 이에 향후 '과학문화의 한류'까지 염두에 둔 한국적 과학기술 소재를 다루는 프로그램을 제작하는 것이 필요하다고 사료된다.

넷째, SNS와의 전략적 연계가 필요하다. SNS가 추동하는 스마트 미니어시대를 맞이하여 제작된 프로그램을 SNS와 연계한 전략을 시도할 필요가 있다. 프로그램을 페이스북과 같은 SNS과 연동하여 방송일정, 에피소드, 감춰진 이야기, 메이킹 필름, 다음 회 예고, 이벤트 등의 확장된 콘텐츠를 즐길 수 있게 하는 전략이 가능하다.

다섯째, 소재의 다변화와 심층화가 요구된다. 의학·의료 분야를 다루는 경우 단순한 질병진단과 의학치료의 개가를 소개하는 프로그램이 아니라, 희귀병을 시리즈별로 다룬다든지, 동물원 수의사들의 일상과 응용되는 의학기술의 소개, 속설로 알고 있는 음식별 궁합과 상극을 과학적으로 확인해 본다든지, 여의사들의 분투기를 리얼리티로 다룬다든지, 석해균 선장을 치료한 이국종 교수와 같은 중증외상치료를 담당하는 의사들의 노력과 의미를 담는 프로그램을 만든다든지 등 아이디어는 무궁무진할 것이다. 독특하면서도 심층적인 아이디어를 제작에 접목시키려는 노력이 필요할 것이다.

여섯째, OSMU활성화 전략이 필요하다. 일반적으로 OSMU 전략은 기획 단계부터 원작산업을 영화, 게임, 애니메이션, 캐릭터 등 타 장르의 문화콘텐츠와 함께 개발하여 상승효과의 극대화를 추구하는 것이다. 이러한 맥락에서 비단 과학채널뿐만 아니라 방송사에서 제작한 콘텐츠는 단순히 본방송과 재방송을 위해서 활용되는 것에 그치는 것이 아니고, 이를 활용하여 다양한 비즈니스 분야로 파생하는 OMSU전략이 일반화되고 있다. 향후 'YTN사이언스'도 웰 메이드(well-made) 콘텐츠를 활용하여 다양한 OMSU전략을 수행하거나, 인기 프로그램 MC나 캐릭터를 활용한 머천다이즈 사업들을 검토해 볼 필요가 있다.

한편, 과학방송채널이 아무리 좋은 콘텐츠를 가지고 있더라도 이를 적절하게 대중에게 알리는 홍보를 소홀히 한다면 힘들게 제작한 콘텐츠가 관심을 가지지 못하고 외면받는 경우가 발생할 수 있다. 따라서 콘텐츠와 채널을 알리기 위한 홍보전략이 매우 중요한데, 국내 과학전문채널의 발전을 위해서 다음과 같은 홍보전략을 적용할 수 있겠다.

첫째, 과학관련 행사 개최와 중계방송을 통한 채널 인지도 제고가 필요하다. 실제로 프로그램과 연계한 행사(공개방송 등)를 개최한다든지, 과학기술을 한류와 접목한 '(가칭)한류과학콘서트' 등의 행사를 개최하거나, 각종 경진대회나 발명대회를 프로그램 제작과 연계하여 개최하는 등의 이벤트 개최는 채널의 인지도를 제고하는 데 중요한 홍보전략이 될 수 있다. 중요 과학관련 행사(세미나, 국제회의 등)를 생방송 혹은 녹화 중계방송하는 것도 필요할 것이다.

둘째, 잡지 및 단행본 발간 등 인쇄매체로의 확장을 통한 홍보전략이 필요하다. 실제로 'BBC Knowledge' 채널의 경우 프로그램과 연관 있는 채널과 동명인 'BBC Knowledge Magazine'라는 잡지를 발간하여 전문 정보잡지로서 전략적인 포지셔닝을 추구하고 있다. 향후 이러한 잡지, 단행본 등의 인쇄매체로의 확장전략을 통해 'YTN사이언스'의 채널 인지도를 제고할 수 있을 것이다.

셋째, 향후 온라인/모바일 홍보 전략의 강화가 필요하다. 'YTN사이언스'의 홈페이지(http://www.sciencetv.kr)의 경우, 개별 프로그램에 대한 시청자 게시판을 비롯한 온라인 홍보가 미흡한 상황이다. 현행 개별 프로그램의 다시보기, 방송정보(시청자 게시판) 등을 개선하여 시청자들이 적극적으로 참여할 수 있도록 콘텐츠 기획 및 개선이 필요한 상황이다. 또한 현재 유지는 되고 있으나 미흡한 트위터나 페이스북 등 SNS를 활용한 홍보 전략도 병행적으로 시행되어야 한다. 스마트미디어시대를 맞이하여 다양한 형태의 모바일 애플리케이션을 개발하는 것도 중요한 전략이 될 수 있다. 현행 'YTN사이언스' 애플리케이션의 서비스 메뉴를 확대하고, 실시간 방송과 VOD 시청 외에 현행 인기 프로그램들과 관련된 애플리케이션을 독립적으로 개발하여 서비스하는 것도 가능할 것이다.

▶ 향후 親수용자 진화가 필요한 'YTN사이언스' 애플리케이션

한국 최초의 과학전문 채널 'YTN사이언스'

2006년 과학TV방송 민간사업자 사업공고가 시작되었고, 2007년 우선사업자로 선정된 보도채널 YTN이 같은 해 9월에 '사이언스 TV'라는 명칭으로 과학채널을 개국하였다. 이후 2010년 'YTN사이언스'로 개명한 뒤, 현재까지 국내 유일의 과학전문채널로 자리매김하고 있다. 편성기획팀, 제작팀, 방송지원팀, 기술 및 영상/앵커의 4개 조직으로 이루어져 있으며, 실생활에 밀접한 과학 상식과 지식을 쉽게 전하기 위한 프로그램 제작에 중점을 두고 있다는 평가를 받고 있다. 또한 'YTN사이언스'는 6년 연속 공익채널에 선정되면서 고품질의 콘텐츠에 대한 높은 기대감도 받고 있다. 하지만 여전히 프로그램 접근성에 대한 문제점도 제기되는 바, 킬러 콘텐츠의 필요성과 채널 홍보에 대한 적극적인 노력이 필요하다는 평가이다.

3부

과학뉴스와 과학저널리즘

제1장

뉴스 속의 과학보도

1. 과학뉴스의 정의와 분류

1) 뉴스 그리고 과학뉴스

(1) 멀고 먼 대중과 과학자의 소통: 매개체로서 미디어의 중요성

과학을 매개로 한 커뮤니케이션 활동인 과학커뮤니케이션은 이야기(토픽)의 생산자로서 과학자의 비중이 대단히 크다. 최근 인터넷의 발달로 인해 도처에 정치평론가, 대중문화평론가들이 양산되는 상황에서 '과학평론가'를 자처하는 사람들의 숫자가 상대적으로 적은 것은 이러한 과학자들의 커뮤니케이션 차원에서의 역할론에도 상당부분 기인한 바 크다. 정치와 관련된 커뮤니케이션에서 국회의원을 비롯한 정치인들은 커뮤니케이션 소재를 대중들에게 제공해 주지만, 과학과 관련된 이야기는 전적으로 과학자의 과학활동과 그 결과물에서 기인한다. 과학자들이 발견한 이론과 가설, 발명품, 실험실에서의 고군분투 스토리가 바로 커뮤니케이션의 중요한 소재가 되는 것

이다. 따라서 다른 어떤 커뮤니케이션 영역보다도 과학자에서 일반인으로 향하는 일방향적인 성향이 강할 수밖에 없다.

과학커뮤니케이션에서 과학자가 차지하는 비중은 크다. 그런데 과학자들은 일반인들과는 다른 세계에 살고 있다. 이것이 과학커뮤니케이션이 어려울 수밖에 없는 또 하나의 이유인 것이다. 이것을 설명하기 위해서는 현상, 개념, 이론의 관계를 이해해야 한다. 예컨대, 아래쪽에서부터 현상, 개념, 이론으로 구성된 커다란 산을 상상하면 이해하기 쉬울 것이다.

일반인은 '현상'의 세계에 발을 딛고 산다. 눈에 보이고 손으로 만질 수 있는 구체적 대상들이 존재하는 영역이다. 반면, 과학자는 '이론'의 세계인 산의 꼭대기 부분에 있다. 현상으로부터 일반화와 추상화의 과정을 거쳐 창안해 내는 것이 개념과 이론이다. 산등성이의 일반인과 꼭대기의 과학자는 서로 만날 일이 없다.

산의 아래쪽에 있는 일반인들이 힘들더라도 산을 오르거나, 산꼭대기의 과학자들이 아래쪽으로 내려오지 않으면 둘은 만날 수 없다. 멀리 떨어진 두 사람이 아무리 큰 소리로 외치더라도 많은 이야기를 자세히 나누기는 어렵다. 그뿐만 아니라 과학자가 사는 이론의 세계와 일반인이 사는 현상의 세계는 전혀 다른 세상이다.

이 둘의 소통을 위해서는 매개자가 필요하다. 산의 중턱에 서서 양쪽의 이야기를 전달해 주고 각자의 언어로 옮겨주는 역할을 해야 한다. 각자가 쓰는 언어 자체가 다르기 때문에 이는 더욱 어렵다. 물론 과학자를 산 아래쪽으로 내려오도록 하고 현상세계의 언어를 쓰도록 하면 된다. 또는 일반인들로 하여금 산중턱으로 올라오도록 하고 이론 세계의 언어를 배우도록 하면 된다. 그러나 과학자들은 그

럴 만한 여유를 갖기 어렵고 일반인들이 산을 오르기에는 너무 힘에 부친다. 그러한 매개자의 역할을 해온 것이 바로 대중매체인 신문과 방송, 과학도서, 과학잡지, 과학박물관 등이다. 그중에서 신문과 방송은 과학자와 일반인 사이의 중개자로서 가장 큰 비중을 차지해 왔다. 대중매체(대중미디어)는 일반인들이 쉽게 접근할 수 있으면서도 강력한 사회적 전파력을 갖췄다는 점에서 크게 기여했을 것이다. 이러한 대중매체가 과학을 다루는 방법은 크게 두 가지로 구분할 수 있는데, 바로 뉴스로서 과학을 다루는 것과 콘텐츠로서 과학을 다루는 것이다. 전자는 신문이나 방송의 뉴스 또는 시사보도 프로그램을 예로 들 수 있다. 후자는 방송에서 과학을 소재로 하는 다큐멘터리나 드라마를 예로 들 수 있다(박성철, 2011).

아무래도 과학기술이 갖는 첨단의 이미지, 시의성 등을 종합해 볼 때 우리가 관심을 갖게 되고 가장 쉽게 접할 수 있는 분야는 단연 속보성이 높은 과학뉴스일 것이다. 또한 요즘에는 TV 스위치를 켜고, 신문지면을 펼치는 수고를 하지 않더라도 스마트폰을 터치하고 인터넷 화면을 클릭하는 것만으로도 손쉽게 과학에 관련한 정보와 지식을 뉴스를 통해서 접할 수 있게 되었다. 뉴스과잉의 시대라는 비판도 있지만, 과학에 대한 소식을 쉽게 접할 수 있다는 점에서 진화하는 디지털미디어 환경은 많은 기여를 하고 있다.

▶ 일반대중과 과학자의 소통의 매개체로서 미디어의 역할

(2) 뉴스와 과학뉴스: 새로운 이야기? 가치 있는 이야기?

우리 삶 속에서 뉴스(news)가 갖는 의미는 각별하다. 우리가 하루라도 뉴스를 접하지 않고 살 수 있는가? 이 질문에 '아니오'라고 대답할 수 있는 사람들은 별로 없을 것이다. 대통령선거, 남북관계, 세금 문제 같은 공공적 성격의 문제나 교통, 교육, 실업, 물가와 같은 일상생활에 관련되는 문제, 더 나아가 월드컵 본선진출, 프로야구 경기 결과, 연예오락 같은 인간적인 흥미와 관심을 끄는 주제까지 소위 '뉴스의 홍수' 시대에 살고 있음이다. 뉴스는 신문과 방송, 인터넷, 잡지, 라디오를 통해 우리가 사는 세상의 소식을 전해준다. 뉴스를 제공하는 기능은 미디어를 다른 사회 제도나 기관, 조직으로부터 구별되게 하는 미디어만의 독특하고 고유한 것이라고 할 수 있다. 뉴스에 관련된 업무는 언론인의 중심적인 활동이다.

무엇보다도 수용자의 입장에서 보면 뉴스는 주변에서 어떤 일이 벌어지고 있는지 알고자 하는 인간의 욕구에서 비롯된다. 사람은 자기가 직접적으로 경험하지는 못하지만 자기가 살고 있는 세상과 그

바깥의 세상에서 어떤 일이 벌어지고 있는지 알고 싶어 하는 기본적인 욕구가 있다. 이런 인간의 욕구는 역사적으로는 큰 변화가 없는 것이다. 사람들은 문자가 발명되기 전에는 구전이나 노래를 통해 뉴스를 소통했다. 사람들은 뉴스를 통해 세상을 알게 되고 나아가 그러한 사회적 현상과 자기와의 관련성을 찾는다(배규한 외, 2004). 이러한 뉴스는 다양한 세상만물의 소식을 전하는 것이기 때문에 동서남북(north-east-west-south)을 가리키는 영문자의 합성어로서 여기저기서 발생한 일이라고 말하는 잘못된 유래가 전해져 오기도 한다. 뉴스를 정의하는 표현은 다음과 같이 매우 다양하고 재미있다.

- 뉴스는 새롭고 중요한 정보이다(Concise Oxford Dictionary).
- 뉴스는 독자를 깜짝 놀라게 만드는 것이다(Arthur McEwen).
- 개가 사람을 물면 뉴스가 아니고, 사람이 개를 물면 뉴스이다(Charles Dana).

현대사회에서 미디어는 매우 중요한 정보획득의 수단이다. 우리는 사회에 적응하기 위해서 미디어에 의존하게 된다. 우리 주변에서 일어나고 있는 여러 가지 일에 대해 알지 않고서는 살아가기 어렵기 때문이다. 뉴스는 사회의 교과서의 역할을 한다. 미디어는 우리를 교육할 뿐만 아니라, 미디어를 통해서 우리는 다른 사람들이 말하고 행하는 내용을 알게 된다. 특히 어린이들에게 매스미디어는 보모의 역할과 선생의 역할을 동시에 수행한다. 과거에는 가정과 학교를 전통적인 교육기관으로 취급하였지만 이제 매스미디어가 제3의 교육기관의 역할을 하고 있고, 그 중심에는 언론에서 내보내는 뉴스가 중요한 위치를 점하고 있음이다.

그 밖에도 뉴스는 발생한 사건의 사회적 의미와 상관관계 또는 사건의 추이에 대한 예측 등을 설명해 주는 해설적 기능을 수행한다. 이를 앞서도 논의한 바 있지만 '상관조정기능'이라고 한다.

일반적으로 뉴스 가치들을 판단하고 취사선택하여 신문에 보도하느냐, 않느냐의 문제는 언론사나 언론인이 담당하게 되는데 이들이 뉴스를 선택할 때 고려하는 사항을 바로 뉴스가치(news value)라고 한다. 즉 어떠한 뉴스가 뉴스로서 가치가 있을까 우선적으로 고려되는 뉴스선택의 기준인 셈이다. 신문이나 방송의 뉴스로서 채택될 만한 사건의 특성을 가리키는 말이기도 하다. 일반적으로 적용되는 뉴스가치는 다음과 같이 정리될 수 있다(김우룡·정인숙, 2004)

1. 시의성(timeliness). 뉴스는 신선해야 한다. 인편이나 선편에 의해 뉴스가 전달되는 시절에는 시의성이 별문제가 되지 않았으나 전자매체의 발달로 속보경쟁이 벌어지고 있는 현재는 신선한 뉴스만이 뉴스로서의 가치가 있다.
2. 근접성(proximity). 가까이서 일어난 사건일수록 뉴스가치가 높다. 외국 뉴스보다 국내 뉴스가, 서울 뉴스보다는 자기가 살고 있는 고장의 뉴스가 더 가치가 높다.
3. 인간적 흥미(human interest). 흥미를 유발하는 화젯거리 등 인간성의 본보기를 보여주는 뉴스이다.
4. 영향력(consequence). 독자에게 얼마만한 영향이 있는 뉴스인가 하는 점이다.
5. 재난(disaster). 대재난은 뉴스가 된다. 자연재해는 물론 비행기 사고, 자동차사고 등 가종 대형 참사는 곧 뉴스가치를 갖는다.
6. 저명성(prominence). 유명한 사람은 뉴스메이커이다. 유명인들의 이름은 곧 뉴스이다.
7. 신기성(novelty). 신기한 것은 뉴스가 된다. 개가 사람을 물면 뉴스가 아니지만 사람이 개를 물면 뉴스가 되는 것이 그런 예이다. 일상적이지 않은 것, 특이한 것, 예외적인 것이 뉴스이다.
8. 갈등(conflict). 이혼, 정치적 갈등, 유명인사들 간의 내분 등은

뉴스가치가 있다. 혹자는 뉴스가치의 첫 번째는 무질서라고 주장하는 사람도 있다. 질서정연한 것으로부터의 모든 일탈은 뉴스가치가 있다는 것이다.

한편, 과학을 주제로 한 뉴스를 의미하는 과학뉴스(science news) 역시 이러한 뉴스의 특성을 상당부분 따른다. 과학뉴스에서 다루는 주제는 일반적으로 자연과학, 의학 및 기술(일상적으로 사용하는 모든 형태의 기술이라기보다는 기술의 과학적인 원리나 새로운 첨단 기술을 의미함)에 대한 전문적인 지식과 정보이다. 이러한 주제를 다루는 과학뉴스는 앞서 일반 뉴스가 가지는 뉴스가치와 유사한 기준점이 적용되기도 하지만 과학뉴스만이 가진 독특한 뉴스가치가 적용되기도 한다. 이를 살펴보면 다음과 같다(박영상, 1989).

첫째, 일반뉴스와 같이 시의성도 고려해야 하나 절대적인 가치는 아니다. 하지만 보도시점은 중요하게 고려된다. 일반적으로 뉴스는 가장 빨리 변질될 수 있는 상품이라고 일컬어진다. 보도가 빨리 될수록 그 가치가 높은 것이다. 때문에 언론기관 간 속보전쟁이 일어나는 것이다. 물론 과학뉴스 역시 최신의 연구결과는 속보성 면에서 매력적인 주제로서 언론에서 다루어진다. 하지만 일반적으로 과학기사는 최종 연구보고서나 연구결과가 나온 이후에 취재의 대상이 된다. 흔히 학술전문지 등에 실린 연구결과를 언론이 일반대중이 이해하기 쉽게 재작성해야 하므로 과학기사는 엄격한 의미에서 시의성과는 다소 동떨어진다고 볼 수 있다. 간혹 연구기관이나 대학의 홍보담당관이 연구결과를 바로 브리핑하거나 보도자료를 제공하는 경우도 있지만 이러한 경우는 그렇게 자주 일어나는 것이 아니다. 과학뉴스의 경우에도 시의성을 물론 고려해야 하나 시점이 오히려 과학뉴스와는 불가분의 관계를 맺고 있다고 할 수 있다. 예컨대, 환절기 독감이 유행한다거나, 여름철에 식중독이나 패혈증을 조심해야 한다든지, 겨울철 폭설에 대비해야 한다는 기사는 그것이 새롭게 발생된 현상이 아니라고 해도 기사로서는 가치가 있을 수 있고 그렇기 때문에 뉴스에서 빈번하게 다루어지고 있다.

둘째, 해당 주제가 초래하는 영향력이나 파급효과는 뉴스가치를 판단하는 중요 척도이다. 일반적으로 가장 많은 독자에게 영향을 미치는 것이 좋은 기사라는 점은 이미 다 알려진 준칙이다. 새로운 병균의 발견이나 획기적인 치료법의 개발이 중요한 기사로 취급되는 것은 그것들이 모든 수용자들의 생활에 큰 영향을 미친다는 판단 때문이다. 예컨대 암이나 심장병 질환 등이 반복적으로 미디어에 실리는 것은 모든 사람들이 큰 관심을 갖고 있다고 언론에서 판단하고 있기 때문이다.

셋째, 특이성과 의미성도 중요한 척도이다. 모든 과학적 현상은 그 자체가 인간생활에 어떤 의미를 갖게 된다. 만일 과학기사가 그 현상이 지니고 있는 의미나 특이한 부문을 찾아내지 못한다면 보도될 수 없음은 자명한 사실이다. 예컨대, 유전인자를 다른 생물체로 이식시키는 실험이 성공했을 때 대부분의 미디어들은 그것을 실험실에서 유용한 것으로 생각했기 때문에 이를 적극적으로 보도하지 않았다. 그러나 이 사실은 생명공학을 발전시키는 계기를 제공한 것은 물론 인터페론을 합성시키는 시발점이라는 의미를 지니고 있었지만 그 점이 소홀하게 다루어졌고 따라서 기사로서 제대로 취급되지 못했다.

넷째, 인간적인 흥미를 끌 수 있느냐 없느냐 하는 점도 뉴스판단의 중요한 기준이 된다. 이것은 인간의 감성에 호소하는 것을 의미하기도 한다. 과학기사의 영역에서 인간의 흥미를 유발할 수 있는 기사는 어떤 병마에 시달리고 있는 사람들이 삶이나 그들을 치료하기 위한 돈을 모금하기 위한 캠페인이 가장 두드러진다. 또는 인공위성 등의 우주발사체에 실려서 실험의 대상이 된 원숭이 등 실험용 동물의 기사도 사람들의 흥미를 끌 수 있는 것으로 판단된다. 더불어 유명한 과학자의 일상생활이 과학뉴스의 중요한 주제로 다루어지기도 한다. 사람들은 다른 사람들의 생활에 대해서 알고자 하며, 그 같은 관심은 유명하면 할수록 더욱더 커지게 된다. 또한 위대한 발견 뒤에 가려졌던 일화 등도 대중의 관심을 끌 수 있음은 물론이다.

그러나 이렇게 과학을 다룬 뉴스가 기자를 통해서 취재되더라도 방송되거나 지면에 실리는 비율과 시간은 타 분야에 비해서는 턱없이 부족한 것이 현실이다. 여전히 뉴스의 중심에는 정치와 경제 그리고 사회가 있으며 그 비중은 크게 변하지 않을 것이다. 이것은 모두 우리의 삶과 직결되는 세상의 움직임 그 자체이기 때문이다. 그 외에도 글로벌한 화제, 생활, 스포츠, 엔터테인먼트 뉴스가 있다. 이러한 분야들과 비교하면 과학을 다룬 뉴스는 독자들에게 친근하게 여겨지지 않으며 '구색 맞추기'에 지나지 않는다고 오랫동안 말해져왔다. 그러나 최근에는 '주요' 뉴스들에서도 과학기술적인 측면이 많이 포함되고 있다. 단역이 주인공이 될 기회가 많아지고 있는 것이다. 신종인플루엔자 확산 사건과 같은 큰 사건은 다양한 요소를 내포하고 있다. 새들(조류) 사이에서 유행하는 새로운 인플루엔자 그 자체는 과학의 연구 주제이지만, 그것이 인간에게 감염되면 의학이나 공중위생의 문제가 된다. 그리고 양계업자들의 막대한 피해는 사

회・경제적인 문제가 된다. 쇠고기 부족에 이어 닭고기도 부족해지면 우리 식생활에 직접적인 충격을 줄 수도 있다. 이처럼 최근 과학기술 뉴스는 사회적인 영향력의 도달범위를 점차 확장하고 있으며 단순한 과학기술 뉴스의 비율은 상대적으로 감소하고 있다(日本科學技術ジャ-ナリスト會議, 2004; 박성철・오카모토 마사미 역, 2010). 이는 과학기술이 사회와 불가분의 관계를 맺고 있으며, 대중과 괴리되어 있지 않다는 반증이기도 하다.

▶ 다양한 분야에서 취급되는 과학기술뉴스: 신종인플루엔자 사례

2) 과학뉴스의 유형

앞서도 논의한 바 있지만 일반적으로 과학뉴스는 과학과 공학, 기술과 관련된 내용을 다루는 뉴스를 의미한다. 이러한 과학뉴스를 내용에 따라서 크게 네 가지로 정의할 수 있는데, 이는 다음과 같다(박성철, 2011).

첫째, 최근의 연구성과(frontier science)에 관한 뉴스이다. 최신의 과학연구 활동에 주목한다는 점에서 과학뉴스의 핵심적인 영역이라고 할 수 있다. 이러한 뉴스의 가장 큰 특징은 바로 과학자를 주된 취재원으로 하고 새로운 과학지식을 다루고 있다는 점이다. 최신의 연구 성과이기 때문에 기자가 해당뉴스를 전적으로 취재하고 기사화하기에는 어려움을 겪을 수밖에 없다. 일반적으로 좁은 의미로서의 과학뉴스는 바로 이 영역에 해당하는 뉴스를 가리키는 것이다. 일반대중들도 이러한 최근의 연구성과를 다룬 과학뉴스에 대해 많은 흥미를 갖게 된다.

첨단과학을 취급하는 뉴스는 취재원의 범위가 대단히 제한적이다. 직접적으로 취재원은 해당 연구에 참여한 과학자(혹은 해당기술개발에 참여한 엔지니어 등)로 한정되며 이에 대해 의견을 줄 수 있는 취재원 역시 대단히 제한적일 수밖에 없다. 따라서 이러한 취재원을 찾아내고 접근하는 것 자체가 상당한 노하우와 경험을 필요로 한다. 취재원이 되는 과학자들이 언론과의 접촉에 익숙하지 못하고 언론과의 인터뷰나 취재 역시 달갑게 생각하지 않기 때문이다. 그리고 뉴스를 통해서 제기되는 새로운 연구결과는 논쟁의 대상일 수 있으며 이후의 검증과정에서 다른 평가를 받기도 한다. 따라서 속보성 경쟁에 매몰되어 기사가 향후 미칠 파급력을 생각하지 않고 검증 없이 내보내는 행위는 경계해야 할 부분이다.

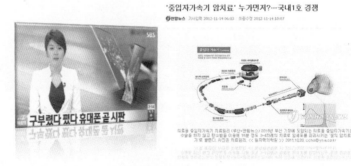

▶ 최근 연구성과에 관한 뉴스사례

둘째, 교과서 과학(text-book science)을 다룬 뉴스다. 여기에 포함된 과학지식은 오랜 기간 반복적 검증을 견뎌내고 과학자들 사이의 컨센서스를 획득한 것들이다. 이러한 뉴스는 새로운 정보라기보다는 기존 과학지식의 전달을 통해 과학에 대한 이해와 소위 식자율(scientific literacy)을 증진시키는 효과를 기대할 수 있다. 시사적 사건이나 자연현상에 대한 이해를 돕기 위한 해설뉴스가 여기에 포함된다. 첨단 과학뉴스가 새로운 사건으로서의 '시의성(timeliness)'에서 뉴스의 가치를 찾는다면 교과서 과학뉴스는 적절한 시점으로서의 '시기성(timing)'에 초점을 맞춘다. 예컨대, 늦여름에는 태풍의 발생과정에 대한 기사가, 가을에는 단풍의 메커니즘에 대한 기사가, 겨울에는 동물들의 겨울잠에 대한 기사가 교과서 과학뉴스로 빈번하게 등장한다. 이러한 기사들은 매년 거의 반복되는 경향이 있으며, 특정한 시기에 집중된다.

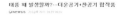

▶ 교과서 과학을 다룬 뉴스사례

셋째, 과학정책과 과학교육에 관한 뉴스이다. 즉 과학자들이나 연구기관에서 창출해 낸 연구 활동과 성과를 제외한 과학계의 소식을 다룬 뉴스들이 여기에 해당한다. 과학 연구개발 분야의 투자예산에 대한 뉴스, 초·중·고 과학교육에 대한 뉴스 등을 사례로 들 수 있다. 연구기관의 인사 및 기관장 동정 등도 이러한 뉴스에 포함된다. 이러한 뉴스들은 앞의 두 영역의 뉴스들과는 구분된다. 즉 과학을 소재로 할 뿐 정치, 경제, 사회 분야의 뉴스와 유사한 특성을 나타낸다. 특별한 과학기술에 대한 지식이 없는 일반기자들도 이러한 뉴스는 보도가 가능하다.

▶ 과학정책과 과학교육에 관한 뉴스사례

넷째, 과학자(scientist)에 관한 뉴스이다. 여기에는 공학자(engineer)나 기술인(technician)도 포함된다. 과학자 개개인의 삶과 생활에 초점을 맞춘 뉴스이다. 일반 독자는 복잡하고 이해하기 어려운 연구결과보다는 그들의 도전과 성취를 더욱 흥미롭게 여긴다. 예컨대,『네이처』에 실린 논문의 내용보다는 대학원생이 한 해에 두 번이나 저명저널에 논문을 게재했다는 점에 주목하며, 장애를 딛고 새로운 결과를 창출해낸 과학자가 있으면 사람들의 관심은 커진다. 또한 세계보건기구(WHO) 사무총장으로 재직 중 타계한 故이종욱 박사와 같은 타의 귀감이 되는 과학자들도 뉴스의 대상이 될 수 있다. 그렇기

때문에 과학자를 다루는 뉴스 역시 언론의 입장에서도 높은 뉴스가
치를 가진다.

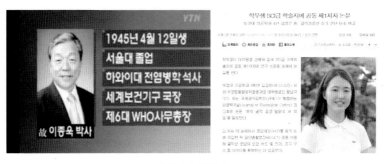

▶ 과학자에 관한 뉴스

2. '과학' 뉴스 vs. 과학 '뉴스'

　다매체, 다채널 시대로 접어들면서 뉴스를 보도하는 언론사들의
숫자도 증가하고 있다. 과거에는 지상파 방송사와 주요 일간지를 비
롯한 신문사들이 언론이라고 일컬어졌다면 이제는 인터넷을 기반으
로 한 언론사들이 증가하고, 케이블 및 위성이라는 플랫폼을 기반으
로 한 언론사들이 그 숫자를 헤아리기 힘들 정도이다. 시장에서도
경쟁자가 많아지면 경쟁이 치열해지듯이 이렇게 언론사들의 숫자가
많아지다 보니 대중들이 관심을 보일 뉴스들 소위 특종을 취재하기
위한 경쟁도 치열해지면서, '총성 없는 전쟁터'를 방불케 하고 있다.
이러한 언론사들의 뉴스경쟁에는 과학뉴스를 제작하는 과학기자들
도 예외는 아니다. 과학기자들은 과학커뮤니케이터이기에 앞서 언론

사에 소속된 직원으로서 소위 '상품'으로서의 뉴스를 생산해야 하는 부담감을 지닐 수밖에 없기 때문이다. 그렇기 때문에 항상 과학기자들은 '과학'뉴스와 과학'뉴스'에서 딜레마를 갖고 고민할 수밖에 없는 것이다.

우선, 과학에 방점을 찍고 '과학'뉴스를 제작하는 경우를 가정하면, 이 경우 가장 중요하게 고려해야 하는 요소는 바로 해당기사의 정확성, 객관성, 풍부성 등이다. 특히 연구결과가 갖는 데이터와 결과 값 등에 대한 정확성의 경우 '과학'뉴스가 갖는 중요한 덕목이다. '과학'뉴스의 경우 대체로 기자들이 해당 기사를 취재하기 위한 시간이 충분히 부여된다. 물론 해당 분야에 대한 학습이 선행되어야 하겠지만 본인이 해당 분야에 대한 지식이 충분하지 못할 경우 다양한 전문 취재원을 확보(주로 과학자와 엔지니어들)하여 인터뷰와 자문 등을 통해 기사를 만들 수 있는 시간도 벌게 된다. 다만 최신의 연구결과에 대한 기사의 경우 아무리 충분한 시간을 주더라도 취재가 어렵기 때문에 대체로 기존의 누적되고 검증된 연구결과들이 주요한 취재의 대상이 된다. 이러한 기사들은 신문에서 섹션형태로 나오는 과학면, 방송사들의 심층시사프로그램, 그리고 주간지 등의 과학리포트 등에서 확인할 수 있다. 하지만 이렇게 '과학'뉴스에 초점을 맞추게 된다면 언론에서 금과옥조로 여기는 '신속성', '시의성' 등의 요인들을 제대로 충족시키기는 어렵다. 예컨대 '세계 최초의 만성질환 ○○○ 치료제 발견'이라는 소위 특종을 모든 언론사들이 동일하게 취재한 경우 A언론사가 고집스럽게 이에 대한 동료과학자들의 평가, 이 치료제가 갖는 다양한 사회적·경제적 의미들을 장기적으로 취재한 경우, 이미 이 사실을 소나기식으로 폭발적으로 다룬

B, C, D 등의 언론사들에 비하면 그 기사의 집중도나 관심은 떨어질 수밖에 없다. 과학지식을 정확하고 객관적으로 다루었다는 점에서 긍정적으로 볼 수 있으나, 언론사도 이익집단으로서 영리와 대중들의 관심을 끌어야 한다는 점에서는 현실상 쉽지 않은 부분이다.

반면에 뉴스에 방점을 찍고 과학'뉴스'를 제작하는 경우를 가정하면, 이 경우 가장 중요하게 고려해야 하는 요소는 바로 해당기사의 신속성, 시의성 등 주로 속도와 관련된 부분들이다. '뉴스는 가장 빨리 상하는 상품'이라는 말이 있듯이 대단히 중요한 뉴스라도 보도시기를 놓치면 뉴(New)스토리가 아니라 올드(Old)스토리가 되는 것이 바로 뉴스이다. 예컨대, 아무리 흥미진진한 스포츠경기라도 어제 경기의 결과는 사람들이 관심이 없고, 대통령 선거 결과도 개표 즉시 알아야 뉴스의 가치가 있는 것이며, 강력한 태풍의 진로도 지금 당장 알려주지 않으면 사람들이 태풍으로 인한 피해를 최소화할 수 없다. 이렇게 신속한 뉴스의 전달을 위해서 최적화된 것이 바로 언론사들이 갖는 취재·보도 시스템이기도 하다. 과학기자들도 이러한 언론사에 속해 있는 만큼 신속한 과학뉴스의 취재와 보도가 익숙해 있을 것이다. 따라서 대다수의 과학뉴스들은 과학'뉴스'가 될 가능성이 높다. 국내외 과학자들이 성취한 개별적 연구 성과를 다룬 뉴스들이 주된 취재메뉴가 된다. 시의성 높고 신속한 과학'뉴스'는 사람들의 관심을 끌기 쉽다. 주로 '세계 최초', '한국 최초', '인류의 새로운 혁신', '과학기술사의 획기적 발견' 등의 타이틀이 붙는 경우가 많아 사람들의 관심 또한 높다. 인터넷 신문에서도 이러한 기사들의 클릭 숫자가 가장 많다. 하지만 신속함을 추구하는 만큼 내실 있는 기사로서의 가치는 떨어질 수밖에 없다. 결국 관심을 가졌던 대중들이 오히려 이러한 기사들을 비판하기도 한다. 대개의 경우 연구의 중간과정이나 배경을 과감하게 생략하고 과장된 평가와 해석으로 마무리를 짓는 경우가 많아 오히려 오해와 억측을 불러일으키기도 한다. 또한 과학자들 역시 자신들의 성과를 정확하게 전달하지 못한다는 불만을 갖기도 한다.

문제는 이런 기자들의 과학뉴스 제작의 딜레마가 계속되고 있으며, '과학'뉴스보다는 과학'뉴스'를 더욱 선호할 수밖에 없다는 것이다. 이는 과학담당기자 개인에게 전적으로 과학기사 취재를 맡기는 언론사의 시스템적 문제, 소수의 인원이 기사를 담당하는 데서 초래되는 물리적 압박 등의 복합적인 결과로 해석할 수 있다. 실제로 미디어매체의 속성상 정확성을 강조하는 '과학'뉴스와 신속성을 강조하는 과학'뉴스'를 균형 있게 다루는 것은 현실적으로 쉽지 않은 사실이다. 결국 이를 개선하기 위해서는 무엇보다도 언론 내부에서의 과학뉴스의 지향점에 대한 심도 있는 논의(우리 언론사가 과학뉴스를 제작하는 목표와 그 가치는 무엇인가 등)가 필요하며, 정확성을 지닌 인재(이공계 출신 저널리스트), 신속성을 지닌 인재(과학 관련 교육, 취재 경험이 있는 非이공계 저널리스트) 등 과학이슈를 취재할 수 있는 풍부한 인력 pool을 갖추는 것이 무엇보다도 중요하다. 결국 풍부한 인력이 마련되어야 과학적 지식과 저널리즘의 가치를 모두 만족시킬 수 있는 기사가 생산될 수 있을 것이다.

제2장

과학기자
그리고 과학저널리즘

1. 대중과 과학자를 잇는 과학커뮤니케이터, 과학기자

1) 과학기자의 유형과 특성

언론사에는 다양한 취재분야가 있다. 실제로 정치, 경제, 사회, 문화·예술, 스포츠 등의 분야에 다양한 취재기자들이 포진되어 있다. 과학 분야도 이러한 다양한 취재 분야 중 하나이다. 이러한 과학의 취재 분야는 또한 과학기술, 의료, 정보통신, 컴퓨터, 제약 등으로 또 세분화할 수 있다. 이러한 '과학' 혹은 '과학기술'이라는 카테고리로 묶을 수 있는 주제를 취재하는 기자들을 흔히 우리는 과학기자라고 일컫고 있다. 그렇다면 과학이라는 주제를 언론에서 다룰 때 그 주체는 어떻게 되는가? 취재기자의 특성에 따라서 다음과 같이 분류가 가능하다(김영욱·박성철, 2005).

첫째, 과학자가 과학보도를 담당하는 것이다. 이것은 과학이 고도의 전문지식을 요구하며, 과학보도가 과학적 연구결과나 과학적 현상에 대한 것이라는 점에서 유리한 것으로 볼 수 있다. 의사와 같이 과학영역에서 전문가의 교육을 마친 사람이 저널리스트로 활동하는 경우도 이에 해당한다. 또한 연구자들이 일을 하면서 동시에 프리랜서로서 과학보도를 하는 경우도 생각해 볼 수 있다. 실제로 후자의 경우(연구자들이 일을 하면서 프리랜서로 과학보도를 함)에는 그 경우가 많지 않지만, 전업의사가 방송사 및 신문사의 기자로서 재입사하여 취재를 하는 경우는 최근 많아지고 있다. 미국에서는 이러한 의사 출신 기자들이 재난·재해 현장에 투입되어 '의사·기자'의 1인 2역을 잘 수행했던 사례가 있다. 실제로 2010년 아이티 지진 참사현장에 미국의 모든 지상파 방송들이 현장에 의사 출신 기자들을 투입했던 사례가 있는데, CBS 방송은 의학담당기자이자 의사인 제니퍼 애쉬튼을, NBC 방송은 외과의사인 낸시 쉬나이더만을, ABC 방송은 질병관리센터 소속 의사 출신인 리처드 베서를 아이티 재난현장취재 기자로 보낸 바 있다. 국내 주요 언론사들에서도 의학전문기자들을 채용하여 전문적인 의학정보를 제공하고 있는 추세이다.

둘째, 과학자는 아니지만 과학에 대한 전문성을 확보한 직업적 저널리스트가 있다. 학부나 대학원에서 과학 관련 학과를 전공한 경우도 있고 그렇지 않은 경우도 있다. 최근에는 과학 관련 학과를 전공한 경우가 증가하고 있는 추세이다. 무엇보다도 중요한 부분은 저널리스트로서 교육과 경험이 전제된다는 것이다. 즉 과학에 대한 이해와 상당부분의 지식도 물론 필요하겠지만, 우선적으로는 언론사에 입사하여 취재와 보도에 대한 기본적인 기술을 습득하고 저널리스트로서 경험을 보유해야 한다. 일반적으로 이 유형에 속하는 기자를 흔히 '과학기자'라고 지칭하고 있다.

셋째, 과학에 대한 전문성이 없거나 약한 기자가 자신이 보도하는 내용 중에서 과학과 관련되는 측면을 취재해서 보도하는 경우이다. 이 경우 그가 보도하는 내용은 '과학보도'에 해당하지만 그 자신이 과학기자는 아니다. 언론사 내 인사 정책에 의해서 단기적으로 과학 영역의 취재를 담당하는 경우도 여기에 속한다. 취재를 하면서 어느 정도 과학영역에 대한 지식을 획득할 수 있겠지만, 다시 다른 부서로 재배치될 수 있다는 점에서 지식을 쌓을 수 있는 기회나 동기부여는 작고 약하다고 할 수 있다.

어떠한 유형이 바람직하다고 정의할 수는 없겠으나, 과학적 지식을 대중에게 전달하는 것에 방점을 찍을 경우 첫 번째 유형도 괜찮으며, 사회에서 벌어지는 다양한 사건이나 이슈 중에서 과학적 측면을 일반대중에게 알기 쉽게 설명해 준다는 점에서 셋째 유형도 크게 문제되지는 않을 것이다. 중요한 것은 과학저널리즘 측면에서 과학의 영역에서 단순하게 생산해내는 정보를 제공하는 수준에 그치는 것이 아니라, 그 해당사안이 갖는 의미를 사회적 차원에서 풀어내고 문제점을 해결할 수 있는 공론장을 마련하는 등의 의미부여를 할 경우이다. 이런 경우 과학적 전문지식을 가져야 함은 물론 전문적인 저널리스트로서 능력과 사명감도 지녀야 하기 때문이다. 따라서 둘째 유형인, 과학자는 아니지만 과학에 대한 전문성을 확보한 직업적 저널리스트들의 역할론이 대단히 중요해지고 있다. 물론, 이러한 맥락에서 전직 과학자들이 저널리스트로서 전업을 하여 전문적인 지식을 제공하는 사례의 증가도 긍정적으로 해석할 수 있는 부분이다.

'가운' 벗고 '펜'을 잡은 의학전문기자의 증가세

의학과 건강에 관한 뉴스가 대중들의 관심을 끌면서 각 언론사들마다 최근 의학전문기자의 채용이 증가하고 있다. 방송이나 신문, 잡지 등 각종 매체를 통해 건강과 관련된 이야기를 들려주는 것이 의학전문기자의 주요 역할이라고 하겠다. 의학전문기자들은 잘못된 의학 정보가 있으면 바로잡아 주고, 새로운 건강 정보가 있으면 발 빠르게 취재를 해서 정확한 기사를 제공한다. 국내에서 전문기자의 외부 충원은 1992년 조선일보와 중앙일보에서 시작되었다. 이때 의학, 과학 등의 분야에서 전문기자로 뽑힌 기자들은 일반 기자들과 똑같이 6개월 수습과정을 거쳤다. 현재는 주요 지상파 방송사와 일간신문들에서 과학전문기자들이 활발하게 활동하고 있다.

과학기자(혹은 과학저널리스트)들은 일반적으로 과학자가 아니라 전문능력(과학 영역의 특수한 지식), 중개능력(묘사 및 발표 능력), 그리고 사물능력(사회적 상관관계 속에서 사물을 인식하는 능력)으로 대표될 수 있는 저널리스트적 능력을 기반으로 과학정보를 보도하고 해설한다. 따라서 이들은 자기인식과 뉴스가치 인식에서 전문능력만을 소유한 과학자와는 많은 차이를 보인다. 과학기자들의 직업적인 정체성(자화상)은 매우 모순적인 특성을 갖는다(김성재, 2003). 이들은 스스로 일반론자/전문가, 능력자/무능력자, 개괄묘사/상세묘사, 규범준수/규범일탈, 보존/변화, 무권력/권력, 공시/프라이버시 보호, 소속(인사이더)/무소속(아웃사이더), 혹은 그 중간 세계에 사는 모순적 존재라고 생각한다. 이러한 모순적 자기인식 때문에 이들의 과학저널리즘 수행 논리는 일방 커뮤니케이션에 의한 송신자와 수신자 간의 비대칭적 관계, 새로운 것만이 가치가 있다는 것에서 유래한 신/구 차별기준, 당사자인 것처럼 보이지만 당사자가 아니고, 회색이 없는 흑백 논리, 미디어의 척도로서 드라마틱한 효과를 추구하는 논리, 선택의 필터로서 뉴스가치 평가 등으로 묘사될 수 있다.

이러한 모순적 자기인식 때문에 과학기자들은 과학자들과의 긴장관계 속에서 다음과 같은 미디어 논리를 펼친다.

첫째, 고도의 과학기술에 대한 미디어 보도는 대중을 인식한 나머지 점점 짧아지고 오락적으로 이루어진다. 그 결과 과학자 스스로 혼란에 빠질 정도로 연구결과에 대한 모순적인 평가가 보도된다. 둘째, 과학저널리즘에서는 세 가지 중요한 원인에서 보도가 이루어진다. 연구결과가 직접 응용될 수 있는가를 따지는 '효용성 논쟁', 연구결과를 문화적 창조물로 분류할 수 있을 것인가를 따지는 '문화논쟁', 그리고 연구 자체와 그 결과가 사회발전에 중요한 의미가 있고 성숙한 시민이 연구의 결정과정에 참여할 수 있는지를 논하는 '민주주의 논쟁'이 그것이다. 셋째, 과학저널리즘에서 좋은 보도의 기준은 체계마다 다를 수 있다. 경제체계에서는 이윤을 창출할 수 있는 요인, 건강체계에서는 건강에 대한 계몽, 과학체계에서는 과학의 대중화, 정치체계에서는 환경과 기술정책의 지원, 미디어 대중에게는 이해가 쉽고 재미가 있으며 대중을 흥분시킬 수 있는 중요한 정보가 그것이다. 넷째, 과학기자는 다양한 갈등의 서로 다른 입장을 반영함과 동시에 때에 따라서는 긴장관계에 있는 영역에서 자신의 입장을 정리한다. 그러나 어떤 영역에도 처음부터 우선권을 부여하는 기준을 적용하지는 않는다. 다섯째, 과학기자와 과학자는 완전하게 다른 커뮤니케이션 구조를 가지고 있기 때문에 다른 이해관계를 대변한다. 저널리스트의 경우 센세이션을 보도하고 가능하면 짧고 간결하게 보도하는 데 길들여져 있고, 상관관계를 신속하게 파악하여 개괄적으로 묘사하는 능력을 갖추고 있다. 그리고 저널리스트가 사용하는 커뮤니케이션 도식은 '6하 원칙'처럼 매우 광범위하게 표준화되어 있다. 여섯째, 대중을 향한 성공적인 커뮤니케이션을 위해 수용자의 욕구를 지향한다. 비전문가는 어떤 사전 지식을 가지고 있는가, 정상적인 수용자는 이해하기에 까다로운 보도를 수용하는 데 어느 정도의 노력을 경주해야 하는가, 문어체 보도와 구어체 보도는 어떤 차이가 있는가? 왜 모든 것이 짧고 더 짧아지는가 등의 질문을 통해 수용자의 취향에 영합하는 보도를 한다(김성재, 2004).

아무리 과학기자들의 전문성이 높아지고 있다고 하더라도 기사를 취재하기 위해서는 전문가인 과학자들에게 의존할 경우가 많다. 만일 과학분야를 담당한 언론인들이 전문가들이 말하는 내용을 그대로 전달하는 속기사와 같은 역할을 한다면 과학기사는 전문가의 입장에만 의존하는 과학홍보지의 역할에 머무를 수도 있을 것이다. 따라서 과학기자들이 과학의 현상을 사회적 차원에서 재가공하고 재조명해야 할 필요성이 있는 것이다. 그렇다고 기사를 흥미 위주나 극화된 사실로 몰아가는 것은 지양해야 할 것이다. 해당 과학기술이 가져올 한계성, 부작용과 위험, 그리고 그로 인해 소외될 수도 있는 사람들의 문제까지도 광범위하게 다루어야 한다. 이를 원만하게 수행하기 위해서 무엇보다도 과학기자들의 자질이 충분해야 한다. 저널리스트로서의 자질과 더불어 과학적인 사실을 판단하고 이에 대한 숨겨진 의미를 사회적 차원에서 해석해 낼 수 있는 능력도 필요한 것이다.

2) 과학기자의 취재현실과 과제

(1) 과학부서와 과학기자 현황

미국, 일본 등의 해외 선진국들은 국내에 비해서 상대적으로 각 언론사들마다 과학부서가 잘 갖추어져 있으며, 과학기사를 취재할 수 있는 과학기자의 인력이 풍부한 것으로 알려져 있다. 국내의 언론사들의 과학부서와 과학기자 현황을 알아보기 이전에 과학저널리즘의 선진국으로 일컬어지는 미국과 일본의 사례를 간략하게 살펴보면 다음과 같다.

미국의 경우 1930년대에 전미과학기자협회의 창립을 통해 본격적으로 확산되기 시작한 과학저널리즘이 많은 과학자들과 일반인의 공감대를 형성하는 데 많은 일조를 하고 있다. 1980년대와 1990년대를 거치면서 미국도 과학저널리즘에 대한 사회적 관심이 높아졌고, 각 언론사마다 독립 섹션을 둘 정도로 큰 성장을 거두었다. 특히, 과학기술보도에서 정확성과 신뢰도가 매우 높은 '뉴욕타임스'의 과학뉴스는 미국의 과학저널리즘의 사례를 분석할 때 빼놓을 수 없는 언론사이다.

'뉴욕타임스'는 1978년 '사이언스 타임스'라는 이름으로 처음 과학 섹션을 발간하였다. 그리고 35년이 넘는 현재까지 그 섹션이 이어져오고 있다. 과학면이 경제여건 등에 따라서 없어지거나 최소화되는 우리의 현실에서는 반성할 만한 부분이다. 2013년 상반기 현재 '뉴욕타임스'에서는 23명의 기자(외부 필진 미포함)들이 기사를 작성하고 있는데, 기자 숫자가 많기 때문에 그 기사들의 심층성이 상당히 보장되는 편이다. 김영욱·박성철(2005)에 따르면 2005년 10주간

'뉴욕타임스'의 기사를 분석한 결과 기자 한 명이 작성한 기사는 3.3건 정도인 것으로 확인되었는데, 이와 같은 기자 1인당 기사 작성건수는 아직도 기자들이 출입처 개념으로 담당 분야를 정해 매일매일 기사를 써야 하는 부담을 안고 있는 우리나라 언론 현실과 비교할때 매우 대조적일 수밖에 없다. 또한 '뉴욕타임스'의 과학기자들은 우리나라와 같은 상시 근무체제가 아니라 재택근무, 일정기간 작성할 기사 수를 정해서 계약을 하는 등 다양한 근무 형태를 띠고 있어보다 자유롭게 기사를 작성할 수 있다는 강점이 있다. 무엇보다도기자들의 전문성 면에서 높은 평가를 할 수 있다. 예컨대, 의학관련뉴스를 취재하는 베테랑 기자인 Lawrence K. Altman은 1969년 의학분야 특파원이 된 이후 현재까지 많은 의학관련 기사를 쓰고 있으며, 워싱턴대학에서 레지던트를 마친 의학도이기도 하다. 건강, 피트니스, 영양 분야의 전문기자인 Anahad O'Connor의 경우 심리학, 신경과학, 아동학에 대한 학위를 예일대학에서 취득한 바 있으며, 『Never Shower in a Thunderstorm』, 『Lose It! The Personalized Weight Loss Revolution』 등 4권의 책을 쓴 베스트셀러 작가이기도 하다. 이 밖에도 일리노이대학에서 물리학을 전공했지만, 7년간 캘리포니아대학에서 과학저널리즘을 공부한 화학, 지질학, 나노기술 분야의 전문기자인 Kenneth Chang이 있으며, 2011년 일본 쓰나미와 원전사고 보도로 퓰리처상 최종후보로 오른 Matthew L. Wald는 브라운대학에서 에너지 관련 학위를 취득한 에너지 전문가이다.

The New York Times
Wednesday, July 17, 2013

Science

Search All NYTimes.com [Go]

WORLD   U.S.   N.Y. / REGION   BUSINESS   TECHNOLOGY   SCIENCE   HEALTH   SPORTS   OPINION   ARTS   STYLE   TRAVEL   JOBS   REAL ESTATE   AUTOS

ENVIRONMENT   SPACE & COSMOS

Times Science Reporters

Lawrence K. Altman — E-Mail | Natalie Angier — E-Mail | Justin Gillis — E-Mail | James Gorman — E-Mail Twitter | Tara Parker-Pope — E-Mail Twitter | Catherine Saint Louis — E-Mail Twitter

Pam Belluck — E-Mail Twitter | William J. Broad — E-Mail Twitter | Denise Grady — E-Mail Twitter | Gina Kolata — E-Mail Twitter | Sabrina Tavernise — E-Mail Twitter | John Tierney — E-Mail Twitter

Benedict Carey — E-Mail Twitter | Kenneth Chang — E-Mail | John Markoff — E-Mail Twitter | Donald G. McNeil Jr. — E-Mail | Nicholas Wade — E-Mail | Matthew L. Wald — Twitter Twitter

Claudia Dreifus — E-Mail Twitter | Henry Fountain — E-Mail Twitter | Anahad O'Connor — E-Mail | Dennis Overbye — E-Mail Twitter | John Noble Wilford — E-Mail

▶ '뉴욕타임스'의 과학섹션 필진

　또한 '로스앤젤레스 타임스'의 경우에도 '과학 & 건강' 섹션을 현재 발간 중인데, 2013년 현재 총 13명의 기자들이 과학과 의학 관련 기사를 취재하고 있다. '로스앤젤레스 타임스'의 기자들 역시 해당 분야의 전문성을 갖고 있는데, 예컨대 Geoffrey Mohan은 학부에서 화학을 전공하고 코넬대학에서 과학저널리즘을 다시 전공한 화학분야 전문 저널리스트이며, 의학을 전공한 Melissa Healy는 약물, 운동, 신경과학, 정신 건강 등의 의학관련 분야에 전문적인 기사를 취재하고 있다.

　한편, 일본의 경우에는 비교적 많은 숫자의 기자들이 언론사 과학부서에 소속되어 뉴스를 취재하고 제작하고 있다. 특히, 일본의 경우 유수의 일간 신문사들이 이러한 과학기자 풀(pool)을 잘 유지하고 있다. 실제로 '아사히신문', '요미우리신문', '마이니치신문' 등 대부분의 전국일간지에서는 과학부, 과학의료부 등으로 불리는 취재부서가 있다. 여기에 소속된 기자들(이들을 일반적으로 과학기자라고 일컬음)이 의료를 포함한 과학기술 분야의 광범위한 취재를 하고 있다. 2011

년 집계 '아사히신문'에는 과학과 의학 전문기자를 모두 합해 50여 명이 근무하고 있다. 특히 '아사히신문'에는 과학편집위원이라는 제도가 있는데, 기사보다는 해설이나 논설 위주의 깊이 있는 심층기사를 만드는 데 일조하고 있다. '요미우리신문' 역시 과학 및 의학전문 기자(별도로 의학만을 다루는 의료정보부가 있음)만 50여 명을 유지하고 있으며, '마이니치신문'은 조금 적은 40명 수준을 유지하고 있다. 이렇게 과학기술관련 취재부서가 있는 경우도 있지만, 별도로 존재하지 않는 신문사에서도 과학기자가 존재한다. 사회부에 과학기술 담당자를 둔 신문사도 많다. 신문사의 취재부문은 편집국이라는 조직에 속한다. 편집국에는 과학기술분야 외에도 사회부, 정치부, 경제부, 국제부(신문사에 따라서는 외신부, 외무부) 등의 취재부서가 있다. 대규모 신문사의 사회부는 100여 명 규모이며, 정치부나 경제부도 50명 이상의 기자가 배치되어 있는 것에 비하면 과학기술관련 취재부서의 규모는 그리 크지 않은 편이다. 하지만 시대의 흐름에 따라 과학기술분야의 비중이 증가하고 역할이 커짐에 따라 취재부서의 규모도 커져 왔다(日本科學技術ジャーナリスト會議, 2004; 박성철·오카모토 마사미 역, 2010). 일본의 사례에서 더욱 주목할 만한 부분은 바로 과학담당 특파원의 존재이다. 실제로 '요미우리신문'은 미국 워싱턴에 과학담당 특파원을 별도로 파견하여 미국의 과학뉴스를 취재하도록 하고 있다. 우리의 경우 외신을 그대로 번역하는 경우가 많은데, 이렇게 특파원이 해당 국가에 상주하게 되면 더욱 생생하고 깊이 있는 보도를 하기 쉽다는 장점이 있다. '아사히신문'의 경우에도 워싱턴과 런던에 특파원을 두고 있다.

한편, 일본을 대표하는 공영방송인 NHK에는 '과학문화부'라는 부서가 존재하고 있으며, 현재 수십 명의 과학·의학 담당 기자들이 기사를 쓰며 프로그램을 만들고 있다. 일본 NHK의 경우 조직개편에 따라 여러 번 이름이 바뀌었지만 과학을 우선하는 전통은 이어지고 있다(과학교육부→과학산업부→과학환경부→과학문화부). 이러한 NHK '과학문화부'의 역할이 돋보였던 것은 바로 최근 발생한 일본의 동일본 대지진 사건보도에서였다. 물론 일본의 경우 지진과 해일 등 다양한 재해 상황을 겪으면서 언론보도의 가이드라인이 상당히 잘 갖추어져 있다는 평가를 받지만, 특히 NHK의 경우 공공방송으로서의 사명감을 가지고 '과학문화부' 등의 관련 취재 부서를 중심으로 일사불란한 움직임을 보여 위기상황을 대처할 수 있는 중요한 정보원으로서의 역할을 했다는 평가를 받았다.

그렇다면 우리의 경우는 어떠할까? 한국 언론사에 과학보도를 전담하는 조직이 처음 등장한 것은 1958년으로 알려져 있다. 그해 3월 한국일보는 처음으로 편집국 내에 '과학부'를 두고 주 1회 과학면과 함께 과학기사를 위한 고정란을 두었다. 1960년대로 들어와 주요 일간지들은 과학부서와 과학전문기자를 두기 시작하여 1964년 11월에는 조선일보, 1965년 9월에는 중앙일보, 1967년 7월에는 경향신문, 1968년 8월에는 서울신문, 그리고 1969년 3월에는 동아일보가 각각 과학부를 창설하고 과학전문기자를 확보하거나 양성하게 되었다. 따라서 1960년대 말에 이르러 국내 일간지의 과학전문기자는 5개사에 16명을 헤아리게 되었다. 그러나 1970년대 들어서면서 과학기사에서 주요하게 다루던 환경문제에 대한 정부의 간섭[3]이 심해졌고,

---

3) 당시 급진적인 공업화, 산업화를 위한 투자환경조성에 높은 우선권을 부여한 정부는 여론을 통한 환경문제의 공론화를 원하지 않았다.

1950년대 이후 과학뉴스에서 큰 관심을 받던 우주개발이 대중의 관심을 더 이상 끌지 못하면서 대중매체의 과학리포트는 건강가이드나 생활과학으로 눈을 돌릴 수밖에 없는 상황이 되었다. 또한 1972년 10월 이른바 '유신시대'의 개막으로 인해 언론자유에는 많은 제약이 걸리게 되었고, 과학보도 전담부서는 '있어도 좋고 없어도 좋은 위치'로 격하되었다. 이리하여 1975년에는 결국 과학부가 존재하는 신문은 한국일보와 중앙일보의 2개 일간지로 줄어들었다. 이러한 시기를 겪으면서 많은 과학저널리스트들이 대중매체를 떠났고, 언론계는 과학기자를 새로이 모집하거나 양성하지 않은 채 거의 10여 년의 세월이 흘렀다(현원복, 1983).

그러다가 1970년대 말과 1980년대에는 과학기술 분야에 대한 정부의 지속적 투자의 결과, 정보와 재료 그리고 광통신, 생물학 분야에서 새로운 기술혁명의 기운이 움트기 시작하였다. 이러한 움직임은 곧 언론사의 입장에서 전문적인 취재조직과 인력의 필요성을 인식하게 하였다. 1980년대 중반에는 대부분의 언론사에서 다시 과학담당 부서를 두게 되었다. 1980년대 말 신문 카르텔이 해체되면서 신문사들은 양적인 확장을 거듭한다. 이에 언론사의 과학부는 체육부, 제2사회부(전국부)와 함께 인원 보강이 이루어졌다. 한국일보의 뒤를 이어, 중앙일보, 동아일보, 서울신문, 매일경제신문, 한국경제신문, 연합통신, KBS, MBC의 9개 언론사에서 과학부, 생활과학부, 기술과학부, 문화과학부 등의 명칭으로 담당부서를 신설했다. 1990년대 들어서는 경제와 사회발전에 과학기술이 차지하는 비중이 크다는 인식이 높아짐에 따라서 과학보도에 대한 관심이 더욱 크게 증가하였다. 신문과 방송뿐 아니라 과학기술 관련 잡지가 속속 창간되고, 기업의 사보들도 매 호마다 과학기사를 한두 건 다루는 등 확고한 위치를 차지하게 되었다. 그러나 1997년 IMF 외환위기를 겪으면서 언론 산업의 경영 전반에 어려움이 생기면서 다시 상황이 변화된다. 특히, 전체 수입의 70~90%를 광고수입에 의존하던 신문사들은 위기에 직면한다. 이에 따라 신문사들은 지면 축소, 인력 감축 및 조직 개편을 통해 비용절감에 노력하고, 이러한 과정에서 각 언론사에서 공통적으로 나타난 것이 바로 과학부의 폐지 내지 합병의 모습이다(김영욱・박성철, 2005).

2000년대 이후 현재에 이르기까지 여전히 독립된 과학기술 전담 취재부서는 많지 않은 것이 현실이다. 일간지들을 살펴보면 조선일보는 산업부에 과학팀이 속해 있고, 중앙일보는 경제부에 속해 있으며, 동아일보는 예전부터 '동아 사이언스'라는 자회사에 과학취재를 맡기고 있어 주요 3대 일간지 중 가장 과학관련 기사가 전문적이라는 평가를 받는다. 비교적 과학관련 기사가 풍부하게 실리는 한겨레의 경우에도 과학전문기자들은 현재 사회부에 소속이 되어 있다. 지상파 방송사들의 경우를 살펴보면 공영방송 KBS는 2011년 취재본부에 기상, 재난 재해, 과학분야 뉴스를 취재, 제작하고 기상 재난, 재해 보도 관련 대외 업무와 기획도 함께 담당하는 과학・재난부를 신설한 바 있으며, MBC는 정보과학부, SBS는 문화과학부에 기자들이 속해 있다.

이렇게 언론사에 속한 과학관련 부서에는 과학기술분야 이외에도 보건, 의료, 환경, 정보통신 분야의 기자들이 배치되어 있는 경우가 많다. 최근 보건・의료 보도는 국민들의 생활수준이 높아지고 건강에 대한 관심이 높아지면서 점차 그 비중이 커지고 있다. 신문의 경우 전체 지면에서 차지하는 비중이 대단히 커지고 있으며, 의학전문 기자들이 최근 많이 채용되고 있는 실정이다. 방송의 경우에도 마찬 가지이다. 거의 매일 하나의 꼭지가 뉴스에 포함될 정도로 그 수요 가 대단히 높다. 환경분야의 경우 그 중요성에 비해서는 상대적으로 비중이 작아 규모가 작은 언론사의 경우 전담기자가 전무한 상황이 다. 반면에 정보통신(통상 IT라고 지칭함)분야는 최근 스마트미디어 열풍과 맞물려 대단히 많은 기자들이 채용되어 배치되고 있다. 하지만 과학기술분야에 포함되기보다는 산업·경제에 포함되는 경우가 많다.

각 언론사들의 기자 숫자도 언론사의 증가에 의해서 외연적으로 증가하기는 하였지만, 실제로 주요 언론사들의 과학기사 숫자는 오 히려 감소하는 추세이다. 예컨대, KBS의 경우만 하더라도 1986년에 는 4명의 인원이었고, 이어서 1995년에는 9명으로 정점을 찍었다가, 2005년에는 7명으로 감소하였고, 2013년 현재 2명의 과학전문기자 와 2명의 의학전문기자를 합쳐 총 4명이 소속되어 있다. 오히려 1986년 수준으로 회귀한 것이다. 현재 각 언론사들의 과학기자 숫자 는 한국과학기자협회(http://www.scinews.co.kr)에서 확인이 가능하다. 가장 많은 기자 수를 보유한 언론사는 조선일보(조선경제, 헬스조선 포함)와 중앙일보(중앙일보 헬스미디어 포함)의 13명이며 각 언론사 당 평균적으로 과학전문기자는 2.2명, 의학전문기자는 2.3명을 보유 하고 있는 것으로 나타났다. 각 언론사들의 과학전문기자와 의학전 문기자의 숫자는 다음과 같다.

▶ 국내 언론사들의 과학기자 현황(2013년 상반기 현재)[4]

언론사	과학전문기자	의학전문기자	합계
연합뉴스	4	3	7
경향신문(헬스경향 포함)	1	5	6
국민일보(쿠키미디어 포함)	1	9	10
내일신문	2	0	2
동아일보(동아 사이언스 포함)	10	2	12
문화일보	2	1	3
서울신문	2	1	3
세계일보	2	1	3
조선일보(조선경제, 헬스조선 포함)	4	9	13
중앙일보(중앙일보 헬스미디어 포함)	4	9	13
한겨레	3	2	5
한국일보	1	1	2
매일경제(MK헬스 포함)	3	6	9
머니투데이	1	2	3
서울경제	1	1	2
아시아경제	1	2	3
파이낸셜	2	1	3
한국경제	1	1	2
헤럴드경제	1	1	2
CBS	1	1	2
KBS	2	2	4
MBC	2	1	3
MBN	2	1	3
SBS	3	1	4
YTN(YTN사이언스 포함)	7	3	10
코리아타임즈	1	0	1
코리아헤럴드(헤럴드경제 포함)	1	1	2
전자신문	1	0	1
디지털타임스	2	1	3
아시아투데이	2	0	2
머니투데이	1	2	3
아시아경제	0	2	2
합계	71	72	143.

(2) 과학취재에 있어서의 과학기자의 현실과 문제점

과학기자들은 보도자료, 홍보 담당자, 전문학회의 학술회의, 기자회견, 과학 학술지, 인터뷰 등에서 기사를 위한 자료를 얻는다. 기자들은 대체로 기사를 빠른 속도로 작성하며, 마감시한을 맞추고 다른 신문의 경쟁상대를 누르기 위해 서두른다. 극적인 기삿거리에 대한 경쟁은 매일매일의 기사 작성의 속도에 큰 영향을 미치며 기자들이 긴급뉴스(breaking news)에 초점을 맞추도록 부추기고 장기적인 쟁점이나 폭넓은 기술적 배경지식을 요하는 쟁점을 보도하는 것을 가로막는다. 또한 매일매일 이야기를 써내야 하는 것 자체가 바로 과학기자들에게는 제약조건으로 작용하게 된다. 긴급한 뉴스를 강조하는 일은 종종 과학에 대한 좋은 보도에 부정적으로 작용한다. 뉴스의 시급성, 긴급성에 초점을 맞추면 과학의 방법과 과정에 대한 분석에도 제약이 생긴다. 연구의 중요성을 평가하는데 아무리 중요하다고 하더라도 방법은 뉴스로 간주되지 않는 경우가 많다. 또한 과학기자들은 지면을 놓고 정치부 기자들과 경쟁하며, 과학의 뉴스가치를 편집자들에게 설득해야 하는 문제에 대해서 불만을 갖게 된다. 부족한 마감시한 또한 기자들에게 큰 제약이 된다. 시간의 부족은 기자가 사용할 수 있는 정보원의 수를 제한하게 된다(Nelkin, 1995). 요즘 컴퓨터와 인터넷의 사용으로 언론의 시간 제약이 완화되었다고 하지만 여전히 과학기사를 작성하는 것은 과학기자들에게 쉽지 않은 일이다.

상기와 같이 과학기자들이 과학보도를 하는 데 있어서 여러 가지

---

4) 이 집계 값은 2013년 7월까지의 한국과학기자협회(http://www.scinews.co.kr)의 회원 숫자를 합산하여 새롭게 작성하였다.

문제점이 있을 것이다. 김영욱·박성철(2005)은 이를 크게 두 가지로 제시하였는데, 이를 정리하면 다음과 같다.

첫째, 전담 데스크의 부재이다. 앞서 국내 언론들의 과학부서와 기자현황을 살펴본 바 있지만 과학보도를 전적으로 다루는 전담부서는 거의 전무한 것이 현실이다. 이렇게 과학보도를 다루는 독립된 부서가 없다는 것은 저널리즘에서 과학의 영역이 빠져 있다는 것을 의미한다. 저널리즘의 경우 지속적이고 체계적인 관찰을 의미하기 때문이다. 상대적으로 과학을 다루는 기사의 양이나 다루는 주제도 한정되며, 특정한 주제에 주목을 시키는 기능도 약하다고 할 수 있다. 예컨대, 산업부에 소속된 과학담당 기자는 산업부 데스크의 지시를 받게 된다. 산업부 데스크의 입장에 관한 관련 주제의 중요성은 산업적 측면을 포함하지 않을 경우에는 약하게 보일 수밖에 없을 것이다. 데스크의 일상적인 관심 영역 밖에 있게 되며, 지속적인 주목을 받기도 어렵다. 다행히 데스크의 관심을 얻었다고 하더라도 다른 부서와의 뉴스경쟁이라는 관문이 또 기다리고 있다. 또한 과학전담 부서가 없는 경우 과학영역의 중요한 뉴스가 있는 경우 다른 부서의 다른 기자들이 취재에 투입되는데 취재와 기사내용은 기존의 취재관행과 시각에서 자유롭지 못할 가능성이 크다. 과학적인 연구 성과에 대한 의미와 분석보다는 사건의 취재과정 자체에 주된 초점을 맞추게 될 가능성이 높다.

둘째, 취재 역량이 분산된다. 과학분야는 매우 다양한데 이를 전담하는 부서가 없다 보니 취재 인력 또한 절대적으로 그 숫자가 매우 적을 수밖에 없다. 또한 편집국 내에서의 인력마저 분산 배치되어 효율성을 높이기 어렵다. 과학, 의학, 첨단과학기술을 다루는 기자들이 모두 상위 부서가 다르기 때문에 협력적으로 기사를 만들기는 대단히 어렵다. 이러한 언론사들의 편재는 취재기자들 사이의 상호협조와 논의를 대단히 어렵게 만든다. 과학과 의학 또는 환경 등 관련 분야의 담당기자들 사이의 정보공유와 상호협조를 통한 적극적인 커뮤니케이션이 이루어질 때 좋은 기사가 제작될 수 있을 것이다. 그러나 소속 부서가 다르고 별도의 데스크로부터 취재지시를 받는 조건에서는 활발한 커뮤니케이션이나 상시적인 공동 작업은 어려울 수밖에 없다.

요즘 다른 언론사의 기자들과 마찬가지로 과학기자도 마치 신선식품을 판매하는 판매원처럼 속도전을 벌이는 것이 일상화되고 있다. 특히 현장에서 발 빠르게 뛰고 있는 젊은 기자들은 마치 저격수나 게릴라처럼 특종을 빠른 시간 내에 낚기 위해 동분서주하는 경우가 많다. 주간지, 월간지의 기자들은 그래도 아이템 선정, 사실 확인부터 보도까지 충분한 시간을 가지고 있지만, 일간지와 방송사의 기자들은 이러한 시간활용이 한낱 꿈같은 이야기일 수도 있다. 데스크의 압박, 무언가 흥미롭고 번득이는 기사를 요구하는 독자와 시청자들의 요구 사이에서 과학기사를 쓰는 것은 기자들에게 매우 큰 압박을 준다. 이러한 힘든 상황에서 다른 저널리스트들도 마찬가지겠지만 과학기사를 취재하는 과학저널리스트들은 설혹 기사에 대한 압박이 있더라도 '뉴스상품'을 염가에 판매하려는 샐러리맨이 되어서는 안 될 것이다. 과학기사를 특종도 낙종도 없는 분야라고 치부하면서 편안하게 기사를 쓰려는 태도는 지양하고, 무엇보다도 품격 높은 과학기사를 쓰기 위해 노력하려는 자세가 필요하다. 물론, 전제조건은 과학뉴스를 취급하는 언론사의 변화이다. 여전히 부족한 과학부서와 전담 과학기자의 확충이 필요하며, 과학전문기자들에 대한 과학저널리즘 분야 교육, 기사를 취재할 수 있는 충분한 시간을 제공하는 것 등이 요구될 것이다.

2. 과학저널리즘의 의미와 미래

1) 과학저널리즘의 정의와 기능

저널리즘(journalism)은 현대사회를 살고 있는 우리에게는 매우 친숙한 단어이다. 아마도 우리가 언론매체의 홍수 속에 살기 때문이 아닐까. 사전적 정의로 저널리즘은 '언론활동이나 이러한 활동 분야, 시사적 문제에 대한 뉴스 등을 취재·편집해서 신문·잡지·방송 등을 통해 보도·논평·해설 등을 하는 활동, 또는 이러한 활동을 전문적으로 하는 직업 분야'로 정의(한국언론진흥재단, 1993)되기도 하며, '매스미디어[5]를 통해 공공적인 사실이나 사건에 관한 정보를 보도하고 논평하는 활동(박문각, 2013)' 등으로 정의할 수 있다.

이러한 저널리즘은 발전 과정에서 효율적인 활동을 위해서 또한 사회적인 분화(사회시스템의 다변화와 및 복잡화)에 맞추어 사회영역을 정치, 경제 문화 등으로 구분해서 분화해 왔다. 경제저널리즘

---

5) 방정배(2003)는 매스미디어의 기능을 '매스미디어는 현대사회의 지배적인 가치와 사회문화적 규범들을 전파하는 역할을 담당하고 있으며, 사회구성원들은 매스미디어에 의해 전파되는 규범과 가치들을 보편적인 것으로 인식하여 이를 수용하고 나아가 기존 사회의 제도나 질서에 순응함으로써, 사회질서의 유지와 통합을 가능하게 하는 것'이라고 정의함으로써 매스미디어의 주요한 기능이 바로 저널리즘임을 논의하고 있다.

과 문화저널리즘, 국제저널리즘, 정치저널리즘, 스포츠저널리즘 등이 그렇게 분화해서 생긴 영역들이다. 과학저널리즘 역시 저널리즘이 그 기능을 효율적으로 수행해서 분화된 한 영역으로 볼 수 있다. 요컨대, 과학저널리즘은 자연과학, 의학 및 첨단기술의 문제를 다루는 저널리즘의 한 영역이라고 할 수 있겠다. 과학 저널리즘이 갖는 사회적인 역할은 과학에 대한 중요한 정보, 새로운 정보를 대중들에게 전달하여 대중이 과학에 대한 풍부한 교양을 쌓도록 함으로써 대중들과 관계되거나 혹은 향후 관계될 수 있는 과학관련 문제들에 대한 이해력과 판단력 그리고 문제에 대한 해결능력을 향상시키는 데 이바지하는 데 있다고 하겠다. 이를 통해 과학에 대한 대중의 이해가 제고될 것이며, 과학커뮤니케이션의 발전도 가능할 것이다. 이러한 목표를 위해서 과학저널리스트들이 과학뉴스를 취재하고 이에 대한 논평을 더하는 것이다.

이러한 과학저널리즘이 지니는 다양한 기능이 있을 것이다. 그중 중요한 기능들을 정리하면 다음과 같다(김영욱·박성철, 2005).

첫째, 과학과 관련한 정보의 제공이다. 과학저널리즘은 자연과학, 의학 및 기술 영역에서 발생하는 새로운 사실이나 새롭게 부각되는 사실 중에서 사회와 사회구성원에게 중요하고 필요한 정보를 지속적으로 제공해 주어야 한다. 새로운 과학적 현상의 발견이나 이론, 모델의 수립, 과학 탐구활동, 일상적인 사건이나 현상을 이해하는 데 필요한 과학적 지식, 과학과 관련한 정책, 과학에 대한 사회구성원들의 태도, 과학 탐구에서 제기되는 윤리적인 문제들이 과학 저널리즘이 담당하는 영역이다. 이를 위해서 과학저널리즘은 그러한 정보를 체계적으로 수집할 수 있는 체제를 갖추어야 한다. 과학면이나 과학 영역을 담당한 기자의 취향이나 관심에 따라 전달하는 내용이 결정되어서는 안 된다. 물론 개별언론사가 과학 영역에서 벌어지는 모든 새로운 변화를 빠짐없이 관찰할 수 있는 체제를 유지하기는 힘들다. 그러나 적어도 과학적 성과가 발표되는 주요 저널이나, 과학 연구를 담당하는 기관의 변화, 과학 정책 결정자들의 움직임 등을 커버할 수 있는 전문성과 기본 체제는 갖추고 있어야 한다. 이 체제에서 언론사 내부 인력이 어느 정도 직접 가담할 것인가는 언론사의 경영적 상황과 정책에 따라 다를 수 있다.

둘째, 과학과 관련한 특정 문제에 대한 주목과 의제설정에 있어서 중요한 역할을 한다. 과학보도의 영역에서 벌어지는 사건과 현상 중에서 어떤 정보를 선택하고 선택된 정보를 어떤 형태로, 얼마나 반복해서, 그리고 어느 정도의 지면/시간을 할애해서 보도할 것인가는 그 정보가 '독자가 세상을 이해하고 삶의 문제를 해결하는 데 필요한 정도'에 따라 결정되어야 한다. 흔히 과학보도에서 '세계 최초', '한국 최초' 등이 선택의 수단이 되는 경우가 많은데, 이러한 부분은 지양해야 하며, 누가 발견했는가보다는 과학적 사실이 의미하는 내용이 중요하다. 언론에서 제시해 주는 과학적 이슈들은 대중들의 삶과 연관(특히 먹을거리, 각종 질환 등)되어 있는 경우 더욱 큰 주목을 얻게 된다. 따라서 편향적 시선으로 해당 사안을 다루는 것은 대단히 위험할 수 있다. 하지만 특정 사안을 중립적 시각으로 보는 것은 특정한 가치관과 신념을 지닌 과학기자들에게 항상 딜레마로 작용할 수 있다.

셋째, 과학문제에 대한 공론장을 제공해 준다. 과학적 발견은 항상 완결된 상태로 발표되는 것이 아니다. 우리가 과학교과서에서 접하는 과학적 이론이나 과학적 현상에 대한 설명들은 대부분 오랜 과정의 논의와 논쟁을 통해 사실을 설명하는 모델로 인정을 받은 것이지, 발표와 함께 '진실'로 채택된 것이 아니다. 과학적 논의 과정은 과학적 커뮤니티 내부에서 상호비판과 후속 연구를 통해 이루어지고 있다. 과학저널리즘이 이러한 내부 논의 과정에 대한 정보를 제공해 주어야 한다. 그러나 중요한 사안에 대해서는 그 과정이 저널리즘을 통해 매개될 수 있다. 가령 생명공학에서처럼 과학적 연구 과정이나 결과에 대해 윤리문제가 제기되거나 생명공학, 나노기술 등에서와 같이 사회적 리스크에 직결되는 문제는 과학자들의 논쟁으로만 남겨둘 수는 없다. 사회적 재원의 분배를 결정하는 과학 정책에서도 마찬가지다. 이러한 문제들에 대해서는 다양한 의견이 미디어를 통해 논의될 수 있는 공론장이 마련되어야 한다. 그 대표적인 사례들이 바로 황우석 박사의 논문조작 이슈, 전국을 촛불집회의 물결로 만들었던 광우병 논란 등이다. 특히, 이러한 과학문제에 대한 공론장의 역할을 과거에는 매스미디어가 담당(텔레비전, 라디오, 신문 등)했다면 이제는 인터넷이라는 자유로운 공론장이 과학에 대한 정보와 지식을 교환하고 사회적 담론을 창출해내는 공간으로 자리매김하고 있다. 젊은 과학도와 네티즌들의 참여도 과거에 비해서 활발해지고 있다.

More information

생명공학 분야 新공론장 '생물학연구정보센터(BRIC)'

황우석 논문조작 사태와 광우병 사태 등을 겪으면서 기존 매스미디어보다 더욱 큰 파급력을 지닌 인터넷 사이트가 화제가 되었다. 한국과학재단과 포항공대의 지원으로 1996년 1월에 설립되어 같은 해 5월 인터넷 서비스를 시작한 '생물학연구정보센터(BRIC)' 가 그것이다. 특히, BRIC은 황우석 교수의 줄기세포 논란과 관련하여 주목을 받았다. PD수첩의 방송 직후 논문의 의혹에 대해 네티즌들이 비이성적으로 대처하는 동안, 생물학 전공 연구원 및 학생들은 BRIC의 게시판 소리마당을 통하여 침착하고 과학적으로 연구 결과의 문제점을 조목조목 지적하였다. BRIC 회원들은 대부분 생명과학 분야의 석·박사나 포스닥, 교수, 연구원, 관련 산업체 종사자들이기 때문에 관련 분야에 높은 전문성을 가지고 있다. 이후 BRIC과 유사한 성격을 지닌 과학분야 전문사이트들이 생겨나면서 新공론장으로서 과학전문 커뮤니티와 인터넷 웹사이트들이 큰 영향력을 발휘하고 있다.

넷째, 과학연구와 과학정책에 대한 감시와 비판의 기능을 수행한다. 권력과 부조리에 대한 비판은 저널리즘이 지니는 대단히 중요한 기능이며, 과학저널리즘에서도 마찬가지이다. 과학과 관련된 '권력'은 바로 과학영역에서 결정권을 갖거나 높은 영향력을 가진 사람, 즉 과학정책 결정권자, 첨단과학기술을 연구하고 개발하는 기업 등을 들 수 있다. 어떻게 보면 현대사회에서 '과학' 그 자체가 하나의 권력이라고 할 수 있다. 과학이 현실을 규정하는 힘을 갖고 있기 때문이다. 과학 혹은 과학적 연구도 환경, 사회발전, 복지 등에 관한 이데올로기적인 요소를 내포하고 있다. 과학저널리즘의 감시와 비판은 과학자나 과학자 집단이 주장하는 내용이 과연 사실인지, 그러한 주장 뒤에는 어떤 다른 동기는 없는 것인지, 그리고 더 나아가 그들의 연구 작업과 주장에 포함되어 있을지 모르는 특정한 이데올로기는 무엇인지를 점검하는 작업이다. 하지만 근거가 충분하지 못한 비판이나 작은 오류나 잘못을 지나치게 강조하는 것은 올바른 과학에 대한 비판의 모습이 아닐 것이다. 일단 터뜨리고 보자는 식의 한건주의식 비판은 더욱 큰 혼란과 비난을 가져올 것이라는 점을 주지해야 할 것이다.

다섯째, 대중의 과학에 대한 교양습득 및 흥미도 제고의 역할을 한다. 언론의 과학뉴스는 우리가 잘 몰랐던 과학상식을 친절하게 설명해 주기도 하는데, 예컨대 질병 예방 정보, 건강한 생활을 영위하기 위한 건강정보, 재난·재해를 슬기롭게 대처할 수 있는 방법, 새로운 디지털기기의 활용법 등을 상세하게 설명해 준다. 또한 재미있게 꾸며진 과학기사는 과학을 어렵게 생각하는 어린이, 청소년들에게는 과학에 대한 흥미를 배가시킬 수 있는 동인으로도 작용한다. 교양서적을 구매해서 읽는 것보다 텔레비전이나 신문 혹은 인터넷을 통해 읽게 되는 과학관련 정보와 지식이 더욱 대중들에게 손쉽게 다가갈 수 있는 것이다.

2) 올바른 과학저널리즘을 위한 대안과 미래

과학저널리즘은 대단히 중요한 역할을 함에도 불구하고 사회적인 평가는 그다지 높지 않은 것이 현실이다. 물론 최근 들어와 국내에 과학전문채널도 생겨나고 있고, 과학전문기자와 의학전문기자로 이루어진 과학기자협회가 활발하게 활동하는 등 과학저널리즘 전반의 외연도 넓어지고 있는 추세이다.

오늘날 과학뉴스의 중요성은 새삼 거론할 필요가 없을 정도로 중요하다. 특히 우리나라와 같은 자원빈국은 과학기술이 선진국 도약을 위한 중요한 열쇠일 수밖에 없다. 또한 과학기술이 추동하는 다양한 리스크들(원자력 위험, 재난·재해, 각종 전염병의 창궐, 나노기술의 보이지 않은 위험 등)이 산재해 있는 현실 속에서 언론매체에서 제공하는 과학기술에 대한 적확한 정보와 지식이 어느 때보다 필요한 시점이다. 과학저널리즘은 대중들에게 과학과 관련한 정보와 지식을 전달하고 판단의 근거를 제공하는 것과 동시에, 정보가 의미하는 바를 종합적으로 분석하고 해설하며 논평해야 한다. 또한 덧붙여 특정한 상황을 미리 상정하고 이를 대비할 수 있는 안목도 길러주어야 한다.

물론 과학저널리즘이 현대 한국 사회에서 과학기술에 대한 건설적 비판과 대중의 과학에 대한 관심도 제고, 과학기술 위험에 대한 사회 공론장 제시 등의 중요한 역할론을 수행하고 있지만, 다음과 같은 기본원칙들을 따르고 시정한다면 더욱 발전적인 과학저널리즘의 미래를 기대할 수 있을 것이다(이덕환, 2006).

첫째, 과학 보도는 언론계와 과학계가 서로를 존중하고 협조하는 환경 속에서 이루어져야만 한다. 스스로의 전문성을 최대한 확보해야 하고, 상대방의 전문성도 최대한 존중해 주어야 한다. 고도의 전문성을 필요로 하는 과학 보도를 문외한에게 맡겨두고 과학자들이 필요한 정보를 제공해 주지 않는다고 불평만 해서는 과학 보도의 한계를 극복할 수 없다.

둘째, 과학 보도는 철저하게 학술지에 발표된 논문을 근거로 해야 한다. 황우석 파문에서 확인했듯이 과학 연구 성과의 검증은 결코 쉬운 일이 아니다. 학술지의 검증조차도 완벽하지 않다. 그럼에도 불구하고 학술지를 통한 과학계의 일차적인 검증을 거친 결과는 그렇지 않은 경우보다 오류의 가능성이 확실히 낮은 것이 분명하다. 논문을 근거로 하는 과학 보도는 과학계와 언론계의 원만하고 효율적인 역할 분담의 좋은 예가 되기도 한다.

셋째, 균형 잡힌 보도를 위해 취재원의 다양화와 다원화에 노력해야 한다. 학술지에 발표되는 모든 결과가 과학적으로 중요한 의미를 가지고 있는 것도 아니고, 연구 결과에 대한 합의된 평가 기준이 있는 것도 아니다. 연구 결과의 과학적, 사회적 가치에 대한 평가는 다양할 수밖에 없다. 연구 결과의 가치에 대한 다양한 평가가 과학계의 '분열'이나 '반목'을 나타내는 것은 절대 아니다. 과학 기자는 과학계의 다양한 평가를 합리적이고 공정하게 전달해 주는 균형감을 갖추어야 한다.

넷째, 과학 보도는 과학자가 아니라 과학을 대상으로 해야만 한다. 황우석 파문에서 확인되었듯이 과학자의 자극적인 언동으로 만들어지는 '스타 과학자'는 누구에게도 도움이 되지 않는다. 진정한 스타 과학자는 연구실에서 논문을 통해서 만들어져야만 한다.

다섯째, 과학의 지평을 넓혀 주어야 한다. 과학은 언제나 우리의 사상과 생활을 근본적으로 변화시키는 원동력이었다. 과학 지식이 단순히 자연의 경이로움을 보여주는 것으로 끝나지 않고, 기술이 생활의 편리함만 가져다주는 것이 아니라는 뜻이다. 과학 저널리즘은 과학이 영향을 미치게 될 다양한 분야를 폭넓게 포괄해야만 한다. 오늘날 인류의 사상이나 활동 중에서 과학과 관련되지 않는 예를 찾을 수가 없다. 과학 보도는 그런 사실을 일깨워 주는 역할을 해야만 한다.

이 외에도 일반 저널리즘과 같이 큰 사건이 발생했을 경우에만 보도량이 급증하는 소나기식 보도와 과도한 선정주의, 복잡한 문제임에도 불구하고 너무 단순화하여 보도하는 경향, 초기보도는 매우 거창하게 시작하지만 대중의 관심도를 확인하면서 점차 후속보도를 외면하거나 검증을 소홀히 하는 점 등의 문제점들도 개선해야 할 부분이다.

과학기자들은 독자들에게 사회 현실을 이해하는 프레임을 제공하고 과학과 관련된 사건에 대한 대중의 인식을 형성하는 중개인 역할을 한다. 그들이 선별한 과학기술 관련 뉴스는 공공정책의 의제를 설정하고, 우리 대중의 일, 건강, 삶에 중대한 영향을 미치는 과학기술적 선택에 관한 정보를 제공하는 유일한 원천이기도 하다. 우리는 과학기술에 들어가는 비용을 지불하고 그것이 야기하는 사회적 대가를 감내한다. 대중이 과학기술의 사회적 함의와 기술적 정당화, 정치적·경제적 기초를 이해하는 것은 충분한 정보에 근거해 참여를 추구하는 시민집단에게 도움을 준다(Nelkin, 1995). 과학기술과 현대인의 삶은 항시 연계되어 있다. 과거에 비해서 과학기술이 주는 혜택과 문제점을 해결할 수 있는 참여의 장(場)도 과거에 비해서 더욱 확장되어 있다. 이러한 대중과 과학기술의 커넥터(connector)로서 과학언론의 역할이 과거 어느 때보다 중요해지고 있다. 이제 우리도 균형 잡힌 정보제공을 기반으로 하는 선진 과학저널리즘으로 변화해야 할 때이다.

3) 과학기사와 엠바고

최근 엠바고(embargo, 보도유예)라는 용어가 심심찮게 언론지상에 등장하고 있다. 일반적으로 보도라는 것은 언론의 권리이자 의무인데, 엠바고는 바로 언론의 보도 자유에 대한 극히 예외적 규정이다. 타율에 의해 억압되고 제한되는 것이 아니라 언론사 스스로가 보도를 하지 않는다는 점에서 보도억제나 언론탄압과는 다르다.

흔히 저널리즘 영역에서 엠바고란 취재원과 합의를 통해 보도 시점을 조절하는 관행을 의미한다. 이러한 엠바고는 충분한 취재 시간을 확보해 언론 보도의 정확성과 심층성을 향상시켜 궁극적으로 언론 수용자의 권익을 보호하는 기능을 한다. 그런데 때로는 엠바고가 깨지기도 하고, 언론 통제의 성격이 강하다는 측면에서 엠바고가 불필요하다거나 국민의 알 권리를 침해한다는 시각이 제기되기도 한다(이재진, 2012).

과학저널리즘 분야에서 엠바고는 다른 저널리즘 분야와 다른 독특한 특성을 갖는다. 정치·사회 이슈들의 경우에는 정보를 주는 쪽, 즉 취재원들이 기자 혹은 언론사와의 협의를 통해서 보도시점을 유예하고 경우에 따라서는 동일한 취재이슈를 다루려는 기자들끼리 협의를 해서 보도를 언제 할 것인가를 결정하지만 과학 분야의 경우에는 과학자나 기자가 엠바고를 결정하기보다는 논문을 게재하는 저널 쪽에서 엠바고를 정한다는 독특한 특성이 있다. 과학저널의 엠바고 시스템은 1930~40년대 기자들이 학술대회나 학술지의 논문들을 미리 볼 수 있도록 끈질기게 요구한 데서부터 비롯되었다. 논문의 어드밴스 카피를 받아봄으로써 내용을 이해하고 추가 취재를 하거나 기사를 작성할 시간적 여유를 확보할 수 있었기 때문이다(박성철, 2008).

　실제로 매주 전 세계의 기자(주로 과학전문기자와 의학전문기자들)들은 '사이언스'와 '네이처'와 같은 유수의 과학저널 및 '뉴잉글랜드 저널 오브 매디슨(NEJM)'과 같은 권위 있는 의학저널에서 게재될 기사를 미리 통보받는다. 이러한 정보들의 대부분은 '엠바고'라는 경고문구가 붙여져 있다. 저널의 발행일자와 일치하는 특정한 날짜와 시간까지는 이 정보를 공개적으로 사용하는 것이 금지되어 있다. 이러한 과학뉴스 유통에서 가장 특기할 만한 사실은 뉴스가 약정한 날짜 이전에는 거의 새어 나가지 않는다는 것이다. 기자는 신속하게 특종을 낚아서 일단은 대중들에게 알리는 것이 소명이지만 과학저널리즘 분야에서는 이러한 소명을 잠시 접어두는 것이다. 엠바고가 바로 과학저널과 기자들 간의 암묵적인 신사협정이기 때문이다. 특히 과학분야에서 엠바고 제도는 여러 이해관계자들에게 유용한 제도로 여겨져 왔다. 과학전문지들의 경우에는 최대의 홍보효과를 거둘 수 있으며, 기자들의 경우 어렵고 복잡한 과학기사를 보도하는 데 있어 충분히 숙고하고 여러 가지 관련 자료를 검토할 수 있는 시간을 준다는 측면에서, 해당 과학자들은 기자들이 충분한 시간을 갖고 기사를 쓰게 됨으로써 그들의 업적을 보다 넓게 그리고 정확하게 일반에게 공개할 수 있다는 점에서 이 제도에 지지를 보여 왔다.

　하지만 최근에 엠바고 제도에 대해서 비판적인 과학자와 과학기자들도 생겨나고 있다. 또한 즉시성과 속보성을 기반으로 하는 인터넷이라는 새로운 매체의 발전은 과학논문 발표의 유예기간을 유명

무실하게 만드는 원인이 되고 있기도 하다. 실제로 엠바고에 대해서 일부 과학자들은 저명한 저널들의 허영심만을 부추기는 것이라고 비판하기도 하며, 일부 과학기자들은 '국민의 알권리'를 기치로 내세우며 엠바고를 파기하기도 한다.

최근 미국의 의학·생물학분야의 저널들은 인터넷으로도 논문을 공개하는 것이 일반화되었기 때문에 비단 기자들뿐만 아니라 과학에 관심 있는 일반대중들도 저널의 과학성과를 미리 확인할 수 있게 되었다. 물론, 여전히 중차대한 발표들은 인터넷으로는 공개가 되고 있지 않지만, 현행 엠바고 제도가 예전만큼 강력한 영향력을 지니지 못하고 있다는 점은 분명해 보인다. 이러한 상황에서 과학뉴스분야에서도 엠바고를 둘러싸고 기자의 취재권과 대중의 알권리가 충돌하는 경우가 최근 잦아지고 있다. 기자들이 아닌 다른 정보원들이 관련 소식을 전해 들어 이를 언론에 흘리거나, 아니면 일부 언론사들의 신사협정 위반과 특종경쟁으로 인해서 엠바고가 파기되는 경우가 발생하게 된 것이다.

실제로 미국의 경우 1996년 외계생명체의 흔적으로 보이는 화성운석과 관련한 엠바고 파기사례가 있었다. 1996년 8월 논문지 '사이언스'는 화성운석에서 외계생명체의 흔적을 발견했다는 논문을 출간하려고 하였다. 이 논문은 매우 극비로서 심사과정도 극비로 진행되었고, 논문의 배포도 아주 소수에 지나지 않았다. 8월 16일 발간일자가 잡히면서 백악관 간부들에게도 브리핑을 했는데, 자리에 참석한 한 관계자가 이를 자신의 여자 친구에게 이야기하면서 언론에 이러한 사실이 일부 알려지게 되었다. 따라서 '사이언스'지와 NASA는 발표를 10여 일 앞두고 뉴스 아이템으로 이를 다룰 수밖에 없었는데 '화성운석 발견으로 생명체가 있다는 추측이 가능할지도'라는 다소 모호한 제목으로 발표를 하면서 일주일 후 과학지의 논문발표와 함께 더욱 자세한 내용을 밝히겠다는 입장을 내놓게 된다. 하지만 문제는 사전에 이러한 정보를 입수하여 상당부분의 취재를 진행했던 미국 CBS 방송에서 곧 내용을 보도하겠다고 말하면서 일련의 인터뷰를 통해 화성생명체에 대한 의견을 묻기 시작하면서 곤경에 처하게 되었다. 어쩔 수 없이 '사이언스'와 NASA는 8월 6일에 엠바고를 풀고 전문가들을 소집하여 기자회견을 가졌다.

우리의 경우에도 최근 유사한 사례가 있었다. 2005년 5월 서울대 황우석 교수팀의 인간 배아줄기세포 배양 연구에 대한 엠바고 파기 논란이 언론계와 과학계를 휩쓴 바 있다. 당시 중앙일보는 '사이언스'가 보도 제한 시각으로 요청한 20일 오전 3시보다 앞선 19일 밤 11시 40분에 황 교수 논문에 대한 기사를 인터넷에 영문과 국문 등으로 거재하였고, 이후 '사이언스'와 황교수 측의 항의를 받고 삭제했다. 중앙일보는 2004년 2월에도 세계 최초로 복제 인간배아줄기세포 배양에 성공했다는 내용의 황 교수팀 논문을 '사이언스'가 정한 엠바고 시점 하루 전에 보도하여 국제적으로 물의를 빚은 바 있다. 당시 '특정 신문의 특정 기자가 특종 욕심에 먼저 보도한 것은 국익을 무시한 자사 이기주의다'라는 비판과 '국민의 알권리를 위해서 어쩔 수 없는 선택이었다'라는 논의가 충돌하였는데, '사이언스'에서는 저자에게는 특별한 패널티를 주지 않았지만 국제적인 신뢰를 저버렸다는 점에서 상당부분 논란이 계속되었다.

엠바고 파기는 대부분의 경우 알권리보다는 특종 경쟁, 속보 경쟁에서 빚어지는 경우가 많다. 황우석 교수 사태에서도 드러났지만

'외신보도를 베끼지 않기 위해서 엠바고를 깼다'라는 주장은 국민의 애국심에 호소해 동정을 받을 수는 있어도 학계와 언론계의 관례가 깨어져 국제적 신의를 잃을 수도 있다는 상황에서 정당성을 가지기는 부족하다. 특히 과학기사의 경우 국민의 알권리를 위해 촌각을 다툴 만한 사안들이 많지 않기 때문이다. 새로운 전염병 발견처럼 긴박한 경우가 아니라면 저널에 실리는 논문들은 며칠 앞서 보도된다고 국민의 알권리가 더욱 충족되는 것은 아니다(이근영, 2011).

과학기자들은 분명하게 저널에서 정보를 얻어냈다면 이에 대한 엠바고는 지켜야 한다. 하지만 더욱 중요한 것은 주요 저널에서 준 정보를 손쉽게 과학기사로서 다루려는 관행이 개선되어야 한다는 점이다. 물론 전문지에서 제공한 성과들이 기사를 작성하기에는 쉽게 활용될 수 있겠지만, 본원적 모습으로 돌아가 다양한 취재원을 만나고 심층기사를 기획하는 등의 올바른 과학저널리즘 행위의 복원이 필요할 것이다. 주요 저널들에 대한 엠바고의 파기라는 사건들도 일부 취재원에 지나치게 매몰되어 있는 국내 과학저널리즘의 병폐와 문제점을 보여주는 씁쓸한 해프닝으로 볼 수 있다.

동아닷컴 영문판 '황우석 엠바고 파기' 사과드립니다

臓器 복제 길 한국인이 열었다
(장기)

문신용·황우석 박사팀, 사람 난자서 줄기세포 배양
세계 최초 - 아직 거부반응 알고 윤리문제도 해결

본지 영문 자매지 '중앙데일리' 홈페
'기세포 엠바고 파기' 사과드립

사과드립니다

※ 2004년 2월 황우석 교수팀의 연구 성과에 대한 엠바고를 깬 중앙일보의 기사(좌측), 2005년 5월 황우석
교수팀의 연구 성과에 대한 엠바고를 깬 동아일보, 한겨레신문사 등의 사과기사 게재(우측)

▶ 국내 언론의 엠바고 파기 논란

4부

미디어 속의 과학보도 사례

제1장

新주치의(主治醫)로서
건강보도의 부상

1. 건강뉴스의 개념과 의학전문기자의 특징

아마도 지구상에 사는 모든 사람들이 가장 관심을 갖는 대표적인
것 중의 하나가 바로 '건강'이 아닐까 싶다. 이렇게 건강이 화두가
된 것은 이제 우리가 '먹고살 만한 세상'에 살고 있기 때문이다. 기
대수명은 역사상 과거 어느 때보다 길어지고 있으며, 유아 사망률은
급감하여 죽음은 주로 노인에게 국한된 것으로 여겨지고 있다. 치료
가 불가능했다고 여기던 영역의 질병들이 서서히 인류에게 정복되
고 있고, 건강증진을 위한 영양학, 운동요법 등이 사람들의 주된 관
심사가 되면서 다소 무모하지만 '불로불사(不老不死)가 현실화되지
않을까?'라는 상상도 스스럼없이 가능해지는 요즘이다.

이러한 건강과 관련한 정보를 과거에는 의사라는 전문가를 통해
서 혹은 전문 서적(주로 의학 관련서적)을 통해 얻었지만, 이제 우리
삶의 각 단계에서 건강 문제에 관련된 정보를 제공하는 다양한 자료
에 노출되어 있기 때문에 과거에 비해 정보와 지식을 얻기가 더욱

용이해졌다. 특히 다양한 종류의 미디어가 그 대부분을 차지한다. 텔레비전, 영화, 라디오, 신문, 잡지 등은 끊임없이 우리 생활의 배경을 형성하고 있으며, 건강에 관한 은밀하거나 노골적인 메시지를 담고 있다. 서적이나 인터넷을 통해 얻을 수 있는 전문적인 수단 또는 건강관리의 조언에 관련된 좀 더 전통적인 전문적·비전문적 수단 외에도 대중미디어의 건강 관련 메시지는 현대적 삶에 중요한 자원이 되며 영향을 미친다(Seale, 2002; 유동주 역, 2009).

이렇듯 미디어는 건강정보를 전파하는 핵심채널이며 의제설정과 프레이밍을 통해 질병의 의미뿐 아니라 공중의 태도, 행동, 정책에도 지대한 영향을 미친다(Cohen, et al., 2008; Walsh-Childers, 1994; 정의철, 2011). 실제로 매체의 급격한 발전으로 인해 건강 및 의학정보에 대한 접근성이 향상되면서 '대중들에게 건강의 관심사에 대한 정보를 제공하고 건강이슈를 중요한 사회의제로 계속 유지시키기 위한 핵심전략의 하나'인 소위 건강 커뮤니케이션(health communication)이 개인과 지역사회의 역량을 강화시키는 데 있어 그 중요성이 점점 커지고 있다. 대중매체를 이용하여 대중들에게 유용한 건강정보를 유통시킴으로써 개인 및 집단의 건강에 대한 경각심을 일깨우고 사회 발전에 있어 건강이 차지하는 중요성에 대한 인식을 높일 수 있기 때문이다(정규숙, 2003).

따라서 의료진과 당국의 건강홍보 담당자들은 이러한 개인의 건강행위 증진을 위한 중요한 교육도구로써 지속적으로 대중매체, 즉 미디어의 영향력에 주목해 왔다. 특히 여러 매체 중에서 TV를 통한 건강정보의 제공이 다른 미디어에 비해서 신뢰성, 정확성, 심층성, 이해용이성, 국민기여도에 있어 높은 평가를 받고 있다. 또한 대중은 질병 및 건강정보를 의사나 주위사람들에게서보다 TV의 뉴스를 통해서 더 많이 얻고 있다(박정의·손명세, 2001). 실제로 2007년 대한의사협회에서 실시한 '건강보도가 국민행동에 미치는 영향조사'에 따르면 건강관련 정보의 획득경로는 지상파 TV가 54.9%로 압도적이었으며, 제2의 정보원은 2002년 동일한 조사에서는 일간신문이 2위였으나, 2007년 조사에서는 일간신문에서 인터넷으로 순위가 바뀐 것으로 조사되었다. 일간신문은 2002년 31.1%에서 2007년 13.7%로 줄어든 반면, 인터넷은 12.3%에서 22.7%로 확대되었다. 이렇게 상위권 순위가 모두 대중매체인 것을 감안하면 '현대인들의 건강정보 획득의 제1의 정보원은 미디어'라는 주장은 이제 강력한 설득력을 지니고 있음이다.

그렇다면, 왜 대중이 건강 및 의학보도에 큰 관심을 갖게 되었는가? 이는 다음과 같이 여섯 가지 정도로 생각해 볼 수 있다.

첫째, 수명연장과 함께 건강을 유지하고 질병을 예방하고자 하는 인식이 고양되고 있다. 실제로 세계보건기구(WHO)가 2013년 초 발표한 '2013 세계보건통계'에 따르면 2011년 출생아를 기준으로 한 한국인의 기대수명은 평균 81세(남자 77세, 여자 84세)인 것으로 나타났다. 향후 이러한 전망도 가능하지만 실제로 한국은 초고령 사회로 진입하기 직전이다. 이제 주변에서 80세가 넘는 어르신들을 보는 것은 어렵지 않게 되었다. 따라서 이렇게 평균수명이 길어지면서 각종 질병과 질환에서 벗어나기 위한 건강증진에 대한 욕구가 과거 어느 때보다 높아지는 것은 당연한 사실이다.

둘째, 자녀의 건강과 안전에 대한 부모의 관심이 높아지고 있다. 예전에는 많은 자식들을 낳아 기르면서 중간에 질병과 사고로 인해

자녀들을 잃는 경우도 많이 발생하였다. 무엇보다도 의료기술과 약품 부족으로 인해 이러한 경우가 비일비재하였다. 하지만 이제 자녀를 하나 혹은 둘만 낳아 기르는 가정이 많다 보니, 자녀들의 건강과 안전에 대한 부모의 관심은 지대할 수밖에 없다.

셋째, 극도의 위협을 주는 에이즈, 에볼라 바이러스와 같은 치명적인 변종질병의 발생이 빈번해지고 있다. 인류는 바이러스와 함께했다고 해도 과언이 아니다. 1918년 스페인 독감은 당시 전 세계 인구의 20~40%를 감염시켰고, 이 가운데 4,000만~5,000만 명이 목숨을 잃었다. 1957년 중국에서 발견된 아시아 독감으로 200만 명, 1968년 홍콩독감으로 100만 명이 사망했다. 2000년대 이후에도 바이러스의 활동은 왕성하다. 2002년 호흡기질환인 사스는 800명의 목숨을 앗아갔다. 2003년 이후 15개국에선 257명이 조류독감에 걸려 사망했다. 지속적으로 인류의 목숨을 위협하는 변종질병들이 생겨나면서 개인위생과 질병예방을 위한 대중들의 관심들이 지속적으로 커지고 있다.

넷째, 불임 치료, 난치병 퇴치 등 새로운 의학기술의 혁신이 우리 삶의 질을 향상시키고 있다. 의학기술의 발전은 매우 경이롭다. 어떻게 보면 사람들이 가장 관심 있어 하는 미디어의 뉴스 중 하나가 바로 새로운 의학기술 관련 뉴스일 것이다. 불임치료를 위한 줄기세포 기술, 나노입자의 방사선 암치료 적용, 안면장애나 사고사를 당한 사람들에게 행해지는 얼굴이식 수술 등 매년 획기적인 의학기술들이 발전하면서 우리의 삶의 질을 더욱 향상시키고 있다.

다섯째, 의료인들의 빈번한 방송출연으로 인한 정보 제공 기회가 증대하고 있다. 요즘에는 방송의 전문 패널로 다양한 직군의 전문가가 참여하지만 단연 가장 많은 수를 차지하는 것이 바로 의사이다. 중년여성들을 위한 토크쇼에도 건강정보 프로그램에도 의사를 비롯하여 영양학자, 건강관련 전문가들이 자주 출연하는데 이는 바로 건강관련 정보를 얻고 싶어 하는 대중들의 욕구와도 연결되어 있는 부분이다.

여섯째, 진료를 받기 위한 사전정보 단계로서 의학관련 뉴스를 활용하는 사례가 보편화되고 있다. TV 등 대중매체에서 제공하는 의학 관련 정보들의 양과 질이 좋아지면서 사람들이 자신과 유사질환 혹은 유사 증세를 보일 경우 대중매체의 뉴스를 점검하고 이후 의료기관을 방문하는 경우가 많아지고 있다. 실제로 언론매체(TV, 신문, 인터넷) 등 비교적 객관성이 높은 정보원은 사람들이 질병을 발견할 수 있는 중요한 수단이 되고 있다.

※ 의료진이 전문 패널로 출연하는 인포테인먼트 프로그램들: KBS의 '비타민'(좌측)과 JTBC의 '닥터의 승부'(우측)

▶ 의료진이 전문 패널로서 방송출연 증가

앞서 의료인들의 잦은 언론매체의 등장으로 인해서 건강관련보도 및 방송프로그램들이 한층 더 활성화되었음을 살펴본 바 있는데, 최근에는 의학적 지식을 갖춘 전문기자, 즉 의학전문기자의 채용으로 인해 건강관련 보도가 중요한 뉴스 섹션으로 부상하고 있음이다. 의학 전문기자의 역할은 선정적이고 과장된 건강관련 의학 보도에서 보도의 정확성과 다양한 의견접근을 위한 것이라 할 수 있다. 전문적인 의학지식에 대한 일상적인 접근이 어려운 일반 공중에게 다양한 의학지식이 제공되어야 하며 특히 편향된 정보원의 선택은 건강정보에 관한 다양한 시각 및 접근을 제한할 수 있어 주의해야 한다 (김철중, 2001).

최근 유수 언론사에서는 의학을 전공한 의학전문기자 채용이 증가하고 있는 추세이다. 의료는 건강과 관련되어 있는 분야이자 모든 국민의 기본관심사이기 때문에 실제로 그 수요가 늘어나고 있다. 의학전문기자의 미래에 대해서는 긍정적인 평가가 높다. 아마도 가장 전문성이 보장되는 분야이고, 지속적인 미디어소비자들의 니즈가 있기 때문일 것이다. 하지만 그 전문성은 의학전문기자라는 타이틀만으로는 인정받을 수 없을 것이다. 보도자료에 감춰져 있는 팩트를 찾아내고, '무지의 장막 뒤'에서 판단하려는 노력이 계속되어야 할 것이다. 물론 의학이라는 분야에서 숨겨진 정보를 찾아내기란 쉽지 않다. 취재원과 함께하는 시간이 길어질수록 취재원이 보여주지 않는 사실을 알아내기가 오히려 더 어렵다. 또 수많은 출입처 발생자료도 같이 처리해야 하는 지금의 제도하에서는 물리적인 시간도 부족하다. 그렇다고 해서 건강관련 기사를 소홀히 취급하고, 정확성을 담보하기 위한 노력을 게을리 해서는 안 될 것이다. 관련 정보를 이해하기 쉽도록 국민들에게 제공하는 동시에 국민의 의견을 적절한 방향으로 이끌어내기 위한 정확한 내비게이터로서의 역할이 요구되는 바이다.

2. 뉴스소비자와 건강관련 뉴스

실제로 건강관련 뉴스가 뉴스소비자들에게 미치는 영향력에 대해서는 의견이 분분하다. 의료검진과 건강증진행위로까지 이어지는지 혹은 단순하게 관련뉴스를 보거나 듣고 건강에 대한 의구심이나 단순한 의혹이나 걱정으로만 끝나는지에 대해 많은 논의가 있어 왔다. 이는 의료계에 종사하는 이들에게는 매우 중요한 문제이기도 하다. 미디어가 질병예방과 건강행위 증진에 도움이 된다는 것이 명백한 수치로 드러날 경우 미디어가 질병예방과 건강증진의 홍보채널로서 대단히 중요한 영향력을 미칠 수 있기 때문이다. 최근 이러한 뉴스소비자와 건강관련뉴스들의 관계와 관련하여 많은 연구들이 수행되고 있는데, 대표적인 연구들을 소개하면 다음과 같다.

박정의(2003)의 「의학보도가 공중의 인지·감성·행동에 미치는 영향력 연구」는 서울을 포함한 7대 광역시에 거주하는 20세 이상의 성인 남녀를 대상으로 의학보도가 대중의 건강에 미치는 영향력을 '질병에 대한 두려움이 든다(fear)'는 감성적 차원부터 '질병을 예방할 수 있을 것 같다(self-efficacy)'는 자기효능감[6]의 인지적 차원에 이르는 다양한 측면에서 검증하였다. 분석 결과 주목할 만한 결과들을 살펴보면 우선 신문 보도에 비해서 TV가 대중에게 긍정적이든 부정적이든 간에 더욱 큰 영향력을 미치는 것으로 나타났다. 실제로 건강관련 정보의 획득경로 중 TV에 대한 이용도가 높음을 감안할 때,

---

6) 자기효능감(自己效能感, self-efficacy)은 어떤 상황에서 적절한 행동을 할 수 있다는 기대와 신념이다. 자기효능감이 높을수록 질병에 대한 대처능력이 뛰어나며, 금연과 절주 등의 행위 역시 자기효능감이 높을수록 더욱 달성하기 쉽다는 것이 연구결과를 통해 제시되었다.

대중들이 의학정보와 관련해서 TV에 가장 많이 의존하고 있으며, 따라서 그 영향력도 증대되고 있음을 추론할 수 있겠다. 또한 언론에서 현시되는 의학보도는 '공포감'만을 조성하여 자포자기의 심정이나 심리적인 공황을 유도하기보다는 질병을 예방할 수 있다는 '자기효능감'을 증대시키고, '검진'에 대한 동기를 유발하는 것으로 나타났다.

특히 가난한 저학력 계층에서의 영향력은 더욱 큰 것으로 나타났는데 이는 고학력의 부유층이 의사를 포함한 다양한 종류의 정보원을 가지고 있는 데 반해, 그렇지 않은 그들에게는 미디어가 더욱 중요한 역할을 수행하고 있음을 나타내는 것이다. 이러한 발견은 가난한 사람들은 부유한 사람들보다 병에 더 많이 걸리고 일찍 사망하며, 교육을 더 많이 받은 집단은 그렇지 않은 집단들에 비해 모든 측면의 건강수준에서 우수한 결과를 보이고 궁극적으로 사회 경제적 수준이 낮은 집단에서 건강에 유익하지 못한 건강행위의 유병률이 대부분 높게 나타난다(Berkman, 2000)는 연구결과와 같은 맥락에서 고려할 때, 그 의미가 더욱 커진다. 의학보도의 중요성은 혜택받지 못하는 사회계층에게서 찾아질 수 있겠다. 그들이 질병에 대한 태도를 달리하고, 즉 공포감보다는 자기효능감을 더 느끼고 이에 따른 생활습관의 변화를 추구하게 되는 것은 어쩌면 의학보도의 대단히 중요한 사회적 기능이라고 할 수 있겠다.

다음으로 우형진(2007)의 「텔레비전 뉴스시청이 시청자의 건강증진의지에 미치는 영향에 관한 연구」는 533명의 대학생들을 대상으로 미디어매체 중 텔레비전에서 보이는 질병보도가 질병에 대한 시청자의 지식을 높여서 질병에 대한 대처방법과 자기효능감을 강화시키는지, 혹은 텔레비전 질병보도가 질병에 대한 시청자의 공포심을 증대시켜서 질병에 대한 심각성과 자신이 질병이 감염될지도 모른다는 취약성에 영향을 미치는지를 설문조사를 통해서 구체적으로 확인하였다. 본 연구에서 주목해야 할 부분은 텔레비전 뉴스에서 특정 질병에 대해 공포감과 경계감을 심어줄 수 있는 내용을 보여주는 것은 별로 질병예방과 건강증진에 도움을 주지 못한다는 것이다. 오히려 질병의 위험성과 개인의 취약성을 강조하여 보도하기보다는 건강에 대한 개인의 통제를 수행하는 데 필요한 도구를 제공하는 쪽으로 변화될 필요가 있다. 즉 질병에 대한 시청자의 자기효능감을 높일 수 있는 내용들을 제시하는 편이 오히려 뉴스의 제 기능을 다한다고 볼 수 있는 것이다.

요컨대, 뉴스소비자들은 건강관련 정보를 다룬 뉴스에 대한 관심이 높고, 특히 TV 등의 영상매체를 통해 정보를 얻고 싶은 욕구가 있다. 그리고 우려와는 다르게 대중매체를 통해 건강관련 정보를 얻을 경우에도 이를 두려워하거나 공포감에 휩싸이기보다는 적극적으로 질병을 예방하고, 혹시 질병에 걸릴 경우 이를 치료하려는 의지가 더욱더 높아진다는 것이 여러 연구를 통해 도출되고 있다. 즉 건강 관련 뉴스가 우리에게 '新주치의'로서의 기능을 톡톡히 하고 있다는 반증이다.

그러나 이러한 언론매체들이 특정한 질병을 강조하거나, 혹은 질병의 위험성을 과장하는 등의 행태를 보인다면 뉴스소비자들에게 불안감과 혼란을 조장할 수도 있을 것이다. 특히, 새로운 변종 바이러스와 같은 신종 출몰형 질환들은 그 자체가 매우 스펙터클한 기사거리로 다루어질 수 있다. '몇 명의 환자가 사망했다', '가축이 몰살

되었다', '치료제가 동이 났다' 등의 기사들이 마치 영화나 드라마의 한 장면처럼 언론에서 대서특필되는 경우가 많다는 것이다. 실제로 주영기·유명순(2010)의 「신문·TV 뉴스의 신종 출몰형 질환 및 만성질환 보도 패턴 분석」 연구에서는 '사스', '조류독감', '신종플루'와 같은 신종 출몰형 질환에 대한 우리 언론의 뉴스보도가 해당 질병들이 등장한 초기 1년간에는 그해 최고 사망자 숫자를 기록한 암과 같은 만성형 질환들보다도 오히려 보도 숫자가 많은 것으로 나타났다. 이러한 언론의 집중보도는 물론 위험인식의 확산과 예방에 있어 긍정적인 영향을 주지만 '광우병'과 같이 상대적으로 발생가능성이 희박한 질병이 과도하게 언론에서 부각될 경우 큰 문제점을 낳을 수도 있다는 것이다. 실제로 사람들의 인지된 위험이 지나치게 증폭될 수 있고, 그 결과 적절한 대응과 자원 안배를 방해하는 부작용을 초래할 수도 있기 때문이다.

아무리 건강정보를 소비하는 대중들의 인식이 높아지고, 능동적으로 변화하였다 하더라도 소나기식으로 집중되는 특정 질병의 정보가 검증 없이 난립할 경우 사회적 패닉(panic)현상을 초래할 수도 있음을 우리 언론이 주지할 필요가 있다.

3. 건강관련 콘텐츠 소비의 新경향

초고속 인터넷서비스의 등장, 스마트폰 등 스마트디바이스의 등장은 일반대중들의 건강관련 콘텐츠 소비에 있어서도 새로운 변화의 모습을 만들어가고 있다. 즉 과거의 TV와 신문 등의 대중매체를 통한 건강관련 콘텐츠의 수동적 소비에서 보다 양방향적이고 능동적인 콘텐츠소비로 진화하고 있다는 뜻이다.

초창기 인터넷을 통한 건강관련 정보는 질병에 대한 지식, 예방법 등에 대한 백과사전과 같은 형태의 콘텐츠 제공이 대부분이었으며, 포털사이트에서 제공하는 '의학정보'나 '지식백과' 등의 서비스가 그 대표적인 모습이었다. 하지만 최근에는 기존의 포털사이트뿐만 아니라 병원, 정부기관(보건복지부, 국민건강보험공단), 민간기관의 홈페이지는 물론 개별적으로 운영하는 다양한 웹사이트에서 질병에 대한 예방법, 치료법, 환자후기 등에 대한 종합정보를 제공하고 텍스트와 이미지뿐만 아니라 동영상 등 다양한 전달방식을 통해 이용자들의 이해도를 높이고 있다. 여기에 의사들이 개별적으로 운영하는 블로그와 건강에 관심이 높은 개인이 운영하는 웹사이트 등도 늘어나면서 건강관련 정보를 얻을 수 있는 정보원이 증가하고 있다.

국내외를 막론하고 인터넷을 통한 건강정보의 습득비율이 높아지고 있는데, 실제로 미국의 조사기관인 퓨리서치센터(Pew Internet & American Life Project)의 설문 조사 결과 미국인들이 온라인상에서 건강 정보를 찾는 정도가 과거에 비해 확연히 증가한 것으로 나타났다. 2000년도에 실시된 설문조사 자료에 의하면 성인의 25%만이 온라인 건강 정보를 보고 있는 것으로 나타났지만, 2009년 조사결과에 따르면 성인의 61%가 온라인 건강 정보를 활용하고 있는 것으로 나타났다(신유림, 2009). 이는 거의 2.5배 가까운 수치이다. 실제로 우리의 경우에도 이러한 경향은 크게 다르지 않을 것이다. 이러한 능동적인 의료소비자의 출현은 트위터와 페이스북과 같은 SNS의 사용률과 맞물려 인터넷을 통한 건강정보의 수집 및 검색을 더욱 촉진시키고 있다. 예컨대, 뉴스레터, 증상 찾기 등의 신뢰성 있는 정보를 제공하는 의학포털사이트인 WebMD(www.webmd.com), 희귀병 환자의 정보를 공유하는 Patientslikeme(www.patientslikeme.com)와 같은 건강 커뮤니티의 등장이 이를 반증해 준다.

※ 순서대로, 의학 포털 사이트 WebMD(www.webmd.com)와 희귀병 환자의 정보를 공유하는 Patientslikeme (www.patientslikeme.com)

▶ 인터넷의 전문 건강커뮤니티

　최근 스마트폰, 스마트패드 등을 위시한 스마트미디어의 보급은 이러한 인터넷을 통한 의료정보 소비의 폭발적 성장에 날개를 달아 준 셈이 되었다. 이제 대중은 인터넷을 접속하기 위해 PC 등의 기기를 켤 필요 없이 자신의 질병증세, 가까운 병원정보, 체중관리를 위한 건강운동법 등을 손가락 터치 하나만으로 손쉽게 얻어낼 수 있게 되었다. 맞춤형 건강정보 관리도 가능하다. 원하는 진료과와 병원을 설정하고 주치의를 고를 수 있으며, 주치의와도 앱을 통해서 간단한 상담이 가능하다. 물론 예약과 진료내역의 저장도 가능하다. 개인의 의료정보에 대한 활용도도 높아진다. 개인의 의료 정보를 스마트폰을 통해 수집, 관리하며 의사와 공유할 수 있게 되면 환자가 직접 병원에 가지 않아도 꾸준하게 관리를 받을 수 있다. 타 병원과의 정보

공유도 용이해지며, 정보 누락이나 오류로 인한 오진도 줄어들 수
있다.

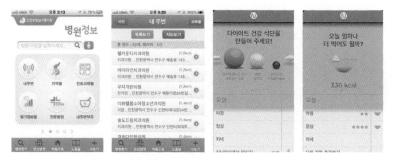

※ 차례대로, 병원정보 앱(건강보험심사평가원의 '병원정보')과 다이어트 앱('눔 다이어트 코치')

▶ 건강관련 모바일 애플리케이션들

　최근 '빅데이터(big data)'를 통한 개인정보 수집기술과 분석기술
이 발전하면서 질병정보/유전자 통계 등의 복잡한 데이터를 의료기
관, 정책집행기관이 세밀하게 분석하여 전에는 불가능했던 대규모의
의학 연구가 가능해졌다. 미국이 특히 이러한 빅데이터를 활용한 질
병치료, 의료개혁 서비스에 박차를 가하고 있다. 실제로 미국 국립
보건원(National Institute of Health: NIH)은 기업 및 기관들과의 파
트너십을 통해 200TB의 유전자데이터를 확보하는 계획을 추진 중
이며, 사용자가 문의하는 약에 대한 정확한 정보를 제공함으로써 의
약품 오남용을 막기 위한 의약정보시스템인 필박스(Pillbox) 모델7)을

---

7) 이러한 Pillbox는 특히 민원으로 인한 비용절감이 크다는 평가이다. 실제로 한 해 동안 미국 국
　립보건원에 접수되는 알약의 기능이나 유효기간을 문의하는 민원 수는 100만 건 이상이다. 평
　균 한 건당 알약의 기능 및 유효기간을 확인하는 데 필요한 비용은 약 50달러였으나, Pillbox 서
　비스를 이용함으로써 연간 5,000만 달러의 비용을 절감하는 효과를 가져오고 있다.

운영 중이다. 미국의 일반기업들도 빅데이터를 활용한 다양한 의료정
보서비스를 시행 중인데 그 대표적인 사례로서 TV 퀴즈 프로그램인
'제퍼디(Jeopardy)'의 승자인 IBM의 슈퍼컴퓨터 왓슨을 활용한 메모
리얼 슬로언 암센터(Memorial Sloan-Kettering Caner Center)와 미국
의 최대 건강보험 회사인 웰포인트(WellPoint)와 최적화된 암 환자
치료를 위한 프로젝트 운영, 미국 국립보건원의 유전체 프로젝트의
아마존 웹 서비스(AWS)의 저장 등이 대표적인 사례이다. 또한 뎅기
열과 독감의 유행수준을 파악하기 위한 구글 독감트렌드서비스(Flu
Trends)도 중요한 사례이다.

More information

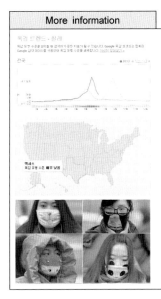

구글의 새로운 질병예측 서비스 '구글 독감트렌드'

2008년부터 구글은 '독감트렌드(www.google.org/flutrends)'
를 통해서 전 세계의 독감 현황을 알려주고 있다. 실
제로 특정한 지역에 독감이 퍼지고 유행하면 미리
예보도 할 수 있다. 구글은 독감 증상이 있는 사람들
이 증가하게 되면 기침, 발열, 몸살, 감기약 등 관련
어휘를 인터넷을 통해 검색하는 빈도가 증가한다는
사실에 착안하여 이 서비스를 계획하였다. 이 방식으
로 2009년 2월 미국의 대서양 연안 중부 지역에서
독감이 확산될 것이라고 정확히 예측했으며, 미국 질
병통제예방센터(CDC)보다도 오히려 그 예측이 빨랐
다는 평가를 받았다. 구글은 이 서비스가 안착하게
되면 감기뿐 아니라 에이즈, 조류인플루엔자 등의 전
염병으로도 적용범위를 확대할 계획을 세우고 있다.
실제로 2013년 현재 독감과 뎅기열에 대한 예측정보
가 서비스되고 있다.

제2장

유토피아와 디스토피아의
충돌, 생명공학보도의 실제

1. 생명공학보도의 특성과 현황

우리가 흔히 바이오테크놀로지, 유전공학 등으로 일컫는 생명공학(生命工學)은 바이오산업을 기업화하려는 새로운 산업 분야를 말한다. 유전자 치환이나 세포융합을 이용하여 대량 배양한 효소를 사용하여 물질을 합성하는 바이오리액터(bioreactor) 등의 생체기능 자체를 응용한 기술에 의하여 자연에는 극히 미량밖에 존재하지 않는 물질을 대량으로 생산하려는 것으로 이미 당뇨병의 특효약 인슐린, 제암제 인터페론 등이 상업화되었다. 의약품뿐만 아니라 화학식품·화학섬유 등의 업종에서도 연구개발이 활발히 진행 중이다. 앞으로는 품질개량, 식량생산(GMO 식품) 등 농업관계에도 응용될 것으로 기대된다(위키백과, ko.wikipedia.org).

연구자들의 지속적인 노력에 힘입어 1980년대 이후 생명공학은 눈부신 발전을 지속하였다. 미국의 세계적인 석학인 제레미 리프킨(Jeremy Rifkin)이 그의 저서 제목을 『바이오 테크 시대(Biotech century: harnessing the gene and remaking the world)』라고 일컬을 정도로 1980년대부터 현재에 이르기까지 시대를 관통하는 중요한 화두로서 생명공학기술이 자리하고 있다. 각국은 21세기를 위한 국가전략산업으로 생명공학 육성계획을 수립하기에 이르렀다. 또한 생명공학 산업의 세계 시장규모는 고속성장을 유지하고 있으며 최근 게놈 연구의 급속한 진전에 따라 질병퇴치와 생명연장의 가능성이 제시됨으로써 향후 지속가능한 성장이 전망되는 '블루오션'분야라고 하겠다.

이렇듯 생명공학기술은 현재 국가 차원의 막대한 R&D가 투자되는 영역으로 많은 과학자들과 연구기관들이 진일보한 기술을 창출해 내기 위해 불철주야 노력하고 있다. 당연히 언론에서도 생명공학기술 분야의 새로운 혁신과 발전에 주목하면서 이들을 중요한 뉴스 의제로 다루는 경향이 높다. 생명공학의 선진국이라고 자부하는 미국, 유럽 등에서는 이미 활발하게 보도가 이루어지고 있으며, 국내에서도 황우석 교수의 인간배아복제관련 연구로 인해 보도량이 증가하는 추세이다. 또한 과거에는 경제적 이익 등 긍정적 보도가 주류를 이루었으나, 내재된 위험 등 부정적 보도 역시 최근에는 증가하는 추세이다. 실제로 부정적인 보도주제는 건강에 대한 위험성, 환경·생태계 교란(GMO), 윤리적 문제(배아 복제) 등이 주류를 이루고 있다. 이러한 생명공학의 부정적 보도는 종종 핵발전 논쟁 기간에 투사되던 이미지와 유사한 특성을 갖고 있다. 합성괴물, 돌연변이 동물, 미친 과학자, 통제를 벗어난 산업체 등이 언론보도에서 묘사되고 있다(Nelkin, 1995).

대부분의 과학보도가 마찬가지이겠지만, 언론매체에서 다루는 과학기술은 이제 사회 그리고 그 구성원과의 관계를 빼놓고는 설명할수 없다. 이러한 경향은 생명공학기술의 경우에도 마찬가지이다. 실제로 권상희(2006)의 「과학뉴스(Science News)연구: 생명공학 뉴스의 장기적인 보도경향연구」에 따르면 생명공학분야에서 획기적인 연구결과가 나오고, 이러한 결과가 사회적인 영향력을 미치면서 생명공학에 대한 언론의 관심이 바로 보도의 증가로 이어지고 있다. 즉 생명공학이 발달함에 따라 현실 사회에 미치는 영향력이 커지고 그에 따라 사회적 의제로서 생명공학기술이 부각됨으로써, 사회의 현실 및 정책을 반영하는 언론보도에서 그 보도 건수가 증가할 수밖에 없었던 것이다. 이러한 보도의 증가는 생명공학을 바라보는 다양한 시각의 확장이라는 결과를 가져오기도 한다. 실제로 생명공학보도는 초기 연구의 참신성과 과학적·의학적 배경에 대한 언급이 많아졌지만, 연구가 진행됨에 따라 연구의 제반 분야들로 보도가 확대되어, 연구의 윤리·도덕적 측면, 정치적 측면, 정책 또는 법규적 측면, 시장·경제와 관련된 측면, 특허·재산권과 관련된 측면이 점차적으로 더 많이 부각되는 것으로 나타났다.

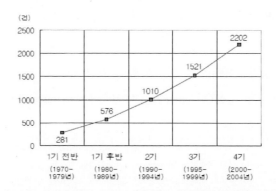

※ 출처: 권상희(2006). 「과학뉴스(Science News)연구: 생명공학 뉴스의 장기적인 보도경향연구」.

▶ 국내 주요 일간신문의 생명공학뉴스 누적보도건수

2. 생명공학에 대한 언론보도의 실제: GMO보도와 배아복제보도

언론매체에서 다루는 생명공학의 경우 어떤 과학기술분야보다도 유토피아적 관점과 디스토피아적 관점이 충돌하는 분야이기도 하다. 실제로 생명공학기술로 인한 인간의 수명 연장, 불치병의 치료 등의 의의가 있는가 하면 복제된 인간의 존엄성 등이 문제로 대두되면서 사회적 찬반양론이 계속되고 있기 때문이다. 실제로 대중엔터테인먼트 매체인 영화에서도 이러한 논쟁을 다룬 경우가 많은데 '가타카'[8], '아일랜드'[9]와 같이 생명공학윤리를 다룬 SF영화들이 제작되어 흥행과 함께 사회적 논쟁을 일으키기도 하였다.

최근의 생명공학관련 뉴스보도는 기술발전으로 인한 불치병 치료, 기아 해결, 멸종 동물 복원 등의 긍정적 측면과 동시에 배아복제의 윤리적 문제, 유전자변형생물체들이 초래할 수 있는 생태계 및 환경 교란 등에 대한 부정적 측면으로 이분화되어 있다. 이 중 최근 가장 이슈화되고 있는 생명공학 관련 주제는 GMO와 배아복제에 대한 찬반논쟁이라고 볼 수 있다.

실제로 생명공학이라는 영역에 있어 가장 중요한 주제 중의 하나로 꼽히고 있는 GMO(Genetically Modified Organism)[10]의 경우 내

---

8) '가타카'는 에단호크, 주드로, 우마서먼 등이 주연하여 1997년에 개봉된 SF영화로, 유진자 조작으로 태어난 사람들이 사회 상층부를 이루는 반면, 전통적인 부부관계로 태어난 사람들은 열등한 것으로 취급받아 사회 하층부로 밀려나는 디스토피아적인 미래를 배경으로 한다.

9) 2005년 제작된 마이클 베이 감독의 SF영화이다. 유토피아에 거주하는 사람들이 실제는 복제인간으로서 희망의 땅인 '아일랜드'에 선발되어 가는 것이 신체부위를 제공하기 위해 무참히 죽음을 맞이하게 되는 것을 의미한다는 역설적인 의미를 담고 있다. 배아복제의 윤리성 논쟁과 맞물려 많은 논쟁을 가져오기도 하였다.

10) 일반적으로 GMO는 유전자 조작(변형)생물체(genetically modified organism)를 일컫는 용어이다.

병충해성 증가 등의 기술적 유용성을 가지고 있고, 기아 구제와 기업의 대량생산을 가능케 한다는 경제성 등 긍정적인 측면이 예측되지만, 알려지지 않은 인체위해성과 변이된 개체들로 인한 생태계 교란이 대중들의 위험인식에 더 큰 영향을 줄 수 있는 논란이 불거지면서 더욱 언론의 관심을 모으고 있다. 다른 종의 유전자를 도입하여 만들어진 GMO는 인류가 그동안 한 번도 먹어보지 않았던 식품(인간이 먹어본 적이 없는 미생물이나 세균의 유전자가 포함된)이라는 점에서, 그동안 수천 년 동안 먹어옴으로써 검증되어 온 다른 식품들과는 달리 근본적인 위험성을 안고 있다는 주장이 제기되고 있다. 하지만 이와는 반대로 현재까지 위해하다는 과학적 근거가 없으므로 인체 및 환경에 안전하다는 견해도 역시 일부 과학자들에 의해 제기되고 있는 실정이다.

GMO는 1996년 유럽을 강타한 광우병 사건과 더불어 식품의 안전성에 대한 심각한 회의를 갖게 만들었다. 특히 그린피스(Green peace)가 미국에서 생산된 유전자조작 콩인 라운드 업 레디(Roundup-Ready)의 유럽 수출을 격렬하게 반대하면서, GMO는 괴물이나 먹는다는 프랑켄슈타인 푸드(Frankenstein food, 프랑켄 푸드라고 약칭하기도 함)라는 극단적인 별칭까지 얻게 되었으며, GMO의 안전성에 대한 유럽 소비자들의 관심은 더욱 고조되었다(권영근, 2000).

이러한 우려들이 최근 언론보도에서도 그대로 나타나고 있다. 국내에 수입된 밀이 승인 받지 않은 미국 오리건 주의 GMO 밀이라는

특히, 이것이 벼·감자·옥수수·콩 등의 농작물에 적용되면 유전자 조작 식품이나 유전자 조작 농작물이라 부르게 된다. 이러한 GMO는 기존의 생물체 속에 전혀 다른 생물체의 유전자를 끼워 넣음으로써 완전히 새로운 성질을 갖도록 한 생물체이다

최근의 논란, 프랑스 라캉대학 연구팀의 제초제에 강한 GMO 옥수수를 섭취한 쥐들의 경우 종양이 2배 더 많이 생겼다는 연구결과, GMO를 먹인 닭의 폐사량이 일반 닭에 비해 2배나 많았다는 결과 등이 최근 대중에게 GMO의 위험성에 대한 우려를 증폭시키는 대표적인 기사들이다.

※ GMO의 유해성 논란을 다룬 KBS 뉴스보도 'GMO 의혹 미국산 밀 논란…유해성은?'(좌측)과 프랑스 연구팀의 GMO옥수수 섭취 쥐의 종양실험결과를 다룬 오마이뉴스의 보도(우측)

▶ GMO의 위험성을 다룬 뉴스보도의 사례

실제로 최근 경향도 그렇지만 김은준(2002)의 연구에서도 GMO 보도는 부정적 기사가 많은 것으로 나타나고 있다. 부정적 기사들은 구체적으로 인간의 건강에 미칠 위험성, 환경·생태계 교란의 가능성과 같은 내용 중심으로 제시되고 있었다. 그러나 모든 기사의 방향이 부정적으로 제시된 것은 아니었는데, 기사의 강조점에서 위험성 다음으로 이익이 강조되고 있었던 점을 고려할 때 GMO를 긍정적으로 보는 기사 역시 직지 않음을 알 수 있었다. 긍정적인 기사에는 식량난 해결, 경제적 전망, 질 좋고 새로운 식품공급과 같은 내용들을 중심으로 제시되고 있었는데 주로 연구 개발적 입장의 시각을 대변한 것으로 볼 수 있다. 또한 보도내용에 따라서 전체적인 논조가 분리되었는데 정책·사건기사의 경우 주로 부정적인 면이 많이 제시된 반면 개발기사는 긍정적으로 제시되는 양상을 보였다. 결국 내용상의 특징으로는 전체적으로 부정적인 기사가 많지만 내용에 따라 보도가 이원화되고 있다는 점을 찾을 수 있었다.

하지만 이러한 부정적이고 위험을 강조한 기사들이 빈번하게 언론매체를 통해 현시될 경우 대중들의 인식변화에도 대단히 큰 영향을 미칠 수 있다는 부분이다. 송해룡·김원제·조항민(2005)의 연구「과학기술 위험보도에 관한 수용자 인식 연구: GMO(유전자변형식품) 사례를 중심으로」에 따르면 GMO에 대한 내용(부정적 프레임, 긍정적 프레임[11])을 다룬 신문기사를 첨부한 실험연구 결과, 부정적 프레임 기사를 접한 수용자가 긍정적 프레임의 기사를 접한 수용자보다 GMO의 안전성에 대하여 더욱 부정적인 인식을 나타내었다. 또한 GMO의 부정적 프레임을 접한 수용자는 GMO 섭취거부(나는 GMO로 만든 식품을 섭취하지 않겠다) 쪽의 행위 의향이 지배적이었고, 긍정적 프레임을 접한 수용자는 GMO 섭취용인(나는 GMO로 만든 식품을 섭취하겠다) 쪽의 행위 의향이 지배적이었다. 결론적으로 생명공학 등 과학기술과 관련된 사안, 특히 GMO의 경우 미디어를 통한 정보제공이 수용자의 인식이나 행위 의향에 큰 영향을 미치고 있다는 것을 확인했으며, GMO에 대한 보도에 있어 부정적 견해를 수용자에게 전달하는 경우 그 근거가 명확해야 함을 시사한다. 최근 GMO의 위해성에 대한 기사들이 자주 다루어지고 있지만, 아직 GMO가 가지는 위험성이 과학적으로 검증되어 있지 않기 때문에 해

---

11) 해당 연구에서 언론보도의 프레임은 위험성(인체 위해성, 환경 위해성)과 유용성(기술적우위성, 비용우위성)요소로 구분하였다. 위험성은 부정적 프레임, 유용성은 긍정적 프레임이다.

당 사안을 다룰 때 언론이 매우 신중함을 가져야 한다는 것이다.

배아복제[12) 역시 GMO와 유사하게 기술에 대한 찬반 논쟁이 언론을 통해 빈번하게 보도되고 있다. 실제로 배아복제기술이 난치병의 치료 등으로 긍정적으로 사용될 수도 있지만, 생명경시를 불러일으키고 인간복제에 이용될 수 있다는 위험성도 동시에 제시되고 있기 때문이다. 하지만 아직까지는 황우석 줄기세포 연구팀의 실패 이후로 배아복제를 국가 간 선점이 필요한 경쟁기술로 여기는 경향이 크기 때문에, 부정적인 시각의 보도들보다는 우리나라와 타 국가의 관련 기술 성공에 초점을 맞추고 있다.

실제로 2013년 5월 미국 오리건대학교 미탈리포프 교수팀이 배아복제에 성공했다는 소식이 전해지자 뉴스 보도량이 폭발적으로 증가하였고, 거의 모든 언론이 이를 매우 중요한 톱뉴스로 다루었다. 배아복제에 대한 우리 언론의 관심을 보여주는 대목이다. 뉴스보도 내용에는 '황우석 사태 이후 우리가 주춤한 사이 미국이 앞서가는 형국', '황우석 트라우마에 갇힌 줄기세포' 등의 표현을 쓰면서 몇 년 전만 해도 세계 생명공학계를 선도했지만 현재는 그렇지 못한 우리의 모습에 대한 아쉬움을 표출하고 있다.

---

12) 수정된 지 얼마 지나지 않은 인간 배아를 복제, 질병 치료 용도로 사용하는 것을 배아복제라고 하는데, 가장 큰 찬반은 바로 윤리적 문제이다. 찬성입장(특히 과학자들)에서는 수정한 지 14일 미만의 배아는 생명체가 아니기 때문에 13일까지의 배아를 복제 대상으로 하는 것은 윤리적으로 문제될 게 없다는 입장이다. 바로 각종 신체 기관이 아직 형성되기 전 단계라는 근거에서다. 그러나 반대입장(특히 종교계)에서는 배아 자체도 생명이며, 이런 복제가 허용될 경우 결국 완전한 형태의 인간 복제로 귀결될 것이라고 경고하고 있다.

▶ 2013년 5월 미국의 배아복제 성공소식을 다루는 국내 뉴스보도들

앞서 GMO보도에서도 드러났지만, 배아복제보도에서도 우리 언론의 생명공학보도에서의 미흡한 취재행태가 드러나고 있다. 실제로 전방욱·김만재(2003)의 연구에서는 우리 언론, 특히 일간신문에 나타난 배아복제보도를 분석하고 있는데, 배아복제가 미래 우리 사회에 중요한 영향을 미칠 수 있는 주제로 취급하고 있었다는 것을 밝혀낸 바 있다. 이는 분석대상으로 삼은 9개의 주요 일간지에 모두 해당하는 것으로 매우 긍정적으로 평가할 수 있는 부분이다. 하지만 배아복제기술에 대한 내용을 제대로 전달하지 못하였다는 점, 다양한 계층이 참여하는 논쟁의 마당을 제공하지 못했다는 점, 특정 집단의 이익이 아닌 공익성을 확보하는 역할을 제대로 수행하지 못했다는 점 등을 문제점으로 꼽고 있다. 또한 과학기사로서 다루기보다는 경제적 가치에 치중하다 보니 과학기사로 분류할 수 있는 심층적인 기사는 대단히 적었으며, 배아복제에 직접 참여하는 유명 과학자의 일방적인 견해를 과도하게 대변하는 점도 문제점으로 지적할 수 있다. 또한 일부 신문은 신문사가 가진 종교적 신념과 입장에 치우

친 나머지 지나치게 윤리적 문제를 부각시켜 과학적 사실의 제공이라는 과학저널리즘의 한계를 보여주기도 하였다.

GMO와 배아복제 사례에서도 살펴본 바 있지만, 우리 언론은 생명공학을 관심 있는 보도주제로서 취급하고는 있지만, 국가 간 경쟁과 경제적 효과에 치중하여 보도하는 경향이 크며, 위험에 대한 검증과 윤리적 논란에 대한 형평성을 지키는 데에도 소홀한 것으로 나타났다. 다른 과학보도에서도 유사하게 지적될 수 있겠지만, 생명공학보도는 우리 삶의 질 향상과 직접적인 연관이 있기 때문에 현재보다는 더욱 세심하고 장기적인 차원의 취재와 보도가 이루어져야 할 것이다. 향후 의학전문기자와 더불어 생명공학분야에 정통한 기자를 채용하여 배치하는 것도 중요한 과제가 될 것이다. 또한 결과지상주의에 매몰되어 미국, 유럽 등 소위 기술선진국들의 결과를 검증 없이 그대로 베끼거나, 지나치게 국가 간 경쟁구도로 몰아가는 경향도 지양할 필요가 있다.

제3장

환경보도, 더 나은 삶을 위한 언론의 사명

1. 환경보도의 특징과 중요성

환경문제는 현대인들에게 가장 관심을 모으는 주제 중 하나이다. 이는 환경문제가 국지적인 문제로 그치는 것이 아니라, 모든 인류가 같이 고민해야 하는 범세계적인 문제로 증폭될 가능성이 있기 때문에 더욱 그러하다. 그 대표적인 주제가 바로 '지구온난화'이다. 현재 지구는 공룡 멸종 이후 가장 큰 기후변화를 겪고 있음이다. 지구온난화로 특히 자연재해가 증가하고 있는데, 2013년에도 여름 우기로 접어든 인도에서 1925년 이후 가장 많은 비가 내리면서 홍수 피해가 속출했고, 비가 잘 내리지 않는 중국 북서부 신장 위구르 자치구에서는 1년 강수량의 절반 정도인 300mm의 강수량을 32시간 동안 기록하여 큰 피해가 속출하였다. 유럽도 최악의 폭우로 많은 인명피해를 입고 있다. 우리의 경우에도 매년 심각한 폭우와 가뭄현상이 반복되면서 심각한 인명피해와 농작물피해를 입고 있다. 이러한 지구온난화의 직접적인 원인은 바로 인간의 환경파괴와 맞물려 있다는 것은 이미 잘 알려진 사실이다. 실제로 대부분의 과학자들은 90% 이상의 온실 기체 농도의 증가와 화석 연료의 사용이나 산림 벌채 같은 인간의 활동에 의해 발생한 것으로 추측하고 있으며, 이는 각국의 연구기관에서도 이미 검증된 사실이다.

최근 환경문제를 다룬 영화들에서도 지구온난화는 빈번하게 다루는 주제이다. 2004년 개봉하여 많은 관객 수를 동원한 롤랜드 에머리히 감독의 영화 '투모로우'는 지구온난화로 인해 극지방의 얼음이 녹아내리고, 그 얼음이 녹은 탓에 해수의 온도가 급격하게 내려가면서 지구에는 급기야 빙하기가 찾아와 모든 생명체를 얼려버리는 단순하지만 명료한 줄거리를 갖고 있다. 이 영화는 당시 지구온난화에 대한 대중의 관심을 높이는 데 큰 역할을 한 바 있다. 2013년 '괴물', '살인의 추억'의 봉준호 감독의 할리우드 데뷔작으로 관심을 모은 영화 '설국열차'의 경우에도 인류가 지구온난화를 해결하기 위해 'CW-7'이라는 장치를 쏘아 올리는데, 이 장치 탓에 지구의 온도는 급격히 하강하고 새로운 '빙하기'를 맞게 된다는 줄거리이다. 10여 년 가까운 시차를 둔 두 영화의 줄거리는 어떻게 보면 다소 상이하지만 두 영화 모두 인류의 가장 큰 숙제 중에 하나인 '지구온난화'를 영화의 주제로 삼고 있다는 공통점을 갖고 있다.

비단 지구온난화뿐만 아니라, 다양한 측면에서 환경문제는 현대를 살고 있는 우리에게 중요한 화두가 되고 있다. 음식물 쓰레기로 인한 토양과 수질 오염, 자동차 배기가스와 공장지대의 오염물질 대기유입과 이로 인한 질병발생, 1급 발암물질 석면의 문제점, 살충제 오남용으로 인한 오염문제 등 우리 생활 저변에서 다양한 환경관련 위험이슈들이 도사리고 있다. 이렇듯 우리가 살고 있는 지구생태계의 파괴는 곧 인류의 운명을 결정지을 수 있다는 인식 때문에 아마도 더욱더 환경관련 문제들에 세계 각국의 관심이 쏠려 있을 것이다.

▶ 지구온난화를 소재로 한 영화들: '투모로우'와 '설국열차'의 스틸컷(차례대로)

이러한 작금의 환경위기와 관련하여 니클라스 루만(Luhmann, 1995)은 다음과 같은 비관적인 평가를 하고 있다. 루만은 그동안 우리가 모르고 저질러온 각종 행위들의 결과가 재생할 수 없는 자원의 소비를 증가시켜서 궁극적으로는 총체적인 환경 자원의 고갈을 촉진시키고 있다고 평가한다. 루만은 인간이 자연고유의 생존조건을 파괴시켜 인류는 파멸의 길로 갈 수도 있다고 경고한다. 구체적인 환경문제들을 나열하지는 않았지만 현대사회가 처한 위기감을 신랄하게 지적한 것이다.

그동안 언론을 통해 보도되고 있는 다양한 환경문제들은 현재 우리의 감각능력으로 겨우 감지하기 시작한 것일 뿐 우리가 알지 못하는 또 다른 문제들이 언제 어떻게 나타날지 모르는 상황이다. 과거에는 대부분의 환경문제가 공해배출과 직접적인 관계가 있었으며 국지적인 문제가 대부분이었다. 그러나 최근 우리가 감지하고 있는 자연환경의 파괴로부터 유래한 위기는 한 지역이나 국가가 처한 문제라기보다는 인류 전체가 직면한 심각한 문제라고 할 수 있다. 예를 들면, 전 세계적으로 나타나고 있는 현상으로 국지적인 원인에 의한 것이라고 할 수 없는 문제들은 지구온난화, 오존층 파괴, 열대림 파괴, 생물 종(種)의 감소 등을 들 수 있다. 이외에도 앞서 논의했듯이 다양한 환경문제들이 산적해 있다.

이를 해결하기 위해 특히 국가 간 협의체인 유엔(UN)의 역할론이 대단히 크다. 유엔을 통한 정부 간 협의도 중요하지만 최근에는 각종 민간 환경단체들이 환경분야의 문제점 개선에 더욱 적극적으로 참여하고 있다. 사실 민간환경단체들은 지금까지 다양한 환경 사안들을 제기해 국제사회에서 환경문제에 대한 관심을 높이는 데 주역을 담당해 왔다. 많은 환경문제는 지역에 특수한 사정을 가질 수 있으며 지역 사정을 잘 아는 단체들의 문제제기가 중요하다. 따라서 세계의 주요 언론들도 민간 환경단체들의 제보나 활동을 중요하게 취급하고 있는 실정이다. 민간단체들의 주장이 언론에 보도되고, 이러한 문제들이 사회적 공감대를 불러일으키고, 정책입안자들이 문제해결을 위한 장치를 마련하는 것이 지금까지의 환경문제를 위한 공식이었다고 할 수 있다(김재범, 2000). 따라서 환경문제의 해결을 위해서는 언론에 대한 환경문제의 공론화가 대단히 중요한 과정임을 알 수 있다.

환경문제를 포함하는 다양한 사회문제는 처음부터 뮤젯거리로 존재하는 것이 아니라 사회적으로 발견되고 이슈화된다. 오존층 파괴, 지구온난화, 해양생태계 파괴, 환경호르몬 피해 등 우리 주변의 잘 알려진 환경문제의 대다수가 중요한 사회적 문제로 인식되고 인정받기까지 미디어의 역할이 절대적이었다. 즉각적인 경험의 범위를 넘어서는 현상이나 이슈에 대한 공중의 지식과 이해는 주로 대중매체를 통해 이루어지기 때문이다. 미디어는 특정한 환경문제가 존재하며 그것이 사회적 관심을 기울일 가치가 있다는 정당성을 부여하는 역할뿐만 아니라 문제의 본질은 무엇이며, 누가 책임이 있고, 해결책은 어떤 방향이 되어야 하는지 등 보다 본질적이고 포괄적인 의미를 규정하는 역할까지 수행한다. 이 과정에서 미디어는 동일 사건이나 이슈를 여러 각도에서 의미화할 수 있는데, 예를 들어서 열대우림이나 다국적 기업의 벌목 행위는 어떤 측면을 강조하느냐에 따라 경제개발의 기회로 의미 매김될 수도 있고 반대로 자연파괴와 인류미래에 대한 위협으로도 규정지워질 수도 있다. 틀짓기(framing)라고 부르는 미디어의 의미규정 작업은 현실을 구성하는 특정한 요소들을 강조시키고 다른 요소들을 주변화시킴으로써 수용자들에게 특정한 방향의 이해를 유발시킬 뿐 아니라 여론을 형성하고 법과 규정의 제정을 낳게 해 사회변화를 가져오는 영향력을 행사한다(양정혜, 2008).

따라서 일반대중은 이러한 언론의 환경보도를 통해서 자신이 사는 생활환경 그리고 자연환경의 실상에 대한 궁금증과 의구심을 풀어나갈 수 있으며, 어떻게 하면 보다 나은 환경을 만들고 문제점을 개선하며 청정한 환경을 지켜나갈 수 있는지에 대한 깨달음을 얻게 된다. 물론 개인마다 환경문제에 큰 관심을 가진 사람도 있겠지만 대부분 대중들은 판단하기 어려운 환경이슈에 대한 대부분의 정보를 미디어를 통해서 획득하고 환경이슈에 대한 시사점과 해결방안 등을 통해 환경에 대한 인식 대부분을 형성하기 때문이다. 여기에 덧붙여 언론의 환경보도는 환경감시 및 비판의 기능을 수행함으로써 정부의 환경 정책에도 지대한 영향력을 미칠 수 있다. 감시자로

서 언론이 환경문제에 대한 의제를 꾸준하게 제시하면 이는 사회적
으로 공론화되고, 결국 그 문제를 궁극적으로 해결할 수 있는 정부
에게도 영향력을 미치게 된다는 것이다.

2. 환경보도의 문제점과 개선방안

아마도 환경보도의 양이 증가하게 된 것은 1970~1980년대 세계
적으로 심각한 환경재앙이 발생하면서부터일 것이다. 실제로 1970
년 미국에서 2,000만 명의 자연보호론자들이 모여 최초의 대규모적 자
연보호 캠페인을 전개하고 시위한 날을 기념해서 제정된 '지구의 날
(earth day)' 행사를 치른 이후 환경에 대한 대중의 관심은 물론 주류
미디어의 관심이 점점 더 커지게 되었는데, 이후 알래스카에서 엑손
발데즈 호 기름 유출 사건(Exxon Valdez oil spill)[13]이 발생한 1989년
에는 최고조를 이루었다. 당시 기름으로 검게 변한 알래스카의 프린
스 윌리엄스사운드 해안선과 기름을 뒤집어쓴 새들과 수달을 찍은
영상들이 매일 저녁마다 TV스크린을 가득 채웠다(Cox, 2010; 김남
수 외 역, 2013).

이렇듯 거대한 환경재앙이 최근 심각하게 발생함으로써 환경보도
의 양은 증가히고, 대체로 언론의 관심도 높아지고 있으나 환경문제

---

13) 1989년 3월 24일 미국 알래스카 주 프린스윌리엄사운드 일대에서 발생한 해상 원유 유출 사고
이다. 세계 1위 석유회사인 엑슨모빌의 유조선이 좌초되어 일어난 사고였으며, 원유 유출량 기
준으로 최악의 원유 유출 사고의 하나로 흔히 기록된다. 당시 연어, 바다새, 물범 등이 서식하
는 주요 생태계를 파괴하였고, 피해지역 청소와 소송준비를 위해 엑슨모빌 측은 20억 달러 이
상의 자금을 투입하였다.

를 바라보는 깊이와 감수성의 측면에서는 이전과 크게 달라지지 않고 있다는 비판도 받고 있다. 환경보도가 정형화되어 하나의 뉴스장르와 같이 굳어진다는 비판부터 대규모 사건 중심의 보도로 취급된다는 비판까지 다양하다. 이를 간단하게 살펴보면 다음과 같다.

첫째, 환경보도의 정확성 면에서 문제점이 노정되고 있다는 것이다. 실제로 환경보도라는 것은 과학적이고 전문적인 단어나 개념을 통해 현상을 사람들에게 전달해야 하기 때문에 기자들의 전문적인 지식을 필수적으로 요구한다. 그러나 기자의 과학지식의 부족과 정보원들과의 커뮤니케이션 부족으로 인해 기사가 부정확하고 불공정한 내용이 많다는 것이다. 환경보도를 분석한 국내연구들도 문제점으로 보도의 부정확성을 지적하였으며, 이에 대한 원인으로 기자의 전문성 부족과 취재원의 고의적이거나 실수로 인한 정보제공을 꼽고 있다. 던우디와 그리핀(Dunwoody & Griffin, 1993)은 '사건'을 쫓는 기자의 성향이 기사의 틀을 협소화시키고 있다고 주장하며, 슈뢰징거(Schlesinger, 1987)는 텔레비전의 빡빡한 일정과 시간의 구속으로 환경보도가 심각하게 제약받고 있다고 강조한다(김재범, 2000). 또한 정재춘(2001)의 연구에서는 환경기사에서 오보가 발생하는 원인으로 크게 세 가지를 꼽고 있는데, 첫 번째가 기자 자신의 개인적 요인에 의한 발생, 언론기관의 조직특성에 의한 발생, 마지막으로 언론기관의 외부적 요인에 의한 발생이 바로 그 이유이다.

▶ 환경보도의 오보 발생요인

발생원인	주요 내용
기자 자신의 개인적 요인에 의한 발생	· 신체적 특성 및 건강상태: 잘못 보거나 잘못 듣는 경우 · 정신적 측면 − 주관적 오류: 가치관, 편견 − 객관적 오류: 취재원과의 불충분한 접촉, 미확인 · 경험도: 경험의 미숙 · 전문지식의 숙지도: 전문지식의 미흡
언론기관의 조직특성 요인에 의한 발생	· 데스크(차/부장)를 통과할 때: 기사의 변형, 왜곡, 축소 (주관적, 객관적 오류) · 편집과정에서의 오류 · 마감시간 · 언론사 간의 경쟁
언론기관의 외부적 요인에 의한 발생	· 권력의 간섭 · 광고주의 간섭

다음으로 안종주(2002)의 「국내 중앙일간지 환경보도의 정확성에 관한 연구」에 따르면 분석대상 총 83건의 기사 중에서 오류가 단 하나도 없는 기사는 38건으로 전체의 45.8%를 차지했고, 기사내용의 정확도는 45.8%인 것으로 나타났다. 조사대상기사 중 전체 오류 숫자는 76개로 조사대상기사의 1건당 오류 수가 0.9개이며 부정확기사의 1건당 오류 수는 1.7개로 분석되었다. 또한 기사 분야별로 오류 수를 확인한 결과에서는 환경기술, 소음, 진동, 환경교육부문을 포함하는 기타 분야의 기사부정확 비율이 100%로 나타났고 그다음 환경영향평가, 자연생태계, 지구환경문제를 한데 묶은 환경평가 분야가 71.5%의 부정확률을 보였다. 수질 분야는 52.2%, 폐기물 분야는 37.5%, 대기분야는 35.7%의 부정확률을 각각 나타냈다. 부정확기사의 오류를 내용별로 확인한 결과 객관적 부정확이 65.8%였고, 주관적 부정확은 34.2%였다. 이를 세부적으로 보면 용어사용의 잘못이 15.8%로 가장 높은 비율을 차지했고, 다음으로 인용잘못(14.5%),

숫자·통계·과대표현(각 13.0%), 부정확한 제목(7.9%), 비교잘못 (5.0%)의 순으로 나타났다.

둘째, 환경보도의 문제점으로 환경보도가 주요 핵심 쟁점과 논점을 지향하는 보도가 아니라 주로 흥미 위주의 사건지향적인 경향이 있다는 것이다. 환경뉴스는 특정종류의 위험한 상황, 예를 들어 위험물질의 대량유출과 같은 극적인 재난에 주로 초점을 맞춘다는 것이다. 주로 재난적인 상황이 초래하는 부정적인 상황에 초점을 맞추어 그 선정성이 부각되는 구조로 이루어진다는 것이다. 언론이 부정적인 뉴스에 보다 더 치중하는 것은 긍정적인 보도의 경우 진행되는 사회변화를 포착하기 위한 장기적인 노력과 시간이 요구되지만 부정적인 보도는 보다 쉽게, 그리고 짧은 시간에 가능하기 때문이다 (한국언론진흥재단, 2005). 또한 대중들의 지속적인 관심을 유지하기 위해서 언론에서는 특정한 환경위험의 원인을 밝히는 것보다는 그 위험에 노출된 일반인들의 충격과 공포, 도덕적 분노를 드러내는 데 더욱 큰 관심을 기울인다. 전문가들의 위험요인 분석은 단지 위험의 심각성을 알리고 그 위험을 관리·통제할 정부나 기업이 대처하는 데 실패한 것을 드러내는 데 이용될 뿐이다(노진철, 2004).

셋째, 환경보도의 경우 시각적인 요소에 크게 의존하는 경향을 보인다. 이러한 경향성은 텍스트매체보다는 텔레비전과 같은 영상매체에서 더욱 현저하다. 시각적 효과가 떨어지지만 매우 중요하고 긴요한 논의를 요하는 환경관련 논점이나 이슈는 상대적으로 소홀하게 다루어지는 경우가 많다. 실제로 환경보도는 예를 들면 원유 유출과 같은 경우 기름에 뒤덮인 야생동물의 이미지나 드라마틱한 감정을 불러일으키는 일화들을 제시함으로써 관심을 끌고 스토리 전달을

용이하게 하고자 한다. 특히, 텔레비전 뉴스의 경우는 시각 이미지 의존도가 매우 높은데 이는 정보전달보다는 오락적인 이미지에 치중함으로써 환경 문제가 가지는 구조적이거나 제도적인 원인은 상대적으로 간과해 버리는 결과를 유발시킨다(양정혜, 2008).

※ 차례대로, 美 엑슨발데즈 원유 유출 사고와 서해안의 허베이 스피릿 호 원유 유출사고 피해 장면

▶ 언론이 선호하는 환경보도의 시각적 영상: 원유유출 사고

환경관련 보도는 그 취재의 대상을 특정하기도, 또한 그 취재내용에서의 범위와 깊이를 가늠하기도 매우 힘든 영역이다. 전술한 것처럼 환경보도의 문제는 당연히 환경보도라는 영역 그 자체만의 문제일 수는 없다. 즉 모든 뉴스의 생산과정에서 개입할 수 있는 객관성의 전략과 그 구체적 실천기제가 반영되는 뉴스의 한 영역이며, 실제로 그러한 작동기제가 드러나는 영역이라고 할 수 있다. 그러나 문제는 바로 그러한 점 때문에 환경보도는 다른 보도 영역보다 너 심각하고 취약한 상황에 처해 있다고 할 수 있다. 왜냐하면, 사건사고 뉴스들이 비교적 취재내용이 가시적이고 제한적인 시간성을 지니는 데 비하여 환경관련 문제는 과거에서부터 현재, 그리고 미래의

상황을 아우르는 범위와 시간적 특성을 지니고 있기 때문이다. 이런 상황에서 환경문제 뉴스를 사건사고와 같은 생산과정이나 틀에 따라서 제작하게 되면, 이로 인해 불거지는 많은 문제점들이 개선되지 않고 구조적으로 재생산될 수밖에 없다는 결론에 이르게 된다(한국언론진흥재단, 2005).

향후 바람직한 환경보도를 위해서는 문제점으로 지적되고 있는 취약한 취재시스템과 보도관행 등을 새롭게 변화시킬 필요가 있는 바, 다음과 같은 몇 가지 논의를 제시할 수 있겠다.

첫째, 환경전문기자제를 정착시켜야 한다. 물론 현재도 일부 언론사에서 환경문제를 전문적으로 취재하는 기자들이 있지만 그 수는 대단히 미미하다고 하겠다. 실제로 환경문제를 취재보도 하려면 자연과학적 기초지식뿐만 아니라 행정·법·공학·경제학 등 여러 분야의 지식이 폭넓게 요구된다. 따라서 특정이슈에 따라서 일반기자들이 환경문제를 취재하는 것에는 어려움이 뒤따를 수밖에 없다. 따라서 전문적인 식견을 지닌 환경전문기자를 채용하여 객관적인 정보를 제공할 필요가 있겠다. 전문기자 도입이 쉽지 않을 경우, 기존의 언론사 조직 내에서 환경문제를 중점적으로 취재하는 '환경팀'과 같은 조직을 구성하여, 전문성을 갖추도록 해야 할 것이다. 또한 환경전문기자 양성을 위한 기자양성 프로그램(환경단체 등과 연계)도 도입될 필요가 있다.

둘째, 정확성을 담보하기 위한 기자와 언론사의 노력이 필요하다. 정부가 준 보도자료 등에 의존하기보다는 전문가를 통해 수치와 통계 그리고 용어를 분명하게 확인하고, 기자 역시 환경관련 지표 등에 대한 사전 학습이 필요하다. 타 언론사의 경쟁에서 이기기 위한 속보와 특종도 좋지만 지속적인 환경기사에 대한 신뢰성을 담보하기 위해서라도 정확한 기사를 쓰기 위한 기자 개인의 노력과 보도여건 및 취재여건을 개선시키기 위한 언론사의 노력도 수반되어야 할 것이다.

셋째, 환경보도에서 수반되는 갈등해결을 위한 언론의 책임 있는 노력이 요구된다. 환경문제는 대부분 갈등상황이 수반된다. 간척사업, 댐 건설, 해양 유류 오염 등의 환경문제는 대부분 정부와 기업 對 일반국민(혹은 특정 지역민) 간의 갈등양상으로 치닫는 경우가 많다. 이러한 갈등 상황을 언론에서는 그동안 갈등의 양상(특히, 폭력 시위 등)을 단편적으로 다루고, 해결방안을 제시해 주기보다는 갈등을 조장하지 않느냐라는 비판을 받아왔다. 하지만 언론은 환경문제에 있어서 갈등조정 및 문제해결을 위한 중요한 기능을 수행할 필요가 있다. 해당 이슈를 보다 포괄적이고 종합적으로 다루면서, 집단 간 갈등을 슬기롭게 해결할 수 있는 혜안을 마련하는 데 언론이 일조할 필요가 있다는 것이다.

언론의 환경보도는 일반국민들의 환경에 대한 인식개선과 의제설정에 많은 영향을 미칠 뿐만 아니라 정부의 환경정책에도 많은 영향을 줄 수 있다. 따라서 환경에 대한 깊은 이해와 관심 없이 일반 사건사고와 같이 취급하고 있는 언론들의 기존 보도관행은 대단히 위험하다고 하겠다. 그동안 환경보도는 환경문제의 개선을 위해서 많은 기여를 해 왔다. 앞서 제시한 문제점들이 더욱 개선되고 보완된다면 우리에게 산적한 환경문제들을 해결하는 데 있어서 환경보도가 한층 더 중요한 역할론을 수행할 수 있을 것이다.

제4장

재난·재해보도의 실제: 국내 언론의 재해보도에 관한 연구14)

1. 문제제기

해마다 이상기온으로 인하여 예측하지 못한 기상재해가 세계 전역에서 일어나고 있다. 국내에서도 지난 2012년 여름 예측하기 어려운 기상재해의 발생빈도가 높아지면서 사회적, 경제적으로 많은 피해를 초래하였다. 2012년 7월 19일에는 제7호 태풍 '카눈(KHANUN)', 8월 28일에는 제15호 '볼라벤(BOLAVEN)', 8월 30일에는 제14호 태풍 '덴빈(TEMBIN)', 9월 17일에는 제16호 태풍 '산바(SANBA)'의 연이은 영향으로 전국에 강한 바람과 함께 많은 비가 내렸다. 한 해 동안 4개의 태풍이 한반도에 상륙한 것은 1962년 이후 50여 년 만에 관측된 일이다. 8월 중순부터 중서부지방을 중심으로 많은 비가 내렸다. 8월 10일에서 22일까지 12일 동안 전국 평균 강수량은 212.2mm로 평년대비 187%나 증가하였다. 태풍과 폭우에 이어 폭염 역시 심

---

14) 조항민(2013). 『국내 언론의 재해보도에 관한 연구: 태풍·폭우·폭염에 대한 주요 일간신문 분석을 중심으로』의 내용에 기초함.

각한 수준이었다. 7월 하순부터 8월 상순까지 무더운 날씨가 이어지면서 폭염과 열대야 현상이 자주 나타났으며, 1973년 관측 이후 평균기온은 역대 2위(27.5℃), 폭염 일수 역대 5위(13.4일), 열대야 일수는 역대 1위(9.1일)로 매우 무더운 날씨를 보였다(관계부처합동, 2012). 기상재해는 많은 인명피해와 더불어 사회적, 경제적 피해를 가져오면서 우리의 일상생활에 심각한 영향을 미치고 있다. 2012년 여름에는 4개의 태풍이 잇달아 발생하면서 농작물과 비닐하우스에 3,067억 원의 재산피해가 발생했고, 폭염으로 인한 온열질환자는 984명이었으며 이 가운데 사망자는 14명으로 집계되었다. 기상이변에 따라 인명 피해와 재산손실은 물론 농산물가격의 급등, 산업피해, 질병의 증가, 위험회피(보험)비용의 발생 등 다양한 부작용이 발생할 가능성이 높아지고 있다(전선형, 2010). 이와 같이 기상재해가 한국 사회를 위협하는 위험(risk)기제의 하나로서 작용하고 있다.

▶ 최근 우리나라를 강타한 기상재해들(태풍, 호우, 폭설)

현대사회에서 기상재해 등과 같이 다변화된 위험요인들은 계속 증가하고 있으며, 위험으로 초래된 문제점들은 단기간에 그리고 개인의 힘으로 해결하기 어렵다는 특성을 가지고 있다. 따라서 현대

사회의 위험사안들은 반드시 국민들에게 공표되며, 정부 차원의 정책적인 대응이 준비되어야 한다. 특히 오늘날 위험으로 인한 사회적 갈등의 상당 부분들이 '커뮤니케이션의 실패'에서 기인하고 있고, 구성원 간 커뮤니케이션의 실패로 인한 사회적 비용이 상상외로 클 뿐 아니라 나날이 증가하고 있음을 상기해 볼 때(Powell & Leiss, 1997), 위험의 불확실성을 극복하기 위한 사회 구성원 간의 인식공유과정인 위험커뮤니케이션의 개념은 중요하게 고려되어야 한다. 위험커뮤니케이션 과정을 원활히 하기 위해서는 각 구성원들을 매개하는 것이 매우 중요한데, 미디어가 바로 그 역할을 수행하고 있다. 이는 기본적으로 현대 산업사회에서 사람들은 위험 이슈를 포함한 여러 사회문제들에 대한 정보 및 뉴스를 미디어를 통해 습득하고 있기 때문이다. 재난이나 재해 등 위험이슈에 대한 미디어의 역할은 사건을 보도하며 그 원인을 분석하는 데만 한정되어 있는 것이 아니라 발생 가능한 사건의 문제점을 예견해 주어 '사회적 긴장도', '창조적 긴장도'를 높이는 데 일조해야 한다(Singer & Endreny, 1993). 즉 특정한 위험에 대한 정보를 제공하는 보도기능뿐만 아니라 경고·계몽과 같은 지도(指導) 그리고 방재기관으로서의 역할이 보다 비중 있게 고려되어야 한다. 그렇지만 국내 언론은 여전히 기상재해 상황에서 피해를 줄이기 위한 보도보다는 피해상황을 나열하는 기존의 보도관행을 되풀이하고 있으며, 사전에 재난대책 등을 점검하거나 피해의 최소화를 위한 대안 등을 내놓지 못하며 언론의 기능을 제대로 수행하지 못한다는 비판을 받고 있다.

이에 본 연구는 이러한 문제의식을 바탕으로 기상재해 가운데 위험과 피해 강도가 매년 증폭되고 있는 태풍, 폭우, 폭염[15]을 그 대상으로 국내 언론의 재해보도양태를 살펴보고자 한다. 이를 통해 국내 언론의 재해보도에 대한 사회적 기능과 역할론 및 그 한계점에 대해 논하고자 한다. 그리고 그동안 국내 재해보도의 고질적 문제점들이 지속적으로 현시되고 있는지 등을 점검하고 논의해 보고자 한다.

2. 이론적 고찰 및 기존연구 검토

1) 위기상황에서 재해보도의 역할론

일반적으로 재해는 돌발적이면서도 예측 불가능한 것으로 사회구성원들의 재해에 대한 대비는 매우 한정적이며, 대규모 재해의 발생 시 대처 능력 역시 많은 한계점을 지니고 있다. 따라서 재해 발생의 예측 단계에서부터 사후 처리에 이르기까지 정부기관 및 각종 사회단체와 유관기관들의 총체적인 통제와 관리가 필수적이라고 하겠다. 언론기관은 이러한 사회적인 유관기구들 사이에 개입되는 중요한 커뮤니케이션 매개체로 볼 수 있다(Sandman, 1988). 이러한 재해보도는 일종의 '위험커뮤니케이션(risk communication)'[16]으로 재해 상

---

15) 기상재해 보도를 대상으로 한 연구들은 매우 희박한 수준이며, 특히, 세 가지 이상의 재해를 복합적으로 다룬 연구는 부재한 상황이다. 이렇게 세 가지 이상의 기상재해의 특성을 동시에 분석하면 국내 언론의 재해보도에 대한 경향성을 일반화하고, 학술적으로 논의하는 데 더욱 적합할 것으로 사료된다.

16) 위험커뮤니케이션은 위험의 요소 및 요소 간 편익과 비용의 관계, 위험발생원에 대한 평가와 이를 토대로 한 위험관리라는 총체적인 구도 속에서 개념화되는데, 관점에 따라 다양하게 정의된다. 코벨로 등(Covello, Winterfeldt & Slovic, 1986)은 위험커뮤니케이션을 '이해관련 집단 간에 신체적·환경적 위험의 수준, 위험의 중요성이나 의미, 위험을 통제·관리하기 위한 결정·행동 또는 정책 등에 관한 정보를 주고받는 행위'로 규정하고 있으며, 미국조사평가위원회(National Research Council, 1989)는 위험커뮤니케이션을 '위험과 관련된 개인, 집단, 조직 간의 정보와

황에 필요한 정보를 제공하여 재해 상황에서 발생하는 불확실성을 감소시키는 모든 매체-텔레비전, 라디오, 신문, 통신, 전화 등-의 위기관리를 위한 정보 전달 시스템을 총칭한다(구수원, 1999).

태풍, 폭우, 폭염, 폭설 등으로 대표되는 기상재해 상황에서의 보도는 초기 단계에서는 국민들의 재해에 대한 상황을 파악하고 대처할 수 있도록 정보를 전달해야 하므로 재해의 정도와 세기 혹은 피해상황 등의 사실 정보를 정확하고 신속하게 전달하는 것이 무엇보다 중요하다. 또한 재해가 어느 정도 수습 단계로 들어가면 재해의 원인과 피해규모에 대한 재정리가 요구되며, 사회 안전시스템에 대한 평가와 점검이 필요하게 된다. 나아가 재해에 대한 복구가 마무리되는 시점에서도 유사 재해 발생에 대한 제도적인 대책 수립과 관련한 여론이 형성될 수 있도록 후속보도가 이어져야 한다(한국방송영상산업진흥원, 2005). 요컨대, 재해가 일어났을 경우 국민 모두가 현장에서 벌어지는 일들을 소상하게 아는 것도 중요하지만 이보다 더욱 중요한 것은 인명과 재산 피해를 최소화하고 재해를 신속하게 수습하며 방재에 대한 장기대책을 세우는 데 있다. 즉 언론은 객관적인 입장에서 재해현장을 지켜보는 데 만족해서는 안 되고 재해수습을 위한 여러 가지 능동적 역할을 수행하여야 한다. 또한 재해보도는 예측이 불가능한 상황에서 피해 최소화를 위한 예방 기능과 피해의 확산을 막기 위한 방재기능 및 피해복구 등 단계적 상황에 따라서 지속적이고 신속하게 제공되어야 한다(송종길, 2003).

의견을 교환하는 반복적인 과정'으로 정의한다. 또한 밀레티와 피츠패트릭(Mileti & Fitzpatrick, 1991)은 위험커뮤니케이션의 목적을 '위험에 대한 교육 또는 정보제공, 예방행위를 촉구하기 위해 경고'하는 것으로 설명하고 있다.

재해와 같은 국가적 위기상황에서 제2의 방재기관으로 언론이 중요한 역할을 수행하는 대표적인 사례는 일본이다. 일본에서 준방재기관의 역할을 하는 NHK의 존재감이 대단히 크다는 평가이다. NHK는 재난·재해 상황을 대비하여 '방재업무계획'을 사전에 세워 두고 있는데, NHK의 계획은 공공방송으로서의 사명을 달성하려는 취지로, 방재업무의 중요성과 관련하여 각 부문 간의 권한과 책임을 명확히 함과 동시에 상호 간의 유기적인 연계를 기하고 있다. 내용은 방송에 의한 방재사상의 보급(재해 시뿐만 아니라 평상시부터 재해에 관련된 해설, 캠페인 프로그램 등을 적극 편성하는 등 시청자의 재해예방, 응급조치, 피난 등 방재에 대한 인식 향상에 노력), 방재훈련, 방송대책(외국인, 시청각 장애인 등에도 배려), 지방공공단체 등 관계기관의 요청에 대한 예보, 경보 등의 방송, 수신대책(피난지에 수신기의 대여, 설치대책) 등이다(채성혜, 2013).

2) 재난·재해보도에 대한 선행연구 검토

국내 재해보도는 물론 재해 상황에 필요한 정보를 제공하여 재해 상황에서 발생하는 불확실성을 감소시키는 중요한 역할을 상당부분 수행하고 있지만, 제2의 방재기관의 역할보다는 특종보도, 경쟁보도 등에만 충실하여 그 문제점들이 개선되지 못하고 지속된다는 비판을 받고 있다. 최근 국내의 재난·재해 관련 연구에서 제기되어 왔던 국내 언론보도의 문제점들에 대해 살펴보면 다음과 같다.

우선 국내 재난·재해보도의 일반적인 문제점을 논의한 김성재 (2003)의 연구에서는 그동안 우리 언론이 국민을 흥분시키고 자극하는 선정적 재난보도에 정향되어 있음을 비판하면서, 이러한 보도경향은 의연하게 재난에 대처해야 할 시청자들의 공동체 의식을 강화시키는 데 장애가 되고, 사고의 근본적인 원인규명이나 재난구호를 등한시하는 등의 문제점을 초래할 수 있다고 지적하고 있다.

2002년 태풍 '루사'에 대한 신문과 텔레비전 뉴스에 대한 기사를 분석한 김만재(2005)의 연구에서는 한국의 재난보도에서는 일반적으로 일기예보를 활용한 사전 경보 기능이 상당히 취약한 것으로 밝혀졌다. 또한 재난 피해자들의 무기력한 모습을 지나치게 강조함으로써 의존이미지라는 재난신화를 만드는 데 일조를 하는 것으로 분석되었다.

이경미·최낙진(2008)의 연구에서는 태풍 '나리'관련 제주지역의 재난방송보도 연구에서 제주지역 텔레비전 뉴스의 보도 행태를 분석하였는데, 모든 방송사에서 단순정보전달 위주의 단발성 스트레이트 기사가 소나기식으로 보도되고 있음이 발견되었다. 또한 보도 내용에서도 피해상황, 복구 활동 등을 보도하는 데 초점(사후 자원동원기능에 초점을 맞추고 있었음)을 두고 있는 반면, 사고의 원인 혹은 책임규명 그리고 사후대책과 관련한 주제는 거의 다루어지고 있지 않았다는 점을 밝히고, 언론의 환경감시기능에 소홀하고 있음을 비판하고 있다.

이연(2008)은 국내의 재난보도 시스템의 필요성에 대해서 권고했는데, 다른 재난관리기관을 비롯하여 방송사를 비롯한 언론기관들은 대형 참사가 일어날 때마다 국민들로부터 질타를 받을 게 아니라, 선진화·전문화된 재난보도 매뉴얼을 만들어 대응하는 것이 시급한 과제라고 지적하였다. 또한 재난방송의 감독기관인 방송통신위원회도 재난보도에 대해서는 책임감을 갖고 철저하게 감시, 감독해야 한다는 제언을 덧붙여 제시하고 있다.

또한 이민규(2011)는 한·미·일 재난보도의 비교분석을 통해 각국가의 언론이 재난·재해를 다루는 방식을 분석했는데, 일본의 경우 재난관련 보도 매뉴얼에 따라 피해자의 처지에서 불필요한 자극이나 공포를 유발하지 않도록 최선을 다하는 보도태도를 보여주었고, 미국은 보도의 초점이 복구와 주위로부터의 격려와 도움을 촉구하는 분석적 프레임에 집중되어 있으나, 우리의 경우에는 단발성 소나기식 '소방보도'나 자극적이고 사건에 앞서가는 속보성 선정보도, 시신 노출 같은 피해자의 인권을 무시한 보도태도를 지속적으로 견지해 왔음을 비판하고 있다.

유사하게 재난·재해 방송에서 방송의 역할론을 제시한 지성우(2011)의 연구에서는 우리 언론이 그동안 국가안보, 국민 생명과 관련한 사안에 대해 어떤 접근방식과 자세를 취해야 하는가에 대한 인식이 부족하여 선정주의적 보도, 한건주의식 보도, 황색저널리즘이 난무하였고, 의혹을 제기하는 데 치중했으며, 불분명한 취재원에 의존하여 전달하는 수준에 머물렀다는 한계점을 비판적으로 논의하고 있다.

유재웅·조윤경(2012)의 연구에서는 2010년과 2011년에 서울 지역에서 발생한 폭설과 폭우 보도를 지상파 3사와 일간신문(동아일보, 한겨레)을 통해서 분석하였는데, 분석결과 비공식 정보원이 공식 정보원보다 많이 이용되었고, 전문성과 정확성이 떨어질 수 있는 시민제작 콘텐츠의 비중은 14%로 나타났으며 피해상황을 전하는 스트레이트 기사에서 주로 이용되는 것으로 확인하였다.

국내의 재난·재해 상황은 아니지만 동일본 대지진에 대한 국내 신문의 보도행태를 분석한 백선기·이옥기(2012)의 연구에서는 기사와 사진 그리고 그래픽에 있어서 다루는 주제가 다양하게 나타나고 있지만 주요하게 다루는 주제는 피해와 사고 상황과 같은 정보의 전달에 초점이 맞추어져 있고, 피해 예방과 대책에 있어서는 상대적으로 보도 주제의 순위가 덜 중요하게 다루어지고 있음을 지적하고 있다. 또한 국내 언론은 많은 시간과 지면을 할애해 재난 소식을 다뤘지만, 실시간 피해지역 제공 등으로 피해를 줄이려는 보도보다는 피해상황을 나열하는 보도관행을 보이고 있다는 점도 문제점으로 논의하였다. 유사하게 일본의 동일본 대지진을 다룬 국내 텔레비전 뉴스를 분석한 양영신(2012)의 연구에서도 일본의 재해 상황에 대해서 우리 언론이 '흥미 중심 프레임'을 사용하는 경향이 많은 것으로 논의를 하고 있는데, 분석 결과 실제로 충격적인 영상을 반복하고 자극적인 단어를 지나치게 많이 이용하는 것으로 나타났다. 또한 의미 없는 일회성, 일화성 보도도 많이 이용되었으며 전반적으로 공익·공공성 높은 정보제공에는 미흡했다는 부분을 지적하고 있다.

최근 국내의 재난·재해 특히 기상재해 관련 언론의 보도양상을 주요 연구들을 통해서 살펴본 결과, 우리 언론이 재난·재해 상황에서 속보성 있고 다양한 정보를 제공하는 면에서는 긍정적 모습을 보이고 있다. 하지만 예전부터 지속되어 온 선정성, 언론의 환경감시 기능 소홀, 심층적인 정보제공보다는 단발적이고 흥미 위주의 정보제공 등의 문제점들이 아직도 상존하고 있음을 알 수 있다. 국내언론이 태풍과 같은 대형 재해가 발생한 직후에 뉴스의 보도태도상 문제점을 지적하거나 재해뉴스가 재구성된 현실을 수용자에게 보여주

고 있다는 사실을 확인시키는 차원에 머물고 있다는 비판도 감수하
기 어렵다.

3) 뉴스프레임의 개념과 재난·재해 관련 선행연구 검토

프레임(Frame)이라 함은 일반적으로 현실을 바라보는 다양한 시각
들 가운데에서 특정한 관점을 선택하고 부각시켜 일차적으로 수용
자의 생각의 범위를 규정하는 것이다. 이것이 현대사회에서 언론의
역할과 연관되는 경우 뉴스프레임은 뉴스언어에 의해 구성되어 전
달되는 사회적 현실에 대한 전반적 해석, 문제성 정도, 원인 인식,
해결책 모색 등의 방향을 틀 짓는 패턴이라고 할 수 있다. 1970년대
이후 언론학 분야에서는 갈등 이슈를 다룬 뉴스 분석을 위해 프레임
개념을 사용해 왔다. 프레임은 수용자가 현실을 파악하고 이해할 수
있도록 도와주는 해석적 스키마(Goffman, 1974)이다. 프레임의 정의
는 다양하지만 뉴스 메시지의 큰 줄기이며 메시지의 특정한 부분을
선택해서 강조하는 것이다(Entman, 1991).

뉴스프레임 연구의 영역에서 실제 수용자에 대한 논의로 발전한
뉴스프레이밍 효과이론은 뉴스 스토리 자체의 구성방식이 수용자에
게 미치는 영향에 대해 구체적으로 설명해 준다. 또한 뉴스프레임을
주제적 프레임과 일회적 프레임으로 구성한 아옌가(Iyenger, 1991)는
주제적 프레임을 접한 뉴스 수용자가 사회정책의 원인과 결과를 사
회체제적인 관점에서 이해하고 사회기구가 정책의 성패에 책임을
져야 한다고 판단하는 경향이 있음을 밝혀냈으며, 일화적 프레임을
접한 뉴스 수용자가 사회정책의 원인과 결과에 관련된 개인의 일화

적인 관점에서 이해하고, 그 개인에게 정책의 성패에 대한 책임을 추궁해야 한다고 판단하는 경향을 보임을 논의하고 있다.

한편, 재난·재해 관련보도를 주제로 한 국내연구들에서도 이러한 뉴스프레임의 분석틀이 지속적으로 적용되고 있는바, 그 주제는 구제역 위기에서부터 환경재난, 일본 대지진 원전사태, 그리고 기상재해까지 그 스펙트럼이 다양하다. 관련 연구들을 살펴보면 국가적 위기상황으로서 구제역에 대한 언론보도 프레임을 다룬 양기근 (2012)의 연구에서는 사례나 특정사건을 중심으로 구제역 이슈를 다룬 '사건중심 프레임'이 해석적이고 평가적인 성격을 지니는 '주제중심 프레임'에 비해서 더욱 많이 다루어지고 있음을 밝힌 바 있으며, 동일한 주제를 다룬 이민규·이예리(2012)의 연구에서는 구제역으로 인한 사회적 불안감 조성을 지양하려는 움직임을 주로 다루는 '위기대처 프레임'과 구제역 위기의 발생과 그 위기진행과정을 다루는 '위기발생 프레임'이 언론들의 지배적인 프레임으로 활용됨을 확인하였다. 또한 허베이 스피리트 호의 원유 유출사고를 환경재난 차원에서 다룬 양정혜(2008)의 연구에서는 원유유출 사태의 궁극적인 원인과 책임소재 규명이 중심이 되는 프레임들보다는 시민들의 봉사정신을 강조하는 '나눔과 베풂 프레임'이 더욱 강조된 것으로 나타났다. 우리 언론의 일본 대지진·원전사태 보도경향을 다룬 조은희(2012)의 연구에서는 '피해수준, 복구노력, 온정, 정치·경제 영향, 오염, 위험논란, 위험대상 확대' 등의 7개 프레임 유목을 주요하게 다루고 있는 것을 확인하였다. 한편, 본 연구와 가장 유사한 주제(폭설과 폭우에 대한 국내 언론의 보도경향)를 다루고 있는 노혁강 (2011)의 연구에서는 우리 언론이 '일화중심적 프레임'과 '인간적 흥미 프레임'을 이용해 재해 내용을 전달하는 특성을 보임을 확인하였다. 이를 곧 기상재해 보도가 선정적이고 감정적이며 재해의 원인분석과 대책 마련보다 시청자들의 시선을 좀 더 끌 수 있는 흥미 위주의 자극적인 상황전달에 집중하고 있고, 재해로 인한 피해자들의 의존적 이미지를 적극적으로 생산하고 있다는 의미로 분석하였다. 기존 연구들을 통해 고찰했지만 이렇듯 국내 재난·재해관련 보도 관련 연구에서도 연구문제 해결을 위해서 뉴스프레임 분석의 틀을 다양하게 활용하고 있었고, 이를 통해 재난·재해와 관련한 우리 언론들의 문제점(특정 프레임 치중, 일화중심적이고 피해자들의 모습에 포커스를 맞춘 프레임을 빈번하게 사용 등)들을 실증적으로 분석해 내는 성과를 얻고 있다.

3. 연구문제 및 연구방법

1) 연구문제

최근 이상기온으로 인해서 세계 각국이 태풍, 폭우, 폭염, 폭설 등 다양한 기상재해들로 경제적, 사회적 피해를 입고 있다. 이러한 상황에서 언론은 기상재해들에 대한 위험과 대처방법을 알려주고 이를 극복하기 위한 도구로서 그 역할이 더욱 중요해지고 있다. 본 연구의 목적은 국내 언론이 글로벌 이상기온으로 강도가 더욱 세지고 있는 기상재해에 대해 어떻게 보도하고 있는지를 구체적으로 확인해 보고자 한다. 국내 언론이 제2의 방재기관으로서 재해로 인한 피해를 예방하고 최소화하는 데 있어 수행해야 할 역할에 대해 논의해 보고자 한다. 이에 다음과 같은 연구문제를 선정하였다.

연구문제 1. 국내 일간신문의 기상재해(태풍·폭우·폭염)보도는 어떠한 특성을 갖고 있는가?

국내 주요 일간신문들에서 보도되고 있는 주요 기상재해인 태풍, 폭우, 폭염에 대한 기사의 유형과 세부 내용, 그리고 기사의 사실성 분석을 통해 각 재해보도의 특성을 가늠해 보고자 한다.

연구문제 2. 국내 일간신문의 기상재해(태풍·폭우·폭염)보도의 뉴스 정보원 활용은 어떠한가? 정보원이 뉴스기사의 전개에 있어서 어떠한 역할을 수행하고 있는가?

누구의 목소리를 빌려서 특정이슈를 설명하는가는 뉴스가 생산하는 의미를 결정하는 데 있어서 매우 중요한 역할을 한다. 그동안 기존 연구들을 통해서 재난·재해 보도가 정부와 전문가 집단이 정보원으로 활용되는 경우가 많았다는 결과를 얻을 수 있는바, 여전히 그러한 관행이 최근 재해보도에서도 현시되고 있는지를 확인해 보고자 한다. 여기에 정보원이 실제 기사의 전개에 있어 도움이 되는 역할을 수행하고 있는지도 병행적으로 살펴보고자 한다.

연구문제 3. 국내 일간신문의 기상재해(태풍·폭우·폭염)보도의 프레임 특성(형식 프레임, 주제 프레임)은 어떠한가?

기상재해의 뉴스보도를 구성하는 뉴스 프레임은 내용적 차원에서 분석하였다. 이들 재해보도에 대한 프레임의 틀을 해석하여 각 재해의 특성마다 차이점은 있는지, 프레임 특성은 어떻게 유형화할 수 있는지 등을 살펴보고자 한다.

2) 연구방법

본 연구에 적용하는 방법론을 간략하게 살펴보면 다음과 같다. 본 연구는 주기적으로 우리나라에 발생하는 재해들 중에서 여름에 발생하여 큰 피해를 주는 태풍, 폭우, 폭염의 보도행태와 특성을 구체적으로 확인하기 위해서 국내 주요 일간지(조선, 중앙, 동아, 한겨레)의 2012년 1월 1일부터 12월 31일까지의 기사를 전수 검색하고 이를 내용분석방법을 통해서 구체적으로 추출/분석하였다. Kerlinger(1986)는 내용분석에 대해 '변수를 측정할 목적으로 커뮤니케이션 내용들을 체계적이고 객관적이며 수량적인 방식으로 연구하고 분석하는 방법'이라고 정의 내리고 있다. 이를 좀 더 종합적으로 논의하면 차배근(1981)은 내용분석을 '메시지의 특정한 특성을 객관적·체계적으로 분석해서 누가·왜·무엇을·어떻게·누구에게 전달해서 어떠한 효과를 가져 왔는가를 추론하는 문헌적 연구방법의 하나'로 정의하고 있다. 한편, 분석대상인 각 신문사는 시장점유율과 열독률 등을 고려하여 선정하였다. 우선 분석대상으로 선정된 4대 일간지 중에서 동아일보와 한겨레신문은 한국언론재단 종합뉴스데이터베이스인 카인즈(www.kinds.or.kr)의 기사검색 서비스를 활용하였고, 조선일보와 중앙일보의 경우 포털사이트 네이버의 '뉴스' 서비스에서 기사를 검색하고 분석하였다. 추출된 자료의 분석에는 대학원생 3명으로 구성된 코더가 참여하였고, 코더 간 신뢰도를 높이기 위해 충분한 사전교육과 테스트를 마쳤다. 코더 간 신뢰도[17]는 0.92로 비교적 높게 나타났다. 다음으로 본 연구에서 다룰 주요한 분석유목은 다음과 같다. 기사의 유형, 기사의 내용 등에 대한 유목들은 이경미·최낙진(2008)의 연구와 유재웅·조윤경(2012)의 연구를 차용하였고, 연구진이 새로운 유목을 부가적으로 추가하였다. 또한 기사의 사실성에 대한 부분은 새롭게 본 연구에서 추가하였다. 기사사실성 평가 유목 '사실중심적(정보원이나 정확한 출처 등의 객관적 정보를 중심으로 해당기사를 기술한 경우)', '추측/예측 중심적(객관적 정보보다는 어떠한 사건이나 상황을 주관적으로 판단하여 추측하거나 예측하여 기술한 경우)', '사실+추측/예측(객관정보를 중심으로 하는 내용과 추측/예측한 내용이 유사하게 포함되어 있는 경우)'으로 구분한다.

▶ 기사유형의 분류

분류	세부내용
스트레이트	사실보도 중심의 기사, 객관적 사실의 나열이나 보도
해설/분석	사건의 원인과 결과, 현상, 전망 등에 관한 기사
기고문/칼럼	외부필진이 참여한 논설기사
기획/연재	해당 사건, 이슈를 기획이나 연재형태로 2회 이상 다룬 기사
인터뷰/대담/토론	인터뷰어와의 내용, 전문가의 대담이나 토론을 담은 기사
사설	신문사의 입장을 담아낸 논설
기타	타 유목에 포함되지 않는 기사

---

17) 코더 간 신뢰도를 산출하는 방식은 홀스티(Holsti, 1969)가 제시한 일치도에 대한 백분율로 신뢰도를 구하는 다음과 같은 공식을 이용해 신뢰도(M=두 명의 코더 간 일치한 코딩 수, N1= 코더1이 코딩한 수, N2=코더2가 코딩한 수)를 알아보았다. 실제로 내용분석에서 요구하는 신뢰도는 홀스티 지수를 사용하는 경우 0.90 혹은 그 이상이 요구된다.

$$신뢰도 = \frac{2M}{N1 + N2}$$

▶ 기사내용의 분류

분류	세부내용
재해정보	해당 재해에 대한 단순정보 태풍(세기, 이동경로 등), 폭우(강수량, 강수지역 등), 폭염(주의 단계, 해당 지역 등)
피해상황	생존 및 사망자 등 경과보고, 피해액 등 재난여파
복구활동	복구활동 관련 기사
원인	지역적 문제, 기후변화, 난개발, 예보오류, 재난시스템 문제
보상대책	특별재난관리지역 선포, 보상대책 및 보상내용
정책마련	안전시스템재정비, 재해재난대비시스템 보완, 전문가 영입
사전대책	해당 재해를 예방하고 피해를 최소화하기 위한 대응방안, 대책
기타	타 유목에 포함되지 않는 내용

다음으로 정보원의 분류에 대한 유목들은 이경미·최낙진(2008)의 연구 외에도 다양한 연구(김춘식, 2011; 양정혜, 2010; 양정혜, 2008) 들에서 차용하였고, 정보원의 임무에 대한 부분 역시 새롭게 본 연구에서 추가하였다. 취재원이 뉴스기사의 전개를 의미 있게 하고자 수행하였나 알아보는 코딩유목인 정보원의 임무는 크게 정보(사건이나 대상의 사실과 관련된 정보 제공에 국한)와 평가(사건이나 대상에 대한 가치판단, 옳고 그름의 구분을 판단하는 임무)로 구분된다.

▶ 정보원의 분류

분류	세부내용
중앙정부	대통령, 정부 중앙부처(안행부, 건교부, 복지부 등), 서울시
지방정부(지자체)	도지사, 각 도·시·군(재난대책본부)
기상청	기상청 공식발표, 기상청 담당공무원
유관기관	중앙재난안전대책본부, 소방방재청, 해양경찰청 등
일반기업	은행, 농협, 각 신문/방송사, 기업 등
국회/정당	국회의원, 각 정당
시민단체/자생조직	환경운동연합, 종교단체 등
일반시민/지역주민	군인, 종교인, 시민, 학생 등

전문가	학자, 연구원, 교수 등의 전문가 집단
기자취재	정보원 없이 기자의 단독취재
자료인용	문헌/보고서 등에서의 인용
해외기관(기관/언론)	해외방재기관, 해외정부, 해외언론 등에서 인용
기타	타 유목에 포함되지 않는 내용

프레임 분석의 경우에는 뉴스 내용으로 접근한 프레임 유형으로 분류하였는데, 프레임 관련 연구에서 가장 많이 활용되고 있는 세메코와 벨켄버그(2000)의 프레임 분류인 '갈등 프레임', '책임 귀인 프레임', '인간적 흥미 프레임', '경제적 결과 프레임'에 본 연구에서는 '위험 프레임', '피해/대응정보 프레임'을 새롭게 추가하였다.

▶ 프레임의 분류

분류	세부내용
갈등 프레임	재해로 인해 벌어지는 정부기관(중앙정부, 지방정부 등)과 재해 지역주민, 기타 이해관계자들 간의 갈등을 다루는 보도
책임 귀인 프레임	재해의 발생원인과 책임을 규명하려는 측면의 보도
인간적 흥미 프레임	대중이 재해에 대해서 갖는 불안감, 동정심, 호기심 등 감성적 측면 보도
경제적 결과 프레임	재해로 인한 경제적 손실비용이나 부담 측면의 보도
위험 프레임	단기적 위험(전염병, 질환 초래), 장기적 위험(지구온난화, 기후변화에 대한 우려) 등 재해 상황을 사회적 위험으로 취급하는 측면의 보도
피해/대응정보 프레임	해당 재해에 대한 단순 피해 및 대중이 대응(사전예방, 복구 등)할 수 있는 기본적인 정보를 취급하는 측면의 보도
시민단체/자생조직	환경운동연합, 종교단체 등
일반시민/지역주민	군인, 종교인, 시민, 학생 등

4. 연구결과

재해유형별로 언론사들의 보도건수와 비율을 분석한 결과는 다음과 같다. 태풍의 경우 총 340건으로 가장 많은 보도건수를 나타낸 것으로 확인되었고, 폭염이 212건으로 두 번째이었으며, 폭우에 대한 보도건수가 가장 적은 64건으로 나타났다. 태풍보도 가운데 조선일보(35.9%)의 비중이 가장 높았고, 다음으로 동아(28.8%), 중앙(19.4%), 한겨레(14.1%)의 순이었다. 또한 조선일보가 폭우(32.8%)와 폭염(42.0%)의 기사 숫자가 가장 많은 것으로 나타났다.

▶ 재해유형에 따른 언론사별 보도량

단위: 빈도(%)

재해유형 \ 언론사	조선	중앙	동아	한겨레	전체
태풍	122(35.9)	66(19.4)	98(28.8)	54(15.9)	340(100)
폭우	21(32.8)	20(31.3)	14(21.9)	9(14.1)	64(100)
폭염	89(42.0)	42(19.8)	42(19.8)	39(18.4)	212(100)

재해유형에 따라서 월별 기사분포가 어떻게 이루어지고 있는지를 분석한 결과는 다음과 같다. 본 연구의 분석대상인 세 가지 재해 모두 여름에 주로 발생하기 때문에 7~9월에 기사가 집중될 것이라는 예상을 할 수 있는데, 실제 분석에서도 이러한 분포가 그대로 나타난 것으로 확인되었다. '덴빈'과 '볼라벤'이라는 태풍이 엄습하여 많은 강우량을 기록하였고, 전국적으로 유례없는 폭염을 기록했던 8월에 기사가 집중되는 경향을 보였다. 세 가지 기상재해 모두 해마다 반복되고, 많은 피해를 주는 주기성 있는 기상재해인 만큼 피해와

위험이 발생할 경우에만 기사를 집중시키는 보도관행은 문제점으로 지적할 수 있다.

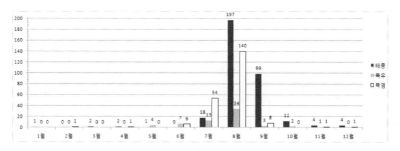

▶ 재해유형에 따른 월별분포

1) 재해보도 특성분석

태풍기사에 대한 기사유형에 대한 분석결과 모든 언론사를 합쳐서 가장 많은 유형으로 나타난 것은 '스트레이트(89.4%)' 기사로 나타났다. 다음으로 '기획/연재(4.4%)', '해설/분석'과 '기고문/칼럼'(동일하게 2.4%), '사설(0.9%)', '인터뷰/대담/토론(0.6%)'의 순으로 나타났다.

▶ 태풍보도의 기사유형

단위: 빈도(%)

기사유형 언론사	스트레이트	해설/분석	기고문/ 칼럼	기획/연재	인터뷰/ 대담/토론	사설	전체
조선	114(33.5)	3(0.9)	2(0.6)	3(0.9)	0(0)	0(0)	122(35.9)
중앙	62(18.2)	0(0)	1(0.3)	0(0)	2(0.6)	1(0.3)	66(19.4)
동아	85(25.0)	1(0.3)	2(0.6)	10(2.9)	0(0)	0(0)	98(28.8)
한겨레	43(12.6)	4(1.2)	3(0.9)	2(0.6)	0(0)	2(0.6)	54(15.9)
전체	304(89.4)	8(2.4)	8(2.4)	15(4.4)	2(0.6)	3(0.9)	340(100)

폭우기사에 대한 기사유형 분석 결과도 역시 모든 언론사를 합쳐서 가장 많은 유형으로 나타난 것은 '스트레이트(95.3%)' 기사였는데, 이는 태풍기사에 대한 분석결과와 견주어 볼 때 상대적으로 더욱 높은 비율이었다. 다음으로 '해설/분석', '기고문/칼럼', '사설'이 동일하게 1.6%의 비율인 것으로 나타났고, '기획/연재'와 '인터뷰/대담/토론'의 기사유형은 한 건도 없는 것으로 나타났다. 폭우보도는 태풍보도에 비해 상대적으로 기사유형의 다양성이 떨어지는 것으로 확인되었다.

▶ 폭우보도의 기사유형

단위: 빈도(%)

언론사 \ 기사유형	스트레이트	해설/분석	기고문/칼럼	기획/연재	인터뷰/대담/토론	사설	전체
조선	21(32.8)	0(0)	0(0)	0(0)	0(0)	0(0)	21(32.8)
중앙	18(28.1)	1(1.6)	0(0)	0(0)	0(0)	1(1.6)	20(31.3)
동아	13(20.3)	0(0)	1(1.6)	0(0)	0(0)	0(0)	14(21.9)
한겨레	9(14.1)	0(0)	0(0)	0(0)	0(0)	0(0)	9(14.1)
전체	61(95.3)	1(1.6)	1(1.6)	0(0)	0(0)	1(1.6)	64(100)

폭염기사에 대한 기사유형 분석 결과에서 가장 많은 유형으로 나타난 것은 '스트레이트'(63.2%) 기사였는데 이는 태풍과 폭우에 비해서는 상대적으로 낮은 비율이었다. 다음으로 '해설/분석(26.4%)', '사설(3.8%)', '기고문/칼럼(2.8%)', '인터뷰/대담/토론(2.4%)', '기획/연재(1.4%)'의 순이었다. 폭염보도의 경우 타 재해유형에 비해서는 비교적 폭염사태에 대한 해설과 분석이 가미된 기사가 높은 비율을 차지한 것으로 확인되었다.

▶ 폭염보도의 기사유형

단위: 빈도(%)

언론사 \ 기사유형	스트레이트	해설/분석	기고문/ 칼럼	기획/연재	인터뷰/ 대담/토론	사설	전체
조선	53(25.0)	31(14.6)	4(1.9)	0(0)	0(0)	1(0.5)	89(42.0)
중앙	21(9.9)	16(7.5)	1(0.5)	0(0)	1(0.5)	3(1.4)	42(19.8)
동아	29(13.7)	3(1.4)	1(0.5)	2(0.9)	4(1.9)	3(1.4)	42(19.8)
한겨레	31(14.6)	6(2.8)	0(0)	1(0.5)	0(0)	1(0.5)	39(18.4)
전체	134(63.2)	56(26.4)	6(2.8)	3(1.4)	5(2.4)	8(3.8)	212(100)

각 재해별로 기사의 세부내용에 대한 분석 결과는 다음과 같다. 먼저 태풍보도는 해당 재해에 대한 단순한 정보들을 다룬 '재해정보 (35.6%)'가 가장 높은 비율을 차지한 것으로 나타났으며, 다음으로 해당 기상재해의 피해 경과보고를 다룬 '피해상황(34.7%)', 피해로 인한 보상과 대책을 다룬 '보상대책(11.5%)', 해당 재해를 예방하고 피해를 최소화하기 위한 '사전대책(5.6%)', 재난재해의 시스템 정비 와 보완 등과 관련된 '정책마련(4.4%)', '복구 활동'과 '원인'이 동일 하게 2.9%, 마지막으로 '기타(2.4%)'의 순으로 나타났다. 태풍보도 에서 주로 다루어졌던 내용은 태풍으로 인한 피해의 사후대응과 그 원인 진단보다는 대부분 피상적인 정보제공과 피해상황 보고에 집 중되어 있는 것으로 나타났다.

▶ 태풍보도의 기사내용

단위: 빈도(%)

언론사＼기사내용	재해정보	피해상황	복구활동	원인	보상대책	정책마련	사전대책	기타	전체
조선	44 (12.9)	43 (12.6)	3(0.9)	1(0.3)	12(3.5)	9(2.6)	6(1.8)	4(1.2)	122 (35.9)
중앙	24(7.1)	24(7.1)	3(0.9)	0(0)	4(1.2%)	2(0.6)	6(1.8)	3(0.9)	66 (19.4)
동아	37 (10.9)	38 (11.2)	4(1.2)	5(1.5)	9(2.6)	2(0.6)	3(0.9)	0(0)	98 (28.8)
한겨레	16(4.7)	13(3.8)	0(0)	4(1.2)	14(4.1)	2(0.6)	4(1.2)	1(0.3)	54 (15.9)
전체	121 (35.6)	118 (34.7)	10 (2.9)	10 (2.9)	39 (11.5)	15 (4.4)	19 (5.6)	8(2.4)	340 (100)

다음으로 폭우보도의 경우 '피해상황(35.9%)'에 대한 보도가 가장 높은 비율을 나타낸 것으로 확인되었다. 다음으로 '재해정보(31.3%)', '사전대책(10.9%)', '원인(9.4%)', '보상대책(4.7%)', '복구활동'과 '정책마련'이 동시에 3.1%인 것으로 확인되었다. 마지막으로 '기타(1.6)'의 순이었다. 폭우보도의 경우도 역시 폭우로 인한 피해의 사후대응과 구체적인 원인진단을 다룬 기사들은 재해정보와 피해상황을 다룬 기사들에 비해서는 상대적으로 미미한 수준으로 나타났다.

단위: 빈도(%)

기사내용 \ 언론사	재해정보	피해상황	복구활동	원인	보상대책	정책마련	사전대책	기타	전체
조선	6(9.4)	13(20.3)	0(0)	0(0)	1(1.6)	0(0)	1(1.6)	0(0)	21(32.8)
중앙	9(14.1)	4(6.3)	1(1.6)	3(4.7)	0(0)	0(0)	3(4.7)	0(0)	20(31.3)
동아	5(7.8)	4(6.3)	1(1.6)	1(1.6)	0(0)	0(0)	2(3.1)	1(1.6)	14(21.9)
한겨레	0(0)	2(3.1)	0(0)	2(3.1)	2(3.1)	2(3.1)	1(1.6)	0(0)	9(14.1)
전체	20(31.3)	23(35.9)	2(3.1)	6(9.4)	3(4.7)	2(3.1)	7(10.9)	1(1.6)	64(100)

폭염보도의 경우 가장 많이 다루어진 기사내용은 '재해정보(35.8%)'인 것으로 나타났다. 다음으로 '피해상황(26.4%)'의 순이었으며, '정책마련(17.0%)'을 다룬 기사가 타 재해들에 비해서는 상당히 높은 비중을 차지하는 것으로 나타났다. 다음으로 '원인(11.3%)', '사전대책(4.2%)', '기타(2.8%)' 등의 순이었다. 폭염보도의 경우 태풍과 폭우에 비해서는 기사내용이 '재해정보'와 '피해상황'에 지나치게 집중되지는 않은 것으로 나타났는데, '정책마련'에 대한 기사내용이 비교적 높은 비율을 차지한 것은 2012년 여름의 폭염이 장기간(열대야 일수가 9.1일을 기록함) 발생하였으며, 지리적으로 그 피해지역이 가장 넓었던 기상재해(태풍과 폭우는 피해시간이 짧고 국지적인 피해가 더욱 컸음)여서 실제 국민들의 건강 위험과도 연계되어 있었기 때문인 것으로 판단된다. 이에 폭염에 대응할 수 있는 다양한 정책과 대응마련에 대한 논의가 많았고, 이러한 부분이 언론의 관심으로도 이어진 결과라고 하겠다.

단위: 빈도(%)

언론사＼기사내용	재해정보	피해상황	복구활동	원인	보상대책	정책마련	사전대책	기타	전체
조선	35 (16.5)	25 (11.8)	0(0)	11(5.2)	1(0.5)	10(4.7)	3(1.4)	4(1.9)	89 (42.0)
중앙	11(5.2)	12(5.7)	0(0)	0(0)	0(0)	17(8.0)	1(0.5)	1(0.5)	42 (19.8)
동아	21(9.9)	6(2.8)	0(0)	5(2.4)	2(0.9)	3(1.4)	4(1.9)	1(0.5)	42 (19.8)
한겨레	9(4.2)	13(6.1)	1(0.5)	8(3.8)	1(0.5)	6(2.8)	1(0.5)	0(0)	39 (18.4)
전체	76 (35.8)	56 (26.4)	1(0.5)	24 (11.3)	4(1.9)	36 (17.0)	9(4.2)	6(2.8)	212 (100)

다음으로, 각 재해의 기사들이 실제 사실을 중심적으로 기술되었는지, 아니면 추측과 예측을 기반으로 작성되었는지, 아니면 사실과 추측/예측을 모두 포괄하여 기술되었는지를 확인한 결과는 다음과 같다. 우선 태풍보도의 평가 결과, '사실중심적'인 기사가 85.9%로 압도적으로 높은 것으로 나타났고, 다음으로 '사실+추측/예측'이 13.5%, '추측/예측 중심적'이 0.6%의 순으로 나타났다. 태풍보도의 경우 대부분의 기사들이 사실에 근거하여 작성되고 있음을 알 수 있다.

▶ 태풍보도의 기사사실성 평가

단위: 빈도(%)

언론사＼기사의 사실성	사실중심적	추측/예측 중심적	사실+추측/예측	전체
조선	102(30.0)	0(0)	20(5.9)	122(35.9)
중앙	57(16.8)	2(0.6)	7(2.1)	66(19.4)
동아	92(27.1)	0(0)	6(1.8)	98(28.8)
한겨레	41(12.1)	0(0)	13(3.8)	54(15.9)
전체	292(85.9)	2(0.6)	46(13.5)	340(100)

이러한 경향은 폭우보도에도 유사하게 나타났다. 역시 '사실중심
적'인 기사가 89.1%로 압도적으로 높은 것으로 나타났고, 다음으로
'사실+추측/예측'이 10.9%, '추측/예측 중심적'인 기사는 한 건도
없는 것으로 나타났다. 폭우보도의 경우에도 대부분의 기사들이 사
실에 근거하여 작성되고 있음을 알 수 있다.

▶ 폭우보도의 기사사실성 평가

단위: 빈도(%)

기사의 사실성 언론사	사실중심적	추측/예측 중심적	사실+추측/예측	전체
조선	18(28.1)	0(0)	3(4.7)	21(32.8)
중앙	16(25.0)	0(0)	4(6.3)	20(31.3)
동아	14(21.9)	0(0)	0(0)	14(21.9)
한겨레	9(14.1)	0(0)	0(0)	9(14.1)
전체	57(89.1)	0(0)	7(10.9)	64(100)

마지막으로 폭염보도의 경우에는 이러한 경향이 다소 다른 것으
로 확인되었다. '사실중심적'인 기사의 비율이 높았지만 42.5%로서
상대적으로는 낮은 것으로 나타났다. 오히려 '사실+추측/예측'이
53.8%로 가장 높은 비율을 나타냈다. '추측/예측 중심적'인 기사는
2.4%로 가장 미미했다. 이렇게 추측/예측이 상당수 포함된 기사가
폭염보도에 많은 이유는 폭염의 경우 객관적인 기온의 측정 외에는
사람과 가축이 체감하는 폭염에 대한 민감성이 기사의 주요한 주제
가 되기 때문에 이러한 추측과 예측기사가 상당부분 포함된 것으로
분석된다.

단위: 빈도(%)

기사의 사실성 언론사	사실중심적	추측/예측 중심적	사실+추측/예측	전체
조선	20(9.4)	2(0.9)	67(31.6)	0(0)
중앙	7(3.3)	2(0.9)	33(15.6)	0(0)
동아	32(15.1)	1(0.5)	6(2.8)	3(1.4)
한겨레	31(14.6)	0(0)	8(3.8)	0(0)
전체	90(42.5)	5(2.4)	114(53.8)	3(1.4)

2) 뉴스 정보원 활용에 대한 특성분석

뉴스 정보원은 사건에 대한 직·간접적인 정보를 제공하기도 하지만 어떤 뉴스 정보원을 사용하느냐에 따라서 기사내용의 흐름과 주도권을 확보할 수도 있으며 기사 내용에 대한 신뢰나 공신력 확보에도 중요한 영향을 미친다. 이러한 논의는 재해보도에도 유효하다. 이에 각 재해보도에서의 정보원 활용에 대한 분석 결과는 다음과 같다.

태풍보도에서 가장 많은 정보원으로 활용된 것은 '기상청(35.0%)'이었으며, 다음으로 '일반시민/지역주민(10.3%)', '중앙정부(10.0%)', '유관기관(9.1%)', '지방정부(8.5%)', '기자 취재(7.4%)' '전문가(5.9%)' 등의 순이었다. 태풍보도의 경우에는 '기상청'에 대한 의존도가 높으며, '일반시민/지역주민'의 피해에 많은 부분 초점을 맞추고, '전문가'에 대한 심층적인 의견수렴과 문제점 진단은 상당부분 부족한 것으로 나타나 그동안 지적해온 재난·재해보도의 문제점이 그대로 현시되는 것으로 확인되었다.

단위: 빈도(%)

정보원 분류＼언론사	조선	중앙	동아	한겨레	전체
중앙정부	15(4.4)	2(0.6)	14(4.1)	3(0.9)	34(10.0)
지방정부	14(4.1)	8(2.4)	4(1.2)	3(0.9)	29(8.5)
기상청	37(10.9)	25(7.4)	38(11.2)	19(5.6)	119(35.0)
유관기관	12(3.5)	4(1.2)	12(3.5)	3(0.9)	31(9.1)
일반기업	13(3.8)	0(0)	5(1.5)	1(0.3)	19(5.6)
국회/정당	1(0.3)	0(0)	0(0)	0(0)	1(0.3)
시민단체/자생조직	1(0.3)	0(0)	1(0.3)	4(1.2)	6(1.8)
일반시민/지역주민	6(1.8)	12(3.5)	9(2.6)	8(2.4)	35(10.3)
전문가	9(2.6)	5(1.5)	3(0.9)	3(0.9)	20(5.9)
기자취재	6(1.8)	4(1.2)	8(2.4)	7(2.1)	25(7.4)
자료인용	4(1.2)	3(0.9)	3(0.9)	2(0.6)	12(3.5)
해외(기관/언론)	3(0.9)	1(0.3)	1(0.3)	1(0.3)	6(1.8)
기타	1(0.3)	2(0.6)	0(0)	0(0)	3(0.9)
전체	122(35.9)	66(19.4)	98(28.8)	54(15.9)	340(100)

폭우보도에서 가장 많은 정보원으로 활용된 것은 '기상청(43.8%)' 이었으며, 다음으로 '지방정부(20.3%)', '중앙정부(12.5%)', '기자취 재(6.3%)', '전문가'와 '유관기관'이 동일하게 4.7%, '일반시민/지역 주민(3.1%)' 등의 순으로 나타났다. 동일하게 '기상청'의 정보원 비 중이 높았으나, 태풍과는 다르게 지방정부와 중앙정부 등 정부기관 이 중요 정보원으로 활용되는 것으로 나타났다. 하지만 기자의 직접 취재인 '기자취재'와 '전문가'의 활용비중이 대단히 낮은 수준으로 나타났다.

단위: 빈도(%)

정보원 분류 \ 언론사	조선	중앙	동아	한겨레	전체
중앙정부	2(3.1)	1(1.6)	3(4.7)	2(3.1)	8(12.5)
지방정부	5(7.8)	3(4.7)	3(4.7)	2(3.1)	13(20.3)
기상청	10(15.6)	12(18.8)	5(7.8)	1(1.6)	28(43.8)
유관기관	0(0)	1(1.6)	1(1.6)	1(1.6)	3(4.7)
일반기업	0(0)	0(0)	0(0)	1(1.6)	1(1.6)
국회/정당	0(0)	0(0)	0(0)	0(0)	0(0)
시민단체/자생조직	0(0)	0(0)	0(0)	0(0)	0(0)
일반시민/지역주민	1(1.6)	0(0)	0(0)	1(1.6)	2(3.1)
전문가	0(0)	0(0)	2(3.1)	1(1.6)	3(4.7)
기자취재	3(4.7)	1(1.6)	0(0)	0(0)	4(6.3)
자료인용	0(0)	2(3.1)	0(0)	0(0)	2(3.1)
해외(기관/언론)	0(0)	0(0)	0(0)	0(0)	0(0)
기타	0(0)	0(0)	0(0)	0(0)	0(0)
전체	21(32.8)	20(31.3)	14(21.9)	9(14.1)	64(100)

폭염보도의 경우에는 가장 많은 정보원으로 활용된 것은 역시 '기상청(22.6%)'이었으나, 그 비율은 태풍과 폭우에 비해서는 낮았다. 다음으로 '중앙정부(17.9%)', '유관기관(16.5%)', '기자취재(9.0%)', '지방정부(8.0%)', '자료인용(7.5%)', '해외(기관/언론)(5.7%)', '전문가(4.2%)' 등의 순이었다. 타 재해들보다는 정보원의 활용도의 스펙트럼이 비교적 넓은 것으로 나타났으나, '전문가'에 대한 활용도는 여전히 낮은 것으로 나타났다.

▶ 폭염보도의 뉴스 정보원 활용

단위: 빈도(%)

정보원 분류 \ 언론사	조선	중앙	동아	한겨레	전체
중앙정부	12(5.7)	7(3.3)	7(3.3)	12(5.7)	38(17.9)
지방정부	6(2.8)	8(3.8)	2(0.9)	1(0.5)	17(8,0)
기상청	25(11.8)	11(5.2)	7(3.3)	5(2.4)	48(22.6)
유관기관	27(12.7)	5(2.4)	1(0.5)	2(0.9)	35(16.5)
일반기업	1(0.5)	2(0.9)	0(0)	2(0.9)	5(2.4)
국회/정당	4(1.9)	0(0)	0(0)	0(0)	4(1.9)
시민단체/자생조직	1(0.5)	0(0)	0(0)	0(0)	1(0.5)
일반시민/지역주민	1(0.5)	0(0)	0(0)	2(0.9)	3(1.4)
전문가	0(0)	1(0.5)	5(2.4)	3(1.4)	9(4.2)
기자취재	6(2.8)	4(1.9)	5(2.4)	4(1.9)	19(9.0)
자료인용	3(1.4)	0(0)	12(5.7)	1(0.5)	16(7.5)
해외(기관/언론)	2(0.9)	4(1.9)	3(1.4)	3(1.4%)	12(5.7)
기타	0(0)	0(0)	0(0)	3(1.4)	3(1.4)
전체	1(0.5)	0(0)	0(0)	1(0.5)	2(0.9)

3개 재해의 보도를 종합적으로 분석한 결과, 정보원의 활용경향은 '기상청'에 대한 의존도가 매우 높은 것으로 나타났으며, '지방정부'와 '중앙정부'에 대한 취재(인터뷰와 보도자료 등)가 높은 비중을 차지하는 것으로 확인되었다. 하지만 재난상황에 대한 심층적인 분석이나 근본적인 문제점을 진단할 수 있는 '전문가'의 활용은 여전히 적은 것으로 나타나 재난·재해보도에서 드러난 관행적 문제점은 여전한 것을 알 수 있었다.

다음으로 3개 재해보도에서 활용된 정보원들이 뉴스기사의 전개를 의미 있게 하는지를 분석한 정보원의 임무에 대한 분석결과는 다음과 같다. 앞서 유목 분석분류에서도 언급했지만 해당 재해와 관련된 정보 제공에 국한되어 있으면 '정보', 해당 재해와 관련된 다양한 논의들의 가치판단에 관련이 있으면 '평가'로 분류하여 분석한바, 태풍보도의 경우 정보원들이 '정보(75.3%)'적 가치로 활용된 경우가 높았고, 반면 '평가(24.7%)'적 가치로 활용된 경우는 상대적으로 적었다.

▶ 태풍보도의 뉴스 정보원의 임무

단위: 빈도(%)

정보원 임무 \ 언론사	조선	중앙	동아	한겨레	전체
정보	92(27.1)	43(12.6)	80(23.5)	41(12.1)	256(75.3)
평가	30(8.8)	23(6.8)	18(5.3)	13(3.8)	84(24.7)
전체	122(35.9)	66(19.4)	98(28.8)	54(15.9)	340(100)

폭우보도의 경우 정보원들이 '정보(84.4%)'적 가치로 활용된 경우가 태풍보도에 비해서 현격히 높았고, 반면 '평가(15.6%)'적 가치로 활용된 경우는 미미한 편이었다.

▶ 폭우보도의 뉴스 정보원의 임무

단위: 빈도(%)

정보원 임무 \ 언론사	조선	중앙	동아	한겨레	전체
정보	18(28.1)	17(26.6)	13(20.3)	6(9.4)	54(84.4)
평가	3(4.7)	3(4.7)	1(1.6)	3(4.7)	10(15.6)
전체	21(32.8)	20(31.3)	14(21.9)	9(14.1)	64(100)

마지막으로 폭염보도의 경우 정보원들이 '정보(90.6%)'적 가치로

활용된 경우가 태풍과 폭우보도에 비해서도 현저히 높았고, 반면 '평가(9.4%)'적 가치로 활용된 경우는 매우 적은 비율을 나타냈다.

▶ 폭염보도의 뉴스 정보원의 임무

단위: 빈도(%)

정보원 임무＼언론사	조선	중앙	동아	한겨레	전체
정보	89(42.0)	40(18.9)	30(14.2)	33(15.6)	192(90.6)
평가	0(0)	2(0.9)	12(5.7)	6(2.8)	20(9.4)
전체	89(42.0)	42(19.8)	42(19.8)	39(18.4)	212(100)

3개의 재해보도에서 활용된 정보원들은 뉴스기사의 전개를 풍부하고 의미 있게 하기보다는 해당 재해와 관련된 정보 제공에 국한되어 있는 것으로 나타났다. 이는 곧 각 재해와 관련된 사회적 이슈, 정책적 문제점 등의 논의들과 관련된 평가와 시사점을 도출하는 데 정보원의 활용이 제대로 이루어지지 못하고 있다는 것을 의미한다.

3) 뉴스 프레임 분석

태풍, 폭우, 폭염이라는 기상재해에 대한 각 일간신문의 뉴스 보도를 프레임의 주제적(내용적) 측면에서 분석했다. 그 결과는 다음과 같다. 프레임 유형은 앞서 논의했듯이 '갈등', '책임 귀인', '인간적 흥미', '경제적 결과', '위험', '피해/대응정보'로 구분하였다.

태풍보도의 경우 모든 언론사에서 '피해/대응정보 프레임'이 가장 많은 비중을 차지한 것으로 나타났다. 전체적으로는 60.6%의 비율을 차지한 것으로 확인되었다. 다음으로 '경제적 결과 프레임(17.9%)', '인간적 흥미 프레임(8.8%)', '위험프레임'과 '책임귀인프레임'이 5.3% 로 뒤를 이었으며, 가장 적은 비율을 차지한 프레임은 '갈등 프레임(2.1%)' 인 것으로 나타났다. 비교적 태풍보도에서는 해당 재해에 대한 피해를 인지하고, 대응할 수 있는 내용이 중심을 이루는 '피해/대응정보 프레임'이 중요하게 다루어지고, 집단 간 갈등이나 인간적 흥미를 다루는 프레임은 많지 않은 것으로 나타났다. 이러한 점은 그동안 문제시되어 온 재해보도의 연성화, 재해보도의 실용성 부족 등의 비판을 상당부분 상쇄할 수 있는 부분으로 볼 수 있다. 다만, 태풍을 사회적 위험으로 취급하는 '위험 프레임'의 기사가 적다는 것이 문제이며 향후 국내 언론의 재해보도에서 개선해야 할 부분이다.

▶ 태풍보도의 뉴스 프레임 유형(뉴스 주제 분류)

단위: 빈도(%)

프레임 유형 언론사	갈등 프레임	책임 귀인 프레임	인간적 흥미 프레임	경제적 결과 프레임	위험 프레임	피해/ 대응정보 프레임	전체
조선	0(0)	9(2.6)	10(2.9)	28(8.2)	6(1.8)	69(20.3)	122(35.9)
중앙	0(0)	3(0.9)	11(3.2)	7(2.1)	3(0.9)	42(12.4)	66(19.4)
동아	1(0.3)	3(0.9)	7(2.1)	13(3.8)	0(0)	74(21.8)	98(28.8)
한겨레	6(1.8)	3(0.9)	2(0.6)	13(3.8)	9(2.6)	21(6.2)	54(15.9)
전체	7(2.1)	18(5.3)	30(8.8)	61(17.9)	18(5.3)	206(60.6)	340(100)

폭우보도의 경우, 모든 언론사에서 '피해/대응정보 프레임'이 가장 많은 비중을 차지한 것으로 나타났다. 전체적으로는 68.8%의 비율을 차지한 것으로 확인되었다. 다음으로 '위험 프레임'과 '책임귀인 프레임'이 모두 9.4%', '경제적 결과 프레임(7.8%)', '인간적 흥미

프레임(4.7%)'의 순이었다. '갈등 프레임'은 한 건도 없는 것으로 확인되었다. 폭우보도에서도 해당 재해에 대한 피해를 인지하고, 대응할 수 있는 내용이 중심을 이루는 '피해/대응정보 프레임'이 중요하게 다루어진 것으로 나타났다.

▶ 폭우보도의 프레임 유형(뉴스 주제 분류)

단위: 빈도(%)

프레임 유형 / 언론사	갈등 프레임	책임 귀인 프레임	인간적 흥미 프레임	경제적 결과 프레임	위험 프레임	피해/ 대응정보 프레임	전체
조선	0(0)	3(4.7)	2(3.1)	2(3.1)	0(0)	14(21.9)	21(32.8)
중앙	0(0)	0(0)	0(0)	1(1.6)	3(4.7)	16(25.0)	20(31.3)
동아	0(0)	1(1.6)	0(0)	0(0)	2(3.1)	11(17.2)	14(21.9)
한겨레	0(0)	2(3.1)	1(1.6)	2(3.1)	1(1.6)	3(4.7)	9(14.1)
전체	0(0)	6(9.4)	3(4.7)	5(7.8)	6(9.4)	44(68.8)	64(100)

폭염보도의 경우도 역시 모든 언론사에서 '피해/대응정보 프레임'이 가장 많은 비중을 차지한 것으로 나타났다. 전체적으로는 33.0%의 비율을 차지한 것으로 확인되었다. 하지만 그 비율은 태풍과 폭우에 비해서는 상당히 낮았다. 주목해야 할 점 중에 하나는 바로 폭염보도에서는 '위험 프레임'이 30.2%로 상당히 높았다는 점이다. 다음으로 '경제적 결과 프레임(17.0%)', '인간적 흥미 프레임(8.0%)', '책임귀인프레임(7.1%)', '갈등 프레임(4.7%)'의 순으로 나타났다.

▶ 폭염보도의 프레임 유형(뉴스 주제 분류)

단위: 빈도(%)

프레임 유형 / 언론사	갈등 프레임	책임 귀인 프레임	인간적 흥미 프레임	경제적 결과 프레임	위험 프레임	피해/ 대응정보 프레임	전체
조선	0(0)	7(3.3)	3(1.4)	16(7.5)	26(12.3)	37(17.5)	89(42.0)
중앙	1(0.5)	1(0.5)	1(0.5)	8(3.8)	20(9.4)	11(5.2)	42(19.8)
동아	7(3.3)	4(1.9)	9(4.2)	1(0.5)	7(3.3)	14(6.6)	42(19.8)
한겨레	2(0.9)	3(1.4)	4(1.9)	11(5.2)	11(5.2)	8(3.8)	39(18.4)
전체	10(4.7)	15(7.1)	17(8.0)	36(17.0)	64(30.2)	70(33.0)	212(100)

국내 언론사별로 재해보도의 뉴스 프레임 유형에서는 그 차이가 크게 나타나지 않았다. 본 연구에서 도출된 뉴스 프레임 가운데 '피해/대응 정보 프레임'이 다수를 차지한 것은 국내 언론들이 그동안 문제시되어 온 재해보도의 연성화 및 실용성 부족 등의 비판을 상당 부분 인식하고 개선의 움직임을 보였다는 긍정적 측면으로 해석할 수 있다. 재해의 종류에 따라서는 다소 뉴스 프레임 유형의 비중이 다르게 나타났다. 폭염보도의 경우, 폭염을 사회적 위험으로 취급하는 '위험 프레임'을 다룬 경우가 높은 것으로 나타나 앞으로 재해보도가 취해야 할 보도의 준칙을 제시했다고 평가할 수 있다.

5. 결론 및 논의

지구온난화로 인한 이상기온의 여파로 기상재해가 전 세계적인 피해를 양산하고 있다. 국내에서도 기상재해로 인한 피해가 매년 사회적, 경제적으로 많은 비용을 발생시키고 있으며, 국가시스템을 위협하는 중요한 위험요인으로 작용하고 있다. 과거에는 기상재해가 발생하더라도 긴급한 대처를 필요로 하는 경우를 제외하고 재해보도의 역할이 크지 않았다. 그러나 기후의 이상변화를 예측하기 힘든 현대사회에서는 기상재해로 인한 위험으로부터 재산과 생명의 안전을 보장받기 위해 언론의 역할이 더욱 중요해지고 있다.

본 연구는 국내 언론의 재해보도 가운데 2012년 많은 피해를 가져왔던 태풍, 폭우, 폭염이라는 기상재해에 대한 주요 일간신문의 보도태도를 분석하였다. 재해발생 시 언론의 기능과 역할, 그리고 그동안 지속되어 온 언론들의 문제점이 지속적으로 현시되고 있는지 등을 중점적으로 살펴보았다. 이에 연구결과를 다음과 같이 정리할 수 있다.

첫째, 태풍·폭우·폭염 등의 기상재해에 대한 보도는 해당 재해가 발생한 기간에만 소나기식으로 집중되는 경향을 보였다. 기상재해는 주기적으로 한반도에 피해를 주는 상황이지만 기상재해로 인해 심각한 피해가 발생하거나 기상재해가 주로 집중되는 7~8월에 보도량이 급증하며, 그 외의 기간에는 보도가 미미해지는 경향을 보였다. 이에 국내 언론은 앞으로 연중 특집기사나 연재기사의 형태로 이상기온으로 인한 기상재해의 위험성에 대한 진단과 대응방안을 심도 있게 다루는 것이 필요하다.

둘째, 기상재해에 관한 보도는 대부분 '스트레이트' 형태의 기사가 많았고, 이에 비해 '해설/분석'이나 '기획/연재' 등의 심층성 높은 기사들은 많지 않은 것으로 나타났다. 태풍과 폭우에 비해 폭염보도에서는 다소 '해설/분석'에 대한 기사들이 많은 것으로 나타났다. 이와 같은 뉴스 보도의 형태는 기사내용의 심층성에도 영향을 미쳤는

데, 대부분의 기사들이 해당 재해에 대한 기본적인 정보(태풍 경로, 강수량, 폭염 일수 등)를 제공하는 '재해정보', 해당 재해가 발생시키는 피해에 대한 내용(각 재해로 인한 인명피해, 재산피해 등)을 제공하는 '피해상황' 등에 집중되어 있는 것으로 나타났다. 그럼에도 국내 언론의 재해보도는 기사들이 기자나 언론사의 추측/예측에 의해 작성되기보다는 실제로 사실 중심적으로 작성되고 있다는 점에서 긍정적으로 평가할 수 있다. 폭염보도의 경우 '사실＋추측/예측'의 경우가 53.8%로 우세했지만, 태풍과 폭우 보도에서는 90% 가까운 비율로 '사실중심적' 보도가 많은 것으로 나타났다. 이는 재해보도가 국민들의 인명과 재산피해를 예방할 수 있는 중요한 정보원으로 작용한다는 점에서 긍정적으로 평가할 수 있다.

셋째, 뉴스 정보원 활용에 대한 분석 결과 뉴스 정보원의 활용 경향은 기상재해에 대한 보도인 만큼 '기상청'에 대한 의존도가 매우 높은 것으로 나타났으며, 뒤이어 '지방정부'와 '중앙정부'에 대한 취재(인터뷰와 보도자료 등)가 높은 비중을 차지하는 것으로 확인되었다. 반면 지속적으로 국내 재해보도에서의 뉴스 정보원에 대한 문제점 중 하나로 언급되는 '전문가'에 대한 활용도는 낮은 것으로 나타났다. 해당 기상재해들이 국민의 일상생활에 많은 영향을 미치는 만큼 정확한 정보제공을 위한 '전문가' 활용이 더욱 높아져야 할 필요가 있다. 각 정보원들이 뉴스기사의 전개를 의미 있게 하는지 확인할 수 있는 정보원의 임무를 분석한 결과, 3개의 재해보도에서 활용된 뉴스 정보원은 뉴스기사의 전개를 풍부하고 의미 있게 하기보다 해당 재해와 관련된 정보 제공에 국한되어 있는 것으로 나타났다. 이는 뉴스 정보원의 활용에 있어 전반적인 문제점이 있다는 것을 보여준다. 다시 말해 일부 접근이 용이한(기상청은 지속적으로 보도자료 배포, 중앙 및 지방 정부 역시 보도 자료와 관련 자료를 지속적으로 배포하며 기자의 취재접근이 용이함) 뉴스 정보원에 편중된 보도경향을 보이고 있다. 이와 같은 뉴스 정보원의 접근 용이성은 기사에 대한 심층성을 반감시키고, 해당 재해와 관련된 사회적 이슈, 정책적 문제점과 관련된 민감한 논의를 다루지 못한다는 문제를 양산하게 된다.

마지막으로 재해보도에 대한 뉴스 프레임을 분석한 결과, 언론사별로 재해보도의 프레임유형별 차이는 크게 나타나지 않았으며 기사를 접하는 독자들이 실질적으로 필요할 수 있는 '피해/대응 정보 프레임'이 다수를 차지하였다. 이는 그동안 국내 언론이 재해보도의 감성화(피해주민의 참담한 모습, 피해의 처참한 광경 등을 다룬 보도), 재해보도의 실용성 부족 등에 대한 문제제기와 비판을 수용하여 개선하는 모습을 보여주었다는 점에서 긍정적으로 평가할 수 있다. 재해의 종류에 따라서는 뉴스 프레임 유형별 차이가 있는 것으로 확인되었다. 폭염보도에서는 폭염을 사회적 위험으로 취급하는 '위험 프레임'의 비중이 높은 것으로 나타나 향후 재해보도가 가져야 할 긍정적 보도의 준칙을 제시했다는 점에서 긍정적으로 볼 수 있다.

본 연구는 기존 연구에서 재해보도의 양상을 태풍, 폭우, 폭염, 폭설, 강풍 등으로 나뉘어 분절적으로 분석했던 경향을 벗어나 여름에 주로 발생하는 태풍, 폭우, 폭염을 동시 분석하여 재해보도의 특징을 일반화하려는 노력을 했다는 데 의의가 있다. 2012년에 발생했던 기상재해에 관한 뉴스 보도를 대상으로 하여 가장 최신의 재해보도의 특성에 대한 분석 자료로서의 가치가 있다. 재해보도의 분석결과,

국내 언론의 재해보도에서 그동안 지적받아 왔던 문제점들의 대부분이 최근 보도에서도 지속되고 있다는 점을 발견하였다. 이에 본 연구를 통해서 국내 언론이 제2의 방재기관으로서 가치를 지니도록 그 변화가 시급하다는 점을 중요한 과제이며 화두로서 제기할 수 있겠다.

제5장

보이지 않는 혜택과 위험: 나노기술에 대한 언론보도

1. 나노기술의 사회적 수용과 위험인식

　나노기술은 기존 기술의 한계를 뛰어넘을 수 있는 미래 기술 중 가장 촉망받는 분야 중 하나이다. 우리나라를 포함하여 전 세계적으로 나노기술에 대한 연구투자가 크게 진행되어 나노기술을 활용하여 기술의 혁신적 성능 향상, 새로운 분야로의 응용 가능성, 나노물질 함유 신제품 출시 등 가시적인 성과물을 하나씩 보여주고 있다. 또한 정부의 연구개발 투자도 확장되고 있는바, 나노기술 개발이 본격화된 2001년부터 2009년까지 7개 부처·청에서 총 2조 1,276억 원을 투자하는 등 나노기술에 대한 연구개발에 막대한 비용이 투여되고 있다.

▶ 나노기술에 대한 정부의 연구개발 투자 현황

단위: 억 원

구분	'01	'02	'03	'04	'05	'06	'07	'08	'09
투자액 합계	1,052	2,121	2,375	2,480	2,676	2,788	2,814	2,429	2,543
연구개발	955	1,589	1,644	1,631	1,700	1,938	2,044	1,764	2,303
인프라	30	456	626	702	840	688	609	526	110
인력양성	67	76	105	147	136	162	159	139	130

※ 출처: 과학기술위원회(2011). 『제3기 나노기술종합발전계획(2011-2020)』.

난쟁이를 의미하는 그리스어 나노스에서 유래한 '나노'라는 용어는 크기를 지칭한다. 1나노미터는 1백만분의 1밀리리터이다. 나노기술은 0.1에서 1백 나노미터까지의 영역을 다룬다. 좀 더 알기 쉽게 설명하면, 축구공을 직경 1나노미터의 구슬로 축소시키는 것과 같은 비율로 지구를 축소시킨다면 지구는 축구공만한 크기가 된다. 나노기술의 범위는 원자의 크기에서 대략 가시광선의 파장까지로, DNA와 다른 바이오분자를 둘러싸고 최소단위의 생명현상이 이루어지는 정도의 수준이다. 즉 머리카락 굵기의 십만 분의 1 정도에 해당하고, 가장 작은 분자인 수소를 늘어놓아도 10개밖에 안 되는 극미(極微)의 세계를 다루는 상상하기조차 쉽지 않은 과학기술이다.

한편, 1959년 나노기술의 탄생을 예견한 물리학자인 리처드 파인만(Richard Phillips Feynman)은 그의 전설적인 강연인 '바닥에는 풍부한 공간이 있다'에서 나노의 세계로 가는 방향을 이렇게 제시하고 있다. 즉 물리학의 어떤 법칙도 하나하나의 원자를 움직일 수 없다고 규정하지 않았다. 따라서 언젠가는 물질을 원자 수준에서 조작하는 것이 가능할 것이다. 원자를 하나씩 움직여 글씨를 쓴다면 브리태니커 백과사전을 통째로 핀 머리에 새겨 넣을 수 있다. 심지어 면지 알갱이 하나에도 넣을 수 있게 된다. 물론 파인만의 경우 원자로 글씨를 쓰는 방법은 알지 못했다. 같은 시기에 독일의 컴퓨터 개척 자인 콘라드 추제(K. Zuse)는 나노 차원에 도달할 수 있는 방법을 이렇게 설명하고 있다. 즉 '어떤 기계로 더 작은 기계를 만들고 다시 그 기계로 더 작은 기계를 만드는 과정이 원자의 세상에 도착해서도 더는 작게 만들 수 없을 때까지 계속해 나간다'는 것이다. 그로부터 30여 년이 지난 후인 1990년에 미국 IBM의 단 이글러(Don Eigler) 박사 팀에 의해 니켈 결정 위에 35개의 제논원자로 써내려간 'IBM' 글씨가 언론에 알려지면서 나노기술에 대한 대중적 친밀성은 더욱 커졌다.

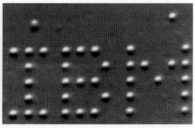

▶ 나노기술의 아버지 리처드 파인만 교수(좌)와 제논원자로 쓴 1990년대 'IBM'글씨(우)

이러한 나노기술은 자동차산업, 기계공학, 에너지산업에서 많은 활용도를 찾을 수 있다. 그러나 더욱더 큰 관심을 끄는 영역은 바로 의학분야이다. 암과 당뇨병 같은 불치의 병을 극복하는 데 이러한 나노기술의 응용이 새로운 활로를 열어주고 있는 것이다. 나노기술의 의학적 응용은 새로운 대륙을 발견한 것과 동일하다. 정보통신 분야와 나노의 결합은 우리의 삶을 가시적으로 변화시킬 것이 분명하다. '내 손안', '내 주머니 안'의 복합미디어는 나노기술의 도움 없이는 불가능하다. 3차원의 영상 제공과 수많은 데이터의 저장과 동시에 휴대해야 하는 미디어 사용의 모습은 나노를 일상의 삶 속으로 끌어들이고 있다(송해룡 외, 2007).

이렇게 나노기술이 주요 미래기술로서 국내외 정부정책의 핵심적 위치를 부여받고, 세계 각국의 경쟁이 심화되면서 나노기술에 대한 대중의 인식과 사회적 수용에 대한 관심과 연구도 증가하고 있다. 최근 미국, 유럽, 그리고 한국을 비롯한 각국의 주요 나노기술의 대중인식에 대한 연구들에서 드러난 결과를 살펴보면, 나노기술에 대한 인지도가 높을수록 나노기술에 대해서 긍정적으로 판단하는 경향이 높았고, 나노기술이라는 포괄적 개념이 아닌 특정 나노기술이 적용된 구체적인 제품에 대한 대중의 태도는 매우 실용적인 판단에 기반하는 것으로 나타났다(최붕기 외, 2009).

하지만 그럼에도 불구하고 여전히 나노기술 자체에 대한 인지수준은 높지 않은 것으로 나타났다. 실제로 2011년 환경부의 대국민 조사결과에 따르면 일반국민 대부분은 '나노'를 잘 모른다(87%)고 생각하고 있어 나노관련 지식 정도가 낮은 것으로 평가되었으며, 나노관련 교육·홍보가 미흡하고, 이를 접한 경험(일반국민: 7%)이 거의 없어 나노기술은 여전히 그 파급력에 비해서 사회적 수용이 미흡하게 이루어지는 깃으로 평가할 수 있다. 이렇게 국내에서 나노기술에 대한 이해와 인식이 부족한 상황 속에서 나노기술이 가져올 위험(risk)에 대한 사회적 논의는 실용성과 경제성 비해서는 상대적으로 빈약한 수준이다. 나노기술의 위험에 대한 논쟁은 나노기술의 전도사로 유명한 공학자이자 저술가인 에릭 드렉슬러(Eric Drexler)가

1986년 출간한 나노기술에 대한 유토피아-디스토피아적 전망을 뒤섞은 『창조의 엔진』이 도화선이 되었다. 여기서 드렉슬러는 자기 복제가 가능한 나노 기계가 무한한 증식을 통해 지구 전체를 뒤덮는 상태를 나타내는 가상의 지구 종말 시나리오인 그레이 구(Grey goo) 시나리오를 제시하기도 하였다. 물론 이는 이후 SF영화적 상상력이나 물리적 가능성의 영역 밖에서의 논의라는 비판을 받기도 한다. 이어서 미국 선마이크로 시스템즈의 창업자인 빌 조이(Bill Joy)가 미국 잡지 와이어드(Wired) 2000년 4월호에 나노기술의 급속한 발전으로 거의 필연적으로 닥쳐올 재앙에 대해 경고하는 글[18]을 실으면서 점진적 으로 논의되기 시작하였다.

---

18) 빌 조이는 이 글에서 2030년이면 컴퓨터의 성능이 현재보다 100만 배 이상 강력해지고 로봇이 인간의 지능을 뛰어넘으며 스스로 복제할 능력까지 갖출 가능성이 있다고 전망하고 있다. 또한 원자단위까지 쪼갤 수 있는 '나노기술'이 혈관에 들어갈 만큼 작은 스마트 무기를 값싸게 만들고, 유전자기술이 창조능력을 무책임하게 생성해 낼 가능성을 시인하면서 나노기술의 진일보한 미래가 가져올 암울한 디스토피아를 예견하기도 하였다.

나노기술의 미래청사진을 제시한 에릭 드렉슬러
(Eric Drexler)

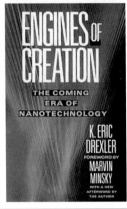

나노의 세계를 최초로 제시한 사람이 물리학자 리처드 파인만이라면 나노기술의 이론가이며 분자 나노기술의 개척자는 단연 에릭 드렉슬러이다. 실제로 드렉슬러는 1959년 파인만의 강연으로부터 중요한 영감을 얻은 것으로 알려져 있다. 드렉슬러는 그의 저서인 『창조의 엔진(Engines of Creation, 1986)』에서 어셈블러(assembler)라는 가상의 장치를 통해 원자와 분자를 조작함으로써 인간에게 유용한 제품을 무궁무진하게 만들 수 있다고 예견했다. 예를 들어, 자동차를 불과 몇 달러에 사거나 음식제조기로 무료 식사를 제공받는 미래 모습이었다. 어셈블러만 있다면 제조 가격은 상상할 수 없을 정도로 떨어질 수 있다는 것이 드렉슬러의 생각이었다. 또한 자기 복제가 가능한 나노 기계가 무한한 증식을 통해 지구 전체를 뒤덮는 상태를 나타내는 가상의 지구 종말 시나리오인 그레이 구(Grey goo) 시나리오를 제시하기도 하였다.

최근 들어와 근거 없는 추측이 아니라 나노기술이 실제로 인체와 환경에 부정적인 영향력을 줄 수 있다는 연구결과들이 제시되고 있기도 하다. 호흡, 섭취, 흡수를 통해 체내로 들어온 나노입자는, 작은 입자크기를 바탕으로 세포막을 자유자재로 투과하며, 피나 림프액 등을 통해 심장이나 폐, 간과 같은 여러 기관에 영향을 미칠 가능성이 있다. 심지어는 뇌 혈막으로 보호되고 있는 뇌에 침투하기도 하며, 금 나노 입자의 경우, 태반 장벽을 건너 태아에게까지 전달될 가능성이 높다. 따라서 유전자 결합이나 새로운 질병을 유발할 수도 있을 것이며, 또한 크기가 작아지면서 유전자의 일부 부분을 치환할 수 있게 되면서 생태계에는 돌연변이도 일어나기 쉽거나 유전자 결함이 생기는 생명체도 늘어나는 등 생태계의 교란에 대한 가능성도 제기되고 있다.

예컨대, 국내외 실험에서 유아 젖병, 장난감, 수저, 칫솔, 치약, 공기청정기 등에 널리 사용되고 있는 은나노 입자가 인체에 영향을 줄 수 있다는 실험도 입증된 바 있다. 실제로 은나노 입자가 세균, 진균 등에 대한 항균작용을 넘어서 정상세포들도 손상, 사멸시킬 수 있다는 것이다. 또한 은나노입자를 흰쥐에게 장기간 흡입 노출시켰을 때에는 폐와 간에 손상을 일으킨다는 것이 확인되었다(정진호, 2010).

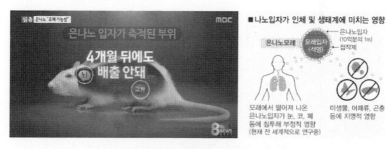

▶ 은나노 기술의 위해성을 소개한 언론보도들

이렇게 실제적인 위험들이 드러나면서, 그동안 경제적, 기술적 성과 위주였던 나노기술에 대한 논의가 향후 나노기술이 초래할 수 있는 위험을 포괄한 다양한 측면으로 확장되고 있음이다. 또한 각국 정부에서는 윤리적, 법적, 그리고 사회적 함의(ethical, legal, and societal implication: ELSI)의 검토를 통해 나노기술이 가져올 위험을 분석하고 대응 방안을 모색하고 있는 상황이다. 실제로 미국, 일본, 영국, 스위스 등에서 나노기술의 인지도와 위험성에 대한 연구들이 지속적으로 수행 중이며, 미국에서는 특히 미연방정부 지원의 국가나노기술계획(NNI:

National Nanotechnology Initiative)의 핵심 워크숍에서 나노재료의 환경, 보건 및 안보(EHS: environmental, health, and safety)의 시사점을 알리기 위한 보고서를 발표하여 주목을 받기도 하였다. 한편, 국내에서는 2013년도에 발표된 '나노기술발전시행계획'에서 '나노기술의 사회적・윤리적 책무성 강화'라는 과제를 새롭게 제시하고 있다. 실제로 나노의 안전・환경・보건 분야에 투자비중 확대를 계획하고 있으며, 나노안전관리종합계획 이행을 통한 국가나노안전리체계 유지를 주요 사업으로 제시하고 있다. 이러한 사업들은 미래부, 환경부, 산업부 등의 공동 과제로서 진행될 예정이다.

하지만 그럼에도 불구하고 여전히 나노기술은 대중에게 쉽고 친숙한 기술이 아니며, 그 위험성 역시 나노기술이 본질적으로 우리의 눈에 가시적으로 관측이 불가능한 영역에 있기 때문에 체감이 어렵다는 특징을 갖고 있다. 하지만 향후 나노기술과 결부된 위험에 대한 논의는 작게는 나노물질 연구자나 생산 노동자의 건강을 지키는 문제에서 크게는 통제 불가능한 재앙으로부터 인간과 환경을 보호하는 데 이르기까지, 개인의 사생활 보호는 물론이거니와 위험으로부터 공공 사회의 안전을 지키는 데까지, 그리고 규범이나 법을 제정하는 데서 경제 발전을 위한 안전한 성장 동력을 구축하는 문제에 이르기까지 광범위하게 논의될 필요가 있다.

2. 언론 속의 나노기술 보도의 실제

대체로 첨단과학기술을 다룬 언론보도들의 경향은 유사하다고 볼수 있다. 해당기술이 초래하는 기술적 영향력, 더 나아가 국가경제와 산업발전에 미치는 긍정적인 영향력이 상당한 비중으로 다루어지게 되며, 인체에 미치는 위험성 등 부정적 측면의 보도는 해당 기술이 심대한 결함을 가시적으로 드러낼 경우(질병 초래, 사망자 발생 등)에만 다루어지는 경향이 크다. 나노기술의 보도도 유사한 형태를 가질 것으로 추측할 수 있다. 오히려 타 기술들보다도 위험에 대한 논의가 많지 않기 때문에 더욱더 기술적, 경제적 이익에 집중한 보도들이 더욱 많을 것이다.

하지만 현재까지 언론 속의 나노기술보도에 대한 구체적인 경향을 확인할 수 있는 국내 연구는 전무하다. 실증근거자료없는 간단한 내용이지만 이러한 국내 나노기술보도를 언급한 이은경(2007)의 연구에서는 국내 언론을 통해서 소개되는 나노기술은 대단히 긍정적이고 미래지향적으로 묘사되고, 미래 또는 첨단기술로 여겨지는 경향이 크다고 지적한다. 또한 언론보도 등을 통해서 나노기술이 소개되고 있지만, 대중에게 현실감 있고 구체적인 기술로 다가서지 못했기 때문에 위험과 관련한 적극적 인식이나 움직임은 전무했다고 논의하고 있다.

해외의 경우에는 비교적 언론 속 나노기술에 대한 논의가 활발하게 이루어지고 있는 상황이다. 실제로 고쓰와 르윈스타인(Gorss and Lewenstein, 2005)의 연구에서는 미국언론에서의 나노기술에 대한 보도경향을 대체적으로 잘 정리하고 있다. 이들의 연구에서 나노기술에 대한 언론보도는 이전에 생명공학기술에 대한 보도와 유사한 패턴을 가질 것으로 예측하고 있다. 실제로 이전 연구들에서 미국의 주류 신문들에서 다루는 생명공학기술에 대한 분석은 사건중심적이며, 중요한 발견에 의해 그 보도 빈도수가 급증하는 것을 확인할 수 있다. 또한 보도의 논조는 일관되게 긍정적이며, 과학적인 진보와 경제적인 전망의 프레임을 강조하는 경향이 압도적인 것으로 나타났다.

이러한 생명공학기술보도와 유사하게 나노기술에 대한 보도는 우선, 그 보도 빈도수가 매년 증가하는 것으로 나타났다. 1986년에는 미미한 보도량을 보이다가 2003년에는 기사게재 수가 150편으로 증가하였다. 또한 전 기간에 걸쳐 미국 언론의 나노기술에 대한 보도는 대부분 긍정적인 측면으로 다루어지는 것으로 나타났다. 보도에 있어 나노기술의 실용성과 경제적 차원에 대한 내용이 지배적이었으며, 이러한 보도는 한층 더 긍정적인 논조로 다루어지고 있었다. 나노기술의 위험과 관련된 기사는 분명하게 부정적인 논조였으나, 총체적인 혼합비에서 본다면 여전히 적은 부분을 차지하고 있었다. 결론적으로 1986년과 2004년에 걸친 나노기술에 대한 언론보도는 나노기술을 '차세대 기술(The next big thing)'로서 완벽하게 프레임하고 있음을 알 수 있다. 이러한 모습은 앞서 논의한 생명공학기술의 초기보도에서의 경향과도 일치하는 부분이다. 보도량의 증가는 대중의 관심을 모으는 데는 성공적이지만 지나치게 긍정적으로 프레임 된 親나노기술적인 언론의 태도는 대중에게도 전이될 수 있는 위험을 내포하고 있다.

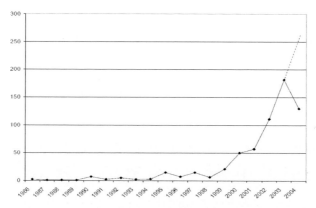

※ 출처: Gorss, J. & Lewenstein, B.(2005) 『The salience of small: Nanotechnology coverage in the American press 1986-2004』

▶ 1986년에서 2004년 사이의 미국 언론의 나노기술 보도량 추이[19]

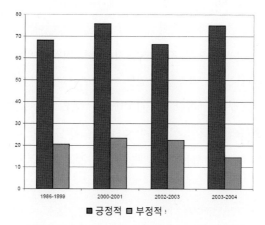

■ 긍정적 ■ 부정적

※ 출처: Gorss, J. & Lewenstein, B.(2005) 『The salience of small: Nanotechnology coverage in the American press 1986-2004』

▶ 미국언론의 시간의 추이에 따른 나노기술관련 긍정적인 그리고 부정적인 기사의 비율

---

19) 뉴욕타임스, 월스트리트 저널, 워싱턴 포스트, 그리고 어소시에이티드 프레스의 나노기술에 대한 기사의 합계 (2004년에 점선으로 표시된 부분은 실제 연구에서 상반기만 기사가 포함되었기 때문임)

다음으로 대표적인 유럽 차원의 연구인 9개 주요 독일 일간신문들의 2000년부터 2007년까지의 나노기술에 대한 보도 분석에 대한 짐머(Zimmer, 2010) 등의 연구에서는 보도의 주제로 나노기술에 대한 '기초연구(34.1%)'가 가장 많이 다루어졌으며, 나노기술의 '정보 및 기술적 커뮤니케이션(14.2%)', '기술적 개론(8.2%)', '건강(7.4%)' 등이 다음으로 많이 다루어지는 것으로 확인되었다. 가장 많이 활용되는 정보원은 '나노관련 기술단체, 연구집단, 과학자(46.6%)'였으며, 다음으로 '경제관련 전문가(19.6%)', '저널리스트(17.5%)' 등이 많았고, 다른 정보원들은 대단히 미미하게 활용되는 것으로 나타났다. 이어서 나노기술에 대한 위험을 다룬 기사의 비중과 특징을 살펴본 결과, 전체 기사의 86.1%는 전혀 위험에 대한 언급이 없었고, 나머지 13.9%의 기사들만 위험에 대한 언급이 있는 것으로 나타났다. 한편, 나노기술이 가져오는 위험의 가능성을 기사에서 어떻게 언급하고 있는지를 분석한 결과, '다소 가능성이 있음(38.5%)'이 가장 높았고, '매우 가능성이 높음(21.6%)', '판단 없음(18.1%)', '다소 가능성 없음(10.8%)' 등의 순으로 나타나 독일 언론들은 나노기술이 초래할 위험성에 대해서는 비교적 그 가능성을 높게 평가하는 것으로 확인되었다.

▶ 독일 언론에서 나타난 나노기술의 위험가능성(n=343)

단위: %

위험이 이미 시작됨	매우 가능성 높음	다소 가능성 높음	다소 가능성 없음	가능성 없음	판단할 수 없음
3.5	21.6	38.5	10.8	7.6	18.1

※ 출처: R. Zimmer., R. Hertel., G-F. Böl.(2010). 『Risk Perception of Nanotechnology: Analysis of Media Coverage』

국내에서는 이러한 나노기술에 대한 언론보도경향을 확인할 수 있는 연구가 전무한 상황이다. 따라서 정규 연구가 아닌 조항민(2013)[20]의 연구데이터에서 일부 내용을 차용하면 다음과 같다. 우선 국내에서 2001년부터 2011년까지의 전체 기사들의 추이를 확인한 결과, 증감이 반복되는 것으로 나타났는데, 가장 많은 기사 수가 게재된 해는 2011년(67건)이었고, 가장 적은 기사 수가 게재된 해는 2005년(44건)이었다. 이러한 기사의 빈도수 증감은 역시 국내외적으로 주목할 만한 성과가 상대적으로 다소 많았던 해와 적었던 해에 따라서 변화하는 것으로 확인되었다.

다음으로 나노기술을 다룬 일간지의 보도들이 10여 년간 어떠한 주제를 많이 다루었는지를 분석한 결과는 다음과 같다. 가장 많이 다룬 주제는 '기초 기술/연구'로 전체의 56.0%를 차지하였다. 이어서 '비즈니스 시장/경제'가 21.2%, '의학/생명공학'이 10.7%, '위험(risk)'이 6.6%, '규제/법제도/특허'가 3.2%, '사회/윤리'가 1.3%, '기타'가 0.9%의 순이었다. 요컨대, 국내 일간신문의 나노기술에 대한 보도주제는 '기초 기술/연구'와 '비즈니스 시장/경제'가 전체 주제의 80%에 육박하는 등 다양성 면에서 상당히 미흡한 것으로 나타났으며, '위험', '사회/윤리' 등 나노기술의 사회적 적용성, 위험으로 인한 문제점 등을 각계 전문가의 의견을 통해 심층적으로 다루고 고민하는 주제들은 상당히 적은 것으로 나타났다.

---

20) 출간미정인 자료 '(가칭)국내언론의 첨단과학기술 보도경향: 주요 일간지의 나노기술 보도 분석을 중심으로'에서 데이터 일부를 차용하였다. 이 연구는 연구자가 나노기술에 대한 언론보도경향에 대한 논문게재를 목적으로 분석한 것으로, 논문지에 게재될 예정이다.

▶ 국내 주요 일간신문의 2001∼2011년까지의 나노기술 관련 기사 숫자 추이

단위: 빈도수(%)

연 도	조선일보	중앙일보	동아일보	한겨레	경향신문	한국일보	합 계
2001년	4(6.7)	14(23.3)	12(20.0)	16(26.7)	6(10.0)	8(13.3)	60
2002년	14(29.8)	5(10.6)	6(12.8)	8(17.0)	5(10.6)	9(19.1)	47
2003년	14(24.6)	15(26.3)	8(14.0)	9(15.8)	5(8.8)	6(10.5)	57
2004년	10(18.5)	8(14.8)	13(24.1)	10(18.5)	1(1.9)	12(22.2)	54
2005년	6(13.6)	5(11.4)	8(18.2)	5(11.4)	10(22.7)	10(22.7)	44
2006년	11(20.4)	13(24.1)	13(24.1)	2(3.7)	5(9.3)	10(18.4)	54
2007년	14(22.6)	11(17.7)	13(21.0)	10(16.1)	2(3.2)	12(19.4)	62
2008년	6(11.7)	11(21.6)	10(19.6)	13(25.5)	3(5.9)	8(15.7)	51
2009년	12(26.7)	7(15.6)	8(17.8)	6(13.3)	2(4.4)	10(22.2)	45
2010년	14(31.1)	10(22.2)	7(15.6)	6(13.3)	2(4.5)	6(13.3)	45
2011년	11(16.4)	9(13.4)	17(25.4)	10(14.9)	7(10.5)	13(19.4)	67

▶ 국내 주요 일간신문의 나노기술보도의 주제유형

단위: 빈도(%), 복수코딩 허용

일간신문	주제							전체
	기초 기술/연구	비즈니스 /시장/ 경제	위험 (risk)	의학/생명 공학	규제/ 법제도/ 특허	사회/윤리	기타	
조선일보	80(59.7)	19(14.2)	7(5.2)	19(14.2)	5(3.7)	2(1.5)	2(1.5)	134 (100)
중앙일보	100 (52.6)	56(29.5)	11(5.8)	16(8.4)	4(2.1)	2(1.1)	1(0.5)	190 (100)
동아일보	90(60.4)	32(21.5)	5(3.4)	17(11.4)	3(2.0)	1(0.7)	1(0.7)	149 (100)
한겨레	63(49.2)	17(13.3)	21(16.4)	12(9.4)	10(7.8)	3(2.3)	2(1.6)	128 (100)
경향신문	38(66.7)	6(10.5)	1(1.8)	9(15.8)	0(0)	1(1.8)	2(3.5)	57 (100)
한국일보	101 (54.6)	49(26.5)	11(5.9)	17(9.2)	5(2.7)	2(1.1)	0(0)	185 (100)
전체	472 (56.0)	179 (21.2)	56(6.6)	90(10.7)	27(3.2)	11(1.3)	8(0.9)	843 (100)

요컨대, 언론에서 다루는 나노기술은 여전히 긍정적이며, 미래의 중요한 먹을거리로서 다루어지는 경향이 매우 강했다. 특히, 이러한 경향은 나노기술을 국가발전의 중요한 동력으로 여기는 우리의 경우가 더욱 현저했다. 오히려 일각에서는 대중의 나노기술에 대한 이해도와 관심이 높지 않기 때문에 더욱더 나노기술이 갖는 장점과 경제적 측면을 부각시켜 대중의 관심을 높여야 하지 않느냐는 주장을 하기도 한다. 최근 안전성을 검증하지 않고 무분별하게 의약품에 사용해 오·남용되는 경우가 많은데, 이처럼 일부의 사례를 가지고 나노기술 전체에 대해 부정적인 인식을 갖는 것은 문제라는 지적도 있다. 하지만 외국에서는 나노기술을 둘러싼 논쟁이 이미 수년 전부터 제기되어 왔다. 수많은 나노기술의 응용분야들 중 특히 문제가 되었던 것은 이미 다수의 소비자제품들에 쓰이고 있는 나노입자(나노소재) 분야였다.

물론 근거 없거나 지나친 위험성에 대한 강조로 해당 기술에 대한 사회적 거부감을 증폭시키는 것도 문제이지만, 나노기술이 갖는 인체 및 환경 위해성은 이미 다양한 연구를 통해 검증되고 있는바, 이러한 위험을 저감시키고 예방할 수 있는 사회적 논의가 필요하다고 판단된다. 이에 미디어의 역할론도 중요할 것이다. 미디어가 나노기술이 갖는 다양한 측면과 논쟁을 수면 위에 부상시킨다면 전문가들의 전유물이라고 생각하던 나노기술에 대해서 대중들의 관심은 더욱 높아질 것이다. 이에 대중적인 토론을 촉발하거나 일반시민들을 논의의 장에 참석시키는 계기도 만들어질 수 있는 것이다.

참고문헌

국내문헌

강준만(2001). 『대중매체이론과 사상』. 서울: 개마고원.

과학기술위원회(2011). 『제3기 나노기술종합발전계획(2011-2020)』.

과학기술정책연구원(2011. 12). 「후쿠시마 원전사고 이후 원자력 발전을 둘러싼 주요 쟁점 및 향후 정책 방향」. 『Stepi insight』. 제84호.

과학창의재단(2011). 『2010년 과학기술에 대한 국민 이해도 조사 결과보고서』.

구수원(1999). 「재해방송의 역할과 발전방향에 관한 연구」. 연세대학교 언론홍보대학원 석사학위논문.

권상희(2006). 「과학뉴스(Science News)연구: 생명공학 뉴스의 장기적인 보도경향연구」. 『한국언론정보학보』. 통권 32호, 7-48.

권영근(2000). 『위험한 미래 : 유전자 조작식품이 주는 경고』. 서울: 당대.

김규·전환성·김영용(2005). 『디지털시대의 방송미디어』. 서울: 나남출판.

김만재(2005). 「자연재난보도의 특성 분석: 태풍 루사의 사례 연구」. 『한국방재학회논문집』. 5권 3호, 1-9.

김명식(2001). 「생명복제, 합의회의, 심의민주주의」. 『과학기술학연구』. 제1권 제1호 통권 제1집.

김명진(2001). 『대중과 과학기술: 무엇을, 누구를 위한 과학기술인가』. 서울: 잉걸.

김병철·안종묵(2004). 『커뮤니케이션 이론과 실제』. 서울: 한국외국어대학교 출판부.

김성재(2003). 「디지털 미디어시대의 재난보도 방향」. 『방송통신연구』. 통권 제56호, 89-112.

_____(2003). 「인간 유전체 연구와 커뮤니케이션·미디어 논리」. 『ELSI연구』. 제1권 1호, 1-17.

_____(2004). 「비판적 과학저널리즘」. 『2004년 한국과학기술학회 후기 학술 대회』.

김영석(2002). 『디지털미디어와 사회』. 서울: 나남.

_____(2009). 『과학전문방송(사이언스TV)을 이용한 설득적 대국민 홍보전략 방안 연구』. 서울: 교육과학기술부.

김영욱·박성철(2005). 『과학보도와 과학저널리즘』. 서울: 한국언론재단.

김우룡·정인숙(2004). 『현대매스미디어의 이해』. 서울: 나남.

김원제(2006). 『호모미디어쿠스』. 서울: 커뮤니케이션북스.

김은준(2002). 「유전자변형식품에 관한 언론보도분석」. 충남대학교 신문방송학과 석사학위논문.

김인희·김태현(2010). 「국내 인터넷 포털의 현황과 특성」. 『정보통신정책연구원: 초점』. 제22권 3호 통권 479호, 23-59.

김재범(2000). 「환경문제의 인식과 언론보도의 역할」. 『한국언론정보학보』. 통권 15호. 7-47.

김철중(2001). 「신문의 건강뉴스에 관한 내용분석」. 고려대학교 언론대학원 신문방송전공 석사학위논문.

김춘식(2011). 「일본의 '東北部 大震災'에 관한 신문(한국·일본·미국)과 텔레비전(한국·일본) 뉴스 내용분석」. 『글로벌 시각에서 본 한국 언론의 재난 보도 토론회 발표자료』. 서울: 한국언론진흥재단.

김학수(1993). 『한국 과학기술의대중화 정책에 관한 연구』. 서울: 일진사.

_____(2005). 『한국 과학커뮤니케이션의 이해』. 서울: 일진사.

김희경(2012). 「과학기술전문채널의 문제점과 활성화 방안 모색: 해외사례를 중심으로」. 『한국언론학회 2012 과학전문채널의 성과와 전망 컨퍼런스 자료집』.

노진철(2004). 「환경뉴스에서의 위험커뮤니케이션」. 『한국사회학』. 제87집 1호. 77-105.

_____(2010). 『불확실성 시대의 위험사회학』. 서울: 한울아카데미.

메조미디어(2011. 12). 『2011 온라인 트렌드 리뷰, 2012 이슈 예측』.

박문각(2013). 『시사상식사전』. 서울: 박문각.

박성철(2008). 「특종과 엠바고」. 『과학과 기술』. 9월호. 84-85.

_____(2011). 「과학뉴스의 딜레마와 새로운 과학뉴스」. 『과학과 커뮤니케이션』. 서울: 서강대학교 출판부.

박영상(1989). 『한국언론학회 과학보도 심포지엄』. 서울: 한국언론학회.

박정의(2003). 「의학보도가 공중의 인지·감성·행동에 미치는 영향력 연구」.

『한국언론학보』. 제47권 5호. 194-221.

박정의·손명세(2001). 『공중보건과 의학보도』. 서울: 한국언론재단.

박정호·여진주(2008). 『사회문제론(이론과 실제)』. 서울: 신정.

방송통신위원회·한국인터넷진흥원(2011. 11). 『2011년 인터넷 이용실태조사』.

방정배(2003). 『현대매스미디어원론』. 서울: 나남출판.

배규한 외(2004). 『매스미디어와 정보사회』. 서울: 커뮤니케이션북스.

백선기·이옥기(2012). 「보도준칙을 통해서 본 한국 언론의 재난보도」. 『스피치와 커뮤니케이션』. 제18호. 7-54.

송성수 외(2004). 「과학기술문화활동의 진화와 특징에 관한 연구: 시스템 접근」. 『STEPI 정책연구 2004-05』. 서울: 과학기술정책연구원.

송종길·이동훈(2003). 『디지털 시대의 재해방송』. 서울: 커뮤니케이션북스.

송해룡·김원제(2007). 『디지털미디어 길라잡이』. 서울: 한국학술정보.

송해룡·김원제·조항민(2005). 「과학기술 위험보도에 관한 수용자 인식 연구: GMO(유전자변형식품) 사례를 중심으로」. 『한국언론학회』. 제49권 3호. 105-128.

_____(2012). 「국내 과학전문채널 활성화를 위한 콘텐츠 개발 및 홍보전략 연구」. 『한국콘텐츠학회논문지』. 제12권 5호. 103-112.

송해룡·김원제·조항민·홀거 슈츠(2007). 『나노와 멋진 미시세계』. 서울: 한국학술정보.

송해룡·한스페터 페터스 (2001). 『위험커뮤니케이션』. 서울: 커뮤니케이션북스.

신유림(2009). 「미국의 인터넷 건강정보 이용 현황」. 『KISDI 동향』. 제21권 12호 통권 465호. 97-102.

심미선(2012). 「과학전문채널, 사이언스TV의 의미와 성과」. 『한국언론학회 2012 과학전문채널의 성과와 전망 컨퍼런스 자료집』.

안선영·김산하·장이권(2011). 「생명과학 지식의 가공과 콘텐츠화 과정에 대한 연구」. 『한국콘텐츠학회논문지』. 제11권 제11호. 503-513.

안종주(2002). 「국내 중앙 일간지 환경보도의 정확성에 관한 연구」. 『한국환경보건학회지』. 제28권 제1호 통권67호. 31-40.

양기근(2012). 「구제역위기 언론 보도 분석: 언론보도의 양적 특징, 프레임 및 내용분석을 중심으로」. 『한국위기관리논집』. 제8권 6호. 83-105.

양영신(2012). 「일본대지진 보도에 대한 방송사의 뉴스 프레임 분석 연구: KBS, MBC, SBS 메인뉴스를 중심으로」. 중앙대학교 신문방송대학원 석사학위논문.

양정혜(2008). 「환경재난 뉴스의 프레이밍: 국내 주요 일간지의 허베이 스트리트호 원유 유출사고 보도사례」.『정치커뮤니케이션 연구』. 통권 9호. 169-212.

_____(2008).「환경재난 뉴스의 프레이밍: 국내 주요 일간지의 '허베이 스피리트호' 원유 유출사고 보도사례」.『정치커뮤니케이션연구』. 통권 9호. 81-121.

_____(2010).「위험사회의 의미 구성하기: 국내 언론의 신종플루 프레이밍 방식 분석」.『정치커뮤니케이션 연구』. 통권 17호. 81-121.

오미영・정인숙(2005).『커뮤니케이션 핵심이론』. 서울: 커뮤니케이션북스.

오충수(2002).「과학기술의 대중화를 위한 효율적인 홍보방안 연구: 대중매체 활용방안을 중심으로」.『KISTEP 연구보고서 2002-03』. 서울: 한국과학기술기획평가원.

유승관・강경수(2011).「세계 뉴스통신사의 재난・재해 뉴스보도의 실태와 개선방안 연구: 전문가 델파이 조사를 중심으로」.『방송통신연구』. 통권 76호. 140-169.

유재웅・조윤경(2012).「자연재난 보도에서 공식/비공식 정보원 이용에 관한 연구: 시민제작 콘텐츠 이용정도를 중심으로」.『한국위기관리논집』. 제8권 3호. 67-84.

유재천 외(2010).『매스커뮤니케이션의 이해』. 서울: 커뮤니케이션북스.

윤석민(2007).『커뮤니케이션의 이해』. 서울: 커뮤니케이션북스.

이 연(2008).「선정보도에 피해주민 분통 선진화된 매뉴얼 시급」.『신문과 방송』. 2008년 9월호. 서울: 한국언론진흥재단. 70-73.

이경미・최낙진(2008).「태풍 '나리' 관련 제주지역의 재난방송보도 연구」.『언론정보연구』. 제45권 1호. 97-129.

이근영(2011).「과학, 과학기사, 과학기자」.『과학과 커뮤니케이션』. 서울: 서강대학교 출판부.

이덕환(2006).「과학저널리즘의 한계와 원칙」.『관훈저널』. 제47권 제1호 통권 제98호. 11-18.

_____(2011).「우리 사회가 요구하는 과학커뮤니케이션」.『과학과 커뮤니케이션』. 서울: 서강대학교 출판부.

이민규(2011).「재난 보도 어떻게 해야 하나: 한・미・일 재난보도 비교와 재난보도 원칙을 중심으로」.『관훈저널』. 제52권 제2호. 11-17.

이민규・이예리(2012).「국내신문의 가축 전염병 위험보도에 대한 프레임 연구: 중앙지와 지역지의 구제역보도를 중심으로」.『언론과학연구』. 제12권 2호. 378-414.

이용준·김원제·정세일(2011). 『스마트미디어 시대 잡지광고 활성화 전략: '잡지광고의 스마트화'를 통한 광고시장 촉진 및 잡지산업의 지속성장 견인』.

이영희(2006). 「과학기술과 민주주의: 시민참여를 중심으로」. 『제99회 과학사 및 과학철학 협동과정 콜로키움 발표자료』.

이은경(2007). 「한국의 나노기술: 초기 정책 형성과 사회적 수용을 중심으로」. 『과학기술학연구』. 제7권 제1호. 91-116.

이재진(2012). 『미디어 윤리』. 서울: 커뮤니케이션북스.

이준웅·장현미(2007). 「인터넷 이용이 현실 위험인식에 미치는 영향: 인터넷 문화계발효과에 대한 탐색적 연구」. 『한국언론학보』. 제52권 1호. 363-391.

이호영 외(2008). 「한국 인터넷 문화의 특성과 발전방안 연구」. 『정책연구 08-48』. 서울: 정보통신정책연구원.

이호준·최명일(2006). 「라디오 청취동기의 요인구조와 측정척도의 개발」. 『방송연구』. 통권 제63호, 153-178.

이희승 편(1994). 『국어대사전』. 서울: 민중서림.

임경순(1996). 「레이철 카슨의 「침묵의 봄」(1962) 출현의 역사적 배경 및 그 영향」. 『의사학』. 제5권 제2호 통권 제9호. 99-109.

임재철(1994). 『대중영화의 이해』. 서울: 한나래.

전규찬·박근서(2003). 『텔레비전 오락의 문화정치학』. 서울: 한울아카데미.

전선형(2010). 「최근 기상이변의 파급영향 및 과제」. 『경제주평』. 통권 417호. 서울: 현대경제연구원.

정규숙(2003). 「일간신문의 건강기사 의제분석: 2002년 조선·중앙·동아일보 헬스섹션을 중심으로」. 이화여자대학교 정책과학대학원 언론홍보학전공 석사학위논문.

정근모·이공래(2001). 『과학기술 위험과 통제시스템』. 서울: 과학기술정책연구원(STEPI).

정복철·손혁상(2008). 「과학기술과 시민사회의 정치패러다임: 과학상점의 대안가능성 딤색」. 『아태연구』. 제15권 2호. 217-235.

정보통신정책연구원(2013). 『종이신문과 인터넷신문의 열독 현황과 패턴 분석』.

정의철(2011). 「유방암 관련 언론보도의 프레이밍 특성에 대한 연구」. 『언론과학연구』. 제11권 제2호. 402-440.

정인숙(2006). 『매스커뮤니케이션이란 무엇인가』. 서울: 커뮤니케이션북스.

정재춘(2001). 「환경보도의 정확성」. 『환경보도』(한국언론연구원). 33-86

조은희(2012). 「국내신문의 일본 대지진·원전사태 보도특성 연구」. 『충남대학교 사회과학연구소 논문집』. 제23권 1호. 117-143.

정진호(2010). 「은나노 입자의 인체위해성 유발 원인 밝혔다」. 『과학과 기술』. 2010년 9월호.

조항민(2013). 「국내언론의 재해보도에 관한 연구: 태풍·폭우·폭염에 대한 주요 일간신문 분석을 중심으로」. 『한국위기관리논집』. 제9권 제6호. 21-44.

지성우(2011). 「재난과 방송의 역할」. 『방송문화』. 제356호. 10-15.

차배근(1981). 『사회과학연구방법』. 서울: 세영사.

_____(2003). 『매스커뮤니케이션 효과이론』. 서울: 나남.

채성혜(2013). 미디어월드와이드: JAPAN- 유스트림과 트위터, 재난보도 패러다임 바꾼다 (http://kpfbooks.tistory.com/1145)

최봉현(2011). 「아바타(Avatar)'와 3D콘텐츠 육성정책」. 『KIET 산업경제』. 2011년 5월호.

최붕기 외(2009). 「나노기술의 대중인식도 및 태도연구」. 『공업화학 전망』. 11권 제5호. 62-80.

최순희(2011). 「Web 2.0과 라디오의 동행」. 『미디어경제와 문화』. 제9권 2호. 85-129.

한국방송광고공사(2010). 『2010 소비자 행태조사 보고서』.

한국방송영상산업진흥원(2005). 『사회위기와 TV저널리즘』. 서울: 커뮤니케이션북스.

한국언론진흥재단(1993). 『매스컴대사전』. 서울: 한국언론진흥재단.

한국언론진흥재단(2005). 『저널리즘 평론: 환경보도』. 서울: 한국언론진흥재단.

한균태 외(2006). 『현대사회와 미디어』. 서울: 커뮤니케이션북스.

현원복(1983). 「한국과학저널리즘 발전사에 관한 연구」. 성균관대학교 대학원 신문방송학과 석사학위논문.

홍성욱(2008). 『과학기술자들의 신뢰회복과 리더십 확립』. 제20회 과총포럼 발표문.

황용석(2011). 「소셜미디어의 현재와 미래: 소셜미디어의 본질은 '민주적 커뮤니케이션'」. 『과학과 기술』. 통권 502호. 8-14.

국외문헌

Beck. U. (1992). *Risk Society*, London: SAGE; 홍성태 역(1997). 『위험사회』. 서울: 새물결.

Berkman L, Kawachi I. (2000). *Social Epidemiology*. New York: Oxford University Press.

Bier, V. M. (2001). On The State of the Art: Risk Communication to the Public, *Reliability Engineering & System Safety*, 71, 151-157.

Bryant J. & Thompson, S. (2002). Fundamentals of media effects. New York: McGraw-Hill; 배현석 역(2005). 『미디어 효과의 기초』. 서울: 한울 아카데미.

Carson, R.(1962). *Silent Spring*. Bos ton : Houghton Mifflin; 김은령 역(2011). 『침묵의 봄』. 서울: 에코리브로.

Carveth, R. and A. Alexander (1985). Soap Opera Viewing Motivations and the Cultivation Process, *Journal of Broadcasting and Electronic Media,* 29, 259-273.

Cohen, E. L., Caburnay, C. A., Luke, D. A., Rodgers, S., Cameron, G. T., & Kreuter, M. W.(2008). Cancer coverage in general-audience and black newspapers. *Health Communication*, 23, 427-435.

Covello, V., Winterfeldt, V. & Slovic, P. (1986). Risk Communication: A Review of the Literature, *Risk Abstracts* 3, 4.

_____. (1986). Risk Communication: A Review of the Literature, *Risk Abstracts*, 3(4): 171-182.

Cox, R. (2010). *Environmental Communication and the Public Sphere*, Sage, Thousand Oaks; 김남수 외 역(2013). 『환경 커뮤니케이션』. 서울: 커뮤니케이션북스.

Dietz, R., Scott, F. & Eugene, A. R. (2002). *Risk, Technology, & Society,* Riley E. Dunlap & William Michelson (eds.), *H&book of Environmental Sociology* (Westport, CT: Greenwood Press), 329-369.

Drexler, K. E. (1986). Engines of Creation - The Coming Era of Nanotechnology, Fourth Estate, London.

Dunwoody, S. & Griffin,R. J. (1993). Journalistic strategies for reporting long-term environmental issues: A Survey of Research in the United States and Germany, *Public Understanding of Science(1)*, pp. 22-50.

Entman, R. (1993). Framing: Toward clarification of a fractured paradigm. *Journal of Communication* 43: 51-58

Entman, R. B. (1991). Framing US coverage of international news: Contrasts in narratives of the KAL and Iran air incidents. *Journal of Communication*, 41: 6 - 27.

Fessenden. R. J., Fitchen. M., & Jenifer, S. H. (1987). Providing Risk Information in Communities: Factors Influencing What is Heard & Accepted", Science, *Technology, & Human Values*, 12, 94-101.

Flynn, J., Slovic, P., & Kunreuther, H. (2001). *Risk, Media & Stigma*, UK ; Earth scan Publications Ltd.

Gamson, W. (1992). *Talking politics*. New York: Cambridge University Press.

Gerbner, G., Gross, L. (1976). Living with television: The violence profile. *Journal of Communication*, 26, 173-199.

Gorss, J & Lewenstein. B. (2005). *The salience of small: Nanotechnology coverage in the American press 1986 - 2004*. Paper presented at the International Communication Association Conference.

Goffman E. (1974). Frame Analysis : An Essay on the Organization of Experience, *Harper and Row*, NewYork.

_____. (1974). *Frame analysis*. New York: Free Press.

Grabill, J. T. & Simmons, W. (1998). Toward a Critical Rhetoric of Risk Communication: Producing Citizens and the Role of Technical Communicators, *Technical Communication Quarterly*, Vol. 7, No. 4. 415 ~ 441.

Hohenemser, C., Deicher, M., & Hofsass, H. et.al. (1986). *Agricultural impact of Chernobyl: a warning*. Nature 26th June.

Holsti, O. (1969). *Content analysis for the social sciences and humanities*. Don Mills: Addison-Wesley Publishing Company.

Iyengar, S. (1991). *Is anyone responsible? How television frames political issues*. Chicago, IL: University of Chicago Press.

Joffe, H.(1999), *Risk and The Other*, Cambridge University Press.

Kerlinger, F. N. (1986). *Foundation of Behavioral Research*. New York: Holt, Rinehart and Winston.

Kraft, M. E., & Clary, B. B. (1991). Citizen Participation and the NIMBY syndrome: Public Response to Radioactive Waste Disposal, *The Western*

Political Quarterly, 44(2).

Lasswell, H. D. (1948). The Structure & Function of Communication in Society, in L. Bryson(ed.), *The Communication of Ideas,* New York: Haper & Bros. Also reprinted in Schramm, W.(ed., 1960). *Mass Communications,* 117-130, Urbana: University of Illinois Press.

Laswell, H. (1948). The structure and function of communication in society. In L. Bryson(Ed.), *The communication of ideas.* New York: Harper.

Leiss, W., & Chociolko, C. (1994). *Risk and Responsability,* Montreal: McGill-Queen's Univ. Press.

Luhmann, N. (1981), *The Differentiation of Society,* N. Y.: Columbia University Press.

_____. (1995). *Social Systems.* Stanford, CA: Stanford University Press.

Marks, G. & Winterfeldt, D. V. (1984). Not in my back yard: influence of motivational concerns on judgements about a risky technology. *Journal of Applied Psychology,* 69: 408-415.

Mcleish, R. (1998). *The technique of radio production: A manual for broadcasters*(2nd ed). Londen: Focal Press.

McLuhan, M. (1964[1994]). *Understanding Media: The Extensions of Man,* MIT Press.

Mileti, D. S. and Fitzpatrick, C. (1991). Communication of Public Risk; Its Theory & its Application, *Social Practice Review,* 2(1): 20-28.

_____. (1991). Communication of Public Risk; Its Theory & its Application, *Social Practice Review,* vol 2.

National Reasearch Council(NRC). (1989). *Improving risk communication.* Washington, DC: National Academy Press.

_____. (1989). *Improving risk communication.* Washington, DC: National Academy Press.

Nelkin, D. (1995). *Selling science: How the press covers science and technology,* Rev. ed. New York: W. H. Frecman.

Perse, E. M. (1986). Soap Opera Viewing Patterns of College Students and Cultivation, *Journal of Broadcasting and Electronic Media,* 30, 175-193.

Powell, D., & Leiss, W. (1997). *Mad Cows and Mother's Milk: The Perils of Poor Risk Communication.* Montreal & Kingston: McGill-Queen's Univ. Press.

_____. (1997). *Mad Cows and Mother's Milk: The Perils of Poor*

Risk Communication. Montreal & Kingston: McGill-Queen's Univ. Press.

Renn, O. (1992). Risk communication: Towards a rational discourse with the public. *Journal of Hazardous Materials, 29*(3).

Rogers, E. M. (1994). *A History of Communication Study: A biographical approach*. New York: Free Press.

Rohrmann, B. (1997). *Risk Orientation Questionnaire: Attitudes Towards Risk Decisions*, University of Melbourne, Melbourne.

Sandman, P. M. (1988). Telling Reporters about Risk, *Civil Engineering Magazine, 58*(8): 36-38.

Schlesinger(1987). *Putting "Reality" together: BBC News*, London: Constrable.

Seale, C. (2002). *Media and health*. London: SAGE Publications Ltd, 유동주 역 (2009). 『미디어와 건강』. 서울 : 커뮤니케이션북스.

Semetko, H. A., and Valkenburg, P. M. (2000). Framing European politics: A content analysis of press and television news. *Journal of Communication, 50*(2): 93 - 109.

Shah, D. V. (2001). The collision of convictions: Values framing and value judgments. In R. P. Hart and D. Shaw (Eds.), *Communication and U.S. elections: New agendas*. Lanham, MD: Rowman and Littlefi eld.

Singer, E. & Endreny, P.M. (1993), *Reporting on Risk*, Russel Sage Foundation, 송해룡 역(2003). 『위험보도론』. 서울 : 커뮤니케이션북스.

_____. (1993). *Reporting on risk : how the mass media portray accidents, diseases, disasters, and other hazards*. New York: Russell Sage Foundation.

Vaughan, E. (1993). Individual and cultural-differences in adaptation to environmental risks. *American Psychology*. 48(6).

Walsh-Childers, K., & Treise, D. (1998). Mass media and health issues. *History of the Mass Media in the United States: An encyclopedia*. 354-357.

Webster Dictionary. (1966).

Williams, B. L., Brown, S., Greenberg, M. & Kahn, M. A. (1999). Risk perception in context: the savannah river site stakeholder study. *Risk Analysis, 19*(6): 1019-1034.

Wright, C. (1974). Functional analysis and mass communications revisited. in blumer, J. & Katz, E.(eds.), *The users of mass communications*, Beverly Hills: sage.

Wynne, B. (1983). Public Perception of Risk: Interpreting the "Objective versus Perceived Risk Dichotomy", *International Institute for Applied Systems Analysis*, working paper, 83/117. Laxenburg.

Yelvington, S. (1999). *The People's Journalists, Press Gazette*, 2 (7), 16-17.

Zimmer, R., Hertel. R., & Böl, G-F. (2010). *Risk Perception of Nanotechnology: Analysis of Media Coverage*.

日本科學技術ジャーナリスト會議(2004). *科學ジャーナリズムの世界 : 眞實に迫り、明日をひらく*. 박성철·오카모토 마사미 역(2010). 『과학 저널리즘의 세계』. 서울: 한울아카데미.

신문, 인터넷 등 기타 자료

BBC Knowledge(http://www.bbcknowledge.com)

Box Office Mojo(http://boxofficemojo.com/alltime/world)

YTN사이언스(http://www.sciencetv.kr)

내셔널지오그래픽코리아(http://www.ngckorea.com)

네이버지식사전(http://terms.naver.com)

노컷뉴스(http://www.nocutnews.co.kr)

디스커버리채널코리아(http://www.discoverychannelkorea.com.)

시사저널(http://www.sisapress.com)

일본 사이언스TV(http://sc-smn.jst.go.jp/index.asp)

중국 CCTV10(http://cctv.cntv.cn/cctv10)

조항민

성균관대학교 신소재공학과를 졸업하고, 동대학교 신문방송학과 대학원에서 언론학 석사·박사 학위를 받았다. 과학커뮤니케이션·위험커뮤니케이션 분야에 지속적인 관심을 갖고 있으며, 현재 ㈜유플러스연구소 책임연구원, 성균관대학교 학부대학 겸임교수로 재직 중이다. 저서로 『리스크 커뮤니케이션과 위기관리 전략』(2008, 공저), 『나노와 멋진 미시세계: 나노기술의 희망과 위험』(2007, 공저), 『대한민국은 지금 체험지향사회』(2006, 공저), 『위험보도』(2006, 공역)가 있으며, 과학기술부장관상(2004), 문화관광부장관상(2005), 충청북도지사상(2005), 국가보훈처장상(2005) 등의 논문상을 받았다.

과학기술,
미디어와 만나다

초 판 인 쇄 | 2014년 2월 14일
초 판 발 행 | 2014년 2월 14일

지 은 이 | 조항민
펴 낸 이 | 채종준
펴 낸 곳 | 한국학술정보㈜
주   소 | 경기도 파주시 회동길 230(문발동)
전   화 | 031) 908-3181(대표)
팩   스 | 031) 908-3189
홈 페 이 지 | http://ebook.kstudy.com
E-mail | 출판사업부 publish@kstudy.com
등   록 | 제일산-115호(2000. 6. 19)

ISBN   978-89-268-6087-8 93330